国家社科基金
后期资助项目

社会性公共品分配公平性：
特征识别与形成机制

The Equity in the Distribution of
Social Public Goods: Feature Identification and
Formation Mechanism

李永友　等著

社会科学文献出版社
SOCIAL SCIENCES ACADEMIC PRESS (CHINA)

国家社科基金后期资助项目
出版说明

后期资助项目是国家社科基金设立的一类重要项目，旨在鼓励广大社科研究者潜心治学，支持基础研究多出优秀成果。它是经过严格评审，从接近完成的科研成果中遴选立项的。为扩大后期资助项目的影响，更好地推动学术发展，促进成果转化，全国哲学社会科学工作办公室按照"统一设计、统一标识、统一版式、形成系列"的总体要求，组织出版国家社科基金后期资助项目成果。

全国哲学社会科学工作办公室

摘　要

　　社会发展滞后于经济发展是我国发展的一个突出现象，也成为我国实现可持续发展的拖累因素。社会发展滞后的一个重要原因是社会性公共品供给短缺及受益分配公正性缺失。如何改变这一现状，实现经济发展和社会发展的再平衡，成为我国实现可持续发展亟待解决的问题。党的十九大报告中指出，我国的发展还存在不均衡不充分问题，这一问题在公共服务上表现得同样很突出。2015 年中央提出供给侧结构性改革，其中一个对各级政府而言非常重要的工作就是提供充分而公平的公共服务，这是公共部门推动自身供给侧结构性改革的题中应有之义。2021 年在中国共产党建党 100 周年之际，中央提出了共同富裕战略目标，作为共同富裕的一个重要体现，公共服务的公平充分享有自然就变得非常关键。为了试图探究我国公共服务供给中存在的不充分不均衡问题，本书基于我国社会发展现实，以公共教育和医疗服务为对象、基于问卷和入户调查数据，对我国非义务教育阶段的优质教育资源分享公平性和公共医疗服务受益流向进行了系统研究。研究发现，我国非义务教育阶段的优质教育资源享有机会严重偏向社会上相对优势群体，不仅如此，优质教育资源享有机会在不同教育阶段具有明显的阶段传递性。这导致了我国社会自学前教育就开始的优质教育资源争夺现象。相比较，我国的公共医疗服务，自 2009 年新医改之后，在受益流向的公正性程度方面有明显改善。无论是住院服务还是门诊服务，我国的公共医疗服务受益更多流向了低收入群体，收益分享的公正性得到显著提高。但由于政府补助方式欠合理，低收入群体在享有相对更多公共医疗服务同时，也承担了不成比例的公共医疗服务成本。所以综合看我国公共医疗服务受益流向对现金收入分配差距的影响，不是缩小差距，而是扩大差距。基于我国财政体制的研究发现，我国公共教育与医疗服务的收益分享与我国分权治理下的转移支付机制有很大关系。作为承担公共教育和医疗服务提供责任的地方政府，我国以纵向为主的转移支付机制，不仅未能激励其提供社会性公共品，而且抑制了竞争对其支出政策的约束作用。在这样的财政体制下，如何通过转移支付机制设计，矫正地方政府激励偏向，提高公共教育和医疗服务等社会性公共品受益分配的公平正义性，成为我国财政体制改革必须关注的问题。与此并行的是，作为财政支出的重要内容，对个人或家庭的补助一直是发达国家财政的主要支出方向，但在我国硬化的财政支出结构下，财政对私人部门的补助与发达国家的转移支付明显不同。我国对私人部门的补助主要是服务提供主体，即部门，而不是服务使用主体。而硬化的支出趋向又使财政对服务提供部门的补助更多偏向机器设备等硬件投入，而非服务直接提供者的成本补偿。在这种补助机制下，我国的公共支出受益归宿对社会现金收入分配的影响，不仅没有成为缩小社会分配差距的有力工具，反而明显扩大了社会分配差距。这一研究发现的政策启示是，我国政府在安排财政支出时应改变转移支付方式，直接增加对服务使用者的补助。

关键词：社会性公共品　激励偏向　机会平等　受益流向

目 录

第一章　引言

一　研究的背景和意义

全面建成小康社会，建设共同富裕的美丽家园是我国新发展阶段提出的一项重要战略思想。共同富裕的一个基本理念是公共服务共建共享。为实现这一目标，各级政府加大了民生领域财政投入力度。以公共教育和健康两项支出为例，2010～2020年，两项支出占全部财政支出比重提高了近3.4个百分点，年均增长速度较过去10年提高超过50%。应该说，民生是社会建设的重要内容，也是转变经济发展方式的根本出发点和落脚点。政府在民生领域的大规模投入对缓解近年来日趋激化的社会矛盾具有积极作用，也为发展方式转型提供了社会基础。

从全球发展实践看，公共支出一直被认为是促进增长和发展成果公平分享的重要机会（Mainardi，2007）。那么我国近年来大规模民生投入为何没有带来底层民众分享发展成果机会平等的显著提高。这很难通过简单数据分析做出明确判断，因为World Bank（2004）、Gafar（2006）等研究表明，公共支出增长与公众平等分享发展成果之间并没有必然联系，关键要看谁从公共支出中获益。那么我国大规模民生支出利益实际由哪些社会阶层分享（李炜光，2011）？面对频发的社会冲突和日趋固化的利益分配结构，这一问题已成为破解我国当下社会发展之困和经济转型之难的关键，也是建立发展成果全民共享财政实现模式的前提和基础。

从历史经验看，谁从公共支出中获益、哪种公共支出模式更有利于实现公共支出利益分配的公平与正义的问题，自20世纪70年代就受到许多国家决策者、经济学家重视，近年来更是引起世界银行、国际货币基金组织和地区机构的高度关注。国际社会对公共支出利益归宿问题的重视从O'Donnell et al.（2008）的研究中可见一斑。根据他的研究，1980年每10000篇文章中仅有不到30篇与财政公平有关，到2006年这一数据达到 1206 篇。在国内，公共支出利益归宿问题近年也开始引起学术界和实践部门关注，但相比较，重视程度与其重要性还很不匹配。过去 10 年中，CNKI 数据库能搜索到的相关学术论文不超过 30 篇，以国家自然科学基金委员会、全国哲学社会科学工作办公室和教育部三大机构为主的国家级立项中，与公共支出利益归宿相关立项则更少。

由于缺乏利益归宿研究的有力支撑，我国公共支出模式转换和发展成果全民共享的努力始终未能取得实质性进展。公共支出改革滞后，不仅造成公共支出利益分配结构失衡和社会矛盾激化，而且使公共支出陷入极其被动的局面，造成支出需要—强化征收螺旋上升以及政府—公众冲突升级，发展方式转型举步维艰。所以在现有体制框架内只有推动公共支出改革和模式转换，才能摆脱这种局面，发展成果全民共享才可能实现，发展方式转型才有空间。公共支出改革的必要性和紧迫性意味着，开展公共支出利益归宿研究已成为"中国政府亟待解决的突出问题"（World Bank，2004），具有极其重要的现实意义。

二　研究对象和问题

本书是基于我国全面小康社会建设和公共财政建设，尤其是党的十八届三中全会提出财政是国家治理基础和支柱之后建立现代财政制度需要而提出。为在现有数据获取能力下尽可能通过本书反映我国财政民生支出机会享有与利益归宿真实状况，我们选择了地方政府近年来投入较大的两个项目——公共教育和健康支出。因为根据世界银行 2006 年发展报告《公平与发展》（Equity and Development），健康和教育上的不公平反映和强化其他领域的不公平，公共支出的一项重要功能应能为民众提供平等的教育和健康机会。Tobin（1970）和 Sen（2002）也曾指出，教育和健康方面的不公平要比其他领域不公平更令人担忧，健康和教育是民众生活质量最重要的条件。项目将根据数据获取难易程度采取案例研究与计量分析方法，其中教育公平性分析主要以一座东部沿海发达城市幼儿教育和高中教育为对象，通过调查研究，揭示非义务教育领域两级教育层次在教育资源享有上的机会公平现象。健康公平性分析则以我国社会调查中心的 2008 年、2010 年和 2012 年以及四次我国国家卫生调查报告提供的数据，以家庭为对象，分析自评健康状况与收入分配关系，揭示不同收入群体的健康差异。在此基础上，通过医疗资源可及性和医疗补助水平的分配情况，揭示健康支出利益享有的公平性。

本书立足于解决三个问题：第一，我国以政府为主导的经济发展模式，财政资源配置为何忽视社会性公共品供给，以及财政资源失衡配置隐藏的潜在风险，大规模转移支付为何没有发挥激励地方政府增加社会性公共品供给的作用；第二，公共教育服务享有机会和健康服务中的医疗服务利益享有机会有着怎样的不公平现象，尤其是医疗服务利益分配如何改变收入分配；第三，基于我国现代财政制度建立目标，我国财政改革如何让财政成为实现社会公平正义的重要机制。本书不仅为改进我国公共支出政策和相关制度设计提供决策支持，而且为国家已经开启的共同富裕建设提供财政方案。当然，在学术意义上，本书丰富了公共支出利益归宿分析，为教育服务和医疗服务的公平性研究积累了研究资料。

三　国内外研究现状梳理

无论是公共财政理论，还是现实经验，公共支出一直被认为是政府实现社会公平的一个重要工具，提供了促进社会发展成果公平分享的重要机会（Mainardi，2007）。但不同制度安排和模式选择，不同社会群体所获利益存在很大差异。为揭示公共支出利益归宿，自20世纪60年代学者做了大量研究工作，这些工作对我们判断公共支出合意性提供了丰富经验证据和有力理论指导。作为一项事后评价，公共支出利益归宿研究最大难点是识别公共支出家庭利益，而后者是非常主观的。为避免这种情况，绝大部分研究在会计账户下选择了利益归宿分析方法，即比较政府干预前后家庭收（支）状况，但这要求研究者能够将公共支出利益归属到家庭。然而除直接转移支付，大量公共支出都不满足这一要求。公共支出利益归属上的困境使公共支出利益归宿研究只能局限于有限的公共支出项目，早期研究主要集中于教育、健康支出，近年随着数据可获得性以及计算机处理技术提高，研究范围开始拓展到基础设施等公共支出项目，例如 Feinerman et al.（2004）、Angel-urdinola 和 Wodon（2007）等，但尽管如此，直到今天经济学家也无法对公共支出整体利益归宿做出综合评估。从公共支出利益归宿已有文献看，公共支出利益归宿研究的发展主要围绕家庭利益识别方法展开。

1. 利用需求表达机制识别家庭利益

与私人品不同，家庭从私人品消费中所获利益一般通过家庭支付意愿予以识别。公共服务没有价格，所以缺乏识别家庭支付意愿的有效机制。为解决这一问题，自 20 世纪 70 年代大量文献开始出现。Aaron 和 McGuire（1970）做出了开创性工作，提出了基于需求的公共服务利益评价原则，但这个原则需要有一个好的需求识别机制。Bohm（1972）提出通过调查和一个控制实验询问当事人对公共服务的偏好。但这种方法的困难在于很耗时并且非常昂贵，而且它的可靠性与当事人对这种策略的主观喜好密切相关。于是 Tideman 和 Tullock（1976）、Green 和 Laffont（1976）分别提出用一个可以消除这种策略激励的方法，从调查数据中提炼出与公共服务相关的成本分担信息或调查问题。不过这个方法虽真实，但执行并不容易。也有文献提出考察人们的真实生活，并假定现实是公共愿望的表达（Borcherding 和 Deacon，1972；Bergstrom 和 Goodman，1973），通过比较不同辖区支出测度公众支付意愿，然而这种方法所依赖的政治决策精确表达公共需求这个假定不一定可靠。Deacon 和 Shapiro（1975）等提出第四种方法，就是考察一个可被用于记录公众偏好的机制，即投票结果，尤其是全民公决结果。该方法认为这个结果真实揭示了面对真实而又公开的支出问题而非虚假和表面上的理解问题时投票人的偏好，同时也没有正式理由相信投票者会为某些策略性目的做出与其偏好相反的投票决策，但这种方法只能适用有限数量的公共服务项目。

虽然上述四种方法都可能识别家庭公共服务偏好方向，但无法反映公共服务偏好强度。为此，一些文献参照私人品需要表达机制建立个人或家庭公共服务需要函数，并通过需求函数识别不同收入群体的公共服务支付意愿。例如 Bergstrom 和 Goodman（1973）基于系列假定和美国 10 个州 826 个镇的数据建立了一个居民对城镇公共服务需求函数，并根据需求函数和林达尔定价机制以及实际公共服务供给水平计算出公共服务利益分布的相对公平程度。然而 Goldstein 和 Pauly（1981）认为，当个人的商品选择依赖于公共服务提供数量和质量时，这种需求估计也许是有偏误的，并将这种偏误称为蒂布特偏误。随后 Bergstrom et al.（1982）提出了一种新的估计方法，即使用密歇根家庭调查数据和单方程估计技术，研究获得了一个较总量数据估计结果更低的收入和价格弹性。不过 Rubinfeld 等（1987）认为，基于微观数据的单方程估计依然存在偏误，因为单方程估计模型不能说明地区间个人归类，为消除这种偏误，文章构造了一个基于需求和社区匹配函数构成的联立方程系统和极大似然估计方法。然而，尽管上述研究提出了需求函数这个好的利益识别方法，但由于受数据限制，这种方法在后续研究中很少被采用。不过近年来，基于需求表达机制的利益识别方法被一些文献重新提起。例如 Gwatkin et al.（2004）认为如果不考虑公共服务需要，仅考虑公共支出利益分配是不适当的。McIntyre 和 Ataguba（2011）同样提出，从医疗卫生服务中所获利益分布的适当性应该相对于不同群体的医疗卫生需求分布被评估。

2. 利用公共服务单位提供成本和公共服务使用信息识别家庭利益，即 BIA 方法

与纯粹的转移支付不同，度量个人或家庭从转移支付中所获利益的货币价值并不是一个问题，但对公共服务而言，度量就不是一个简单问题。20 世纪 70 年代前，经济学家对个人或家庭从公共服务所获利益的度量主要根据收入或支出水平分配利益。然而这种方法受到 Aaron 和 McGuire（1970）等挑战，后者认为公共服务利益评价应以使用者对公共服务的自我评价为基础，不过这种基于个人评价的公共支出利益分析也使研究难度内生于评价过程（Cornes，1993），所以公共支出利益度量很少使用需求方法，转而采用一种相对容易的利益归宿分析方法（以下简称 BIA），这种方法将公共服务提供成本与公共服务使用信息联系在一起，量化公共支出利益分布。这种方法自 Meerman（1979）和 Selowsky（1979）开创后已成为一个共识方法，并被大量复制，尤其是包括世界银行在内的众多国际组织，也使用这种方法对成员国公共支出利益归宿进行研究。代表性文献包括 Van de Walle 和 Nead（1995）、Van de Walle（1998）、Devarajan 和 Hossain（1998）、Filmer et al.（1998）、Castro-Leal et al.（1999）、Davoodi et al.（2003）、Demery（2000）、O'Donnell et al.（2007）等。这些研究通过教育、健康国别经验的考察获得基本一致结论，即初等教育和初级健康支出表现出明显顺穷人倾向，而高等教育和医疗护理支出在

大部分发展中国家是顺富人的。在国内，近年来也出现了一些研究使用该方法评估教育和卫生支出利益归宿。例如，顾海、李佳佳（2009），王翌秋（2011）分别利用利益归宿分析评估居民医疗保险和新农合制度公平性，认为有一定再分配效应，但效果有限。

利益归宿分析是利用公共服务提供总成本与使用信息获得公共服务单位使用成本，所以该方法只能度量平均利益。这使得该方法无法揭示公共支出变化的利益分配效应（Younger，2003），而在公共支出改革中，后者对政策设计和执行更有意义。为此，一些研究就通过不同时点重复BIA方法，然后比较两个或更多个时期支出归宿分布的变化识别边际归宿，例如 Van de Walle（1994）、Younger（2003）等。也有研究通过比较支出规模不同地区间平均归宿识别边际归宿，例如 Lanjouw and Ravallion（1999）曾利用这一方法研究印度财政调整的利益分配。然而上述两种识别方法却存在很多问题，横截性分析无法克服地区间异质性对评估结果的影响，时间序列分析则无法克服不同时期分位点变化对评估结果的影响。为此一些研究将这一方法扩展到面板数据以克服上述两个问题，例如 Ajwad 和 Wodon（2007）等。与平均归宿一样，边际归宿同样认定公共支出利益等于公共支出单位成本，显然这一前提至少在理论上值得商榷。即使认定成本与利益评价的一致性，这种度量方法也存在问题。因为该方法简单认为政府干预前家庭收入或支出水平等于干预后观察到的收入或支出水平减去公共支出单位成本。这种简单处理方法实际隐含假定家庭不会对公共支出变化做出反应，显然这一假定与事实不符。

3. 基于反事实分析技术识别家庭利益

通过反事实分析揭示家庭从公共支出中所获利益被 Van de Walle（1998）冠以术语"行为"方法。虽然该方法与需求函数法有一定联系，但还是存在较大区别，后者是直接测算个人或家庭对公共服务的自我评价，这是最真实的利益刻画，而前者还是和利益归宿分析一样，只不过需要考虑个人或家庭的行为反应。Van de Walle（2003）认为，公共项目参与人会对公共项目做出怎样反应对利益分配结果和当事人支出决策产生重要影响。为刻画行为反应，一个最简单直接的方法就是建立个人或家庭对公共支出反应函数，通过估计反应函数收入或支出项系数获得反应强度。例如，Ravallion et al.（1995）就曾使用匈牙利面板数据估计过社会收入边际消费倾向，这被用于决定从社会转移支付消费中所获的净利益，并构建了一个没有干预下的反事实消费水平。Van de Walle（2002）采用类似方法估计过越南家庭对社会转移支付边际消费倾向。不过与前一篇文献不同，这篇文献考虑了变量内生性和家庭行为反应异质性问题，提出了差分内差分估计技术。然而通过反应函数和计量方法识别行为反应强度需要首先设定待估模型结构，并需对误差项做出某种武断假定。为此有人提出一种随机试验方法，即找到一组与公共支出影响组相匹配的对照组，通过观察两组差异识别实验组的行为反应模式。例如，Van de Walle（2002）在评估农村道路项目利益归宿、Jalan 和 Raval-lion（2002）评估小孩接近管道水项目的健康利益时都曾引入 PSM 技术解决识别问题。在我国，刘穷志（2010）也曾使用 PSM 方法对转移支付贫困影响进行过评价。

无论是反应函数还是随机试验，都是通过计量手段分析反事实情形，两者的最大问题就是缺乏微观基础，同时也无法揭示公共支出变化如何通过劳动力市场和商品市场影响家庭收入或支出决策。所以很多评估公共政策效应的文献采用了微观模拟技术。与计量分析相比，微观模拟技术的有用性表现在两个方面：一是能够充分考虑在微观数据中观察到的经济个体间异质性，这样的信息对评估公共政策变化的整体效应和政治经济因素非常关键；二是能够精确评估支出政策变化总的财务成本或利益。通过微观模拟技术获取的微观个体水平的各种结果也能在宏观层面被加总。Devarajan 和 Hossain（1998）曾提供一个可计算一般均衡模型讨论菲律宾整个财政归宿，研究估计了三种主要支出项目的潜在分配效应，包括教育、健康和基础设施。Bourguignon 和 Spadaro（2006）对微观模拟技术在过去 20 多年的发展进行了总结，并就其在财政再分配政策以及贫困问题上应用所存在的局限性做了分析。微观模拟技术能够刻画不同市场之间的相互联系，所以无论是一般均衡分析还是多市场局部均衡分析，都可以避开利益归宿分析的许多问题，但这种方法需要的数据条件非常苛刻，目前在公共支出上的应用还非常有限。

4. 国内公共支出利益归宿研究

由于受数据限制，国内有关公共支出利益归宿研究相对较少，虽然自 1994 年分税体制改革后有一些文献开始关注公共支出利益归宿和减贫成效，但归宿基本集中于地区而非家庭。例如，曾军平（2000），尹恒、朱虹（2009，2011），曲创、许真臻（2009）等估计过不同地区分享财政资源的公平程度。冉光和等（2009）、李祥云（2008）、陈斌开等（2010）研究过城乡分享财政资源的公平性。朱玲（2004），Ravallion 和 Chen（2004），林伯强（2005），李永友、沈坤荣（2007），吕炜、刘畅（2008）等分析过公共支出对贫困的影响。除此之外，也有文献利用收入分配综合指标或家计调查数据估计公共支出对收入分配的影响，例如何立新（2007），莫亚琳、张志超（2011）。与上述文献有所不同，近年来也有部分文献通过使用信息或计量方法估计过公共支出利益分配，例如蒋洪等（2002）、赵海利（2012）、梁雪峰等（2006）、钟晓敏等（2009），这些文献通过不同收入分组家庭使用教育比例与人口比例的比较识别不同收入分组的相对利益。刘穷志（2007）则通过构造高收入者和低收入者两个群体不同福利函数方法来识别公共服务利益归宿。倪志良（2007）、金双华（2010）、龚锋等（2010）也对公共支出利益归宿情况进行过分析。不过一方面这类研究在国内还很少，另一方面这类研究基本上利用简单公共服务使用信息，不考虑家庭行为反应，所以并不能揭示公共支出利益归宿的真实状况。

四　已有研究评述

自 20 世纪 60 年代大量出现的公共支出利益归宿研究，对理解我国社会发展有很大帮助，但在理论和实践意义上，公共支出利益归宿研究还有许多方面亟待拓展。比如：目前公共支出利益归宿仅局限于经常性项目，还未包括资本性项目；已有文献都是在单期框架下估计公共支出利益归宿，还未考虑多期归宿情形；等等。当然有些问题似乎在短期内很难取得进展，但也有一些问题却可能在已有文献基础上取得突破，而且这些突破对公共支出改革有着更为现实的指导意义。

第一，国内研究识别公共支出利益归宿都没有考虑家庭行为反应，这是国内研究首先需要突破的地方。因为不考虑家庭对公共支出变化做出的行为反应，既不符合客观事实，也会误导决策者判断和公共支出改革。

第二，已有文献都是独立使用某种反事实分析技术刻画家庭行为反应模式，所以难以评估技术选择对估计结果的影响。已有文献提出了许多相互间有竞争性的反事实分析技术，虽然每种技术各自的优缺点非常明显，但由于缺乏在同一数据中进行比较，无法对各种技术的估计结果的相对合理性做出科学评估。

第三，投入成本法放大了估计结果，不利于横向和纵向比较。虽然有文献在度量公共支出利益归宿中考虑了公共服务质量问题，但并没有考虑政府服务意识和执行效率差异对利益成本法估计结果的影响。

第四，单一维度分组依据容易产生有偏误的分析结论。尽管有文献在评估公共支出利益归宿公平程度时考虑到福利指标之间的差异，但很少有研究将几种不同福利指标放在一起评估福利指标选择对估计结果的影响。

第五，已有研究很少对公共支出项目利益归宿的形成机制做出分析。利益归宿分析本身不会给公共支出提供规范性改革建议，所以需要在其基础上进一步探究何种机制是形成某种利益归宿的关键，后者才是研究意义之所在。

五　研究方法

根据已有文献研究经验，公共支出利益分配研究最大问题就是数据和家户行为反应。数据是否全面、行为反应的刻画是否准确直接决定研究结论是否科学。所以本书主要针对上述两个关键问题确定研究方法。

1. 调查研究方法

准确估计公共教育和健康支出利益归宿至少需要四方面数据支持：一是政府在教育健康项目上的投入和实际产出信息；二是民众使用公共教育和健康服务的信息；三是家庭的经济社会特征和生存环境信息；四是家庭使用公共教育和健康服务的私人支付信息。为获得这些信息，项目使用调查研究方法。整个调查实际上包括两个部分，一部分是教育领域的案例调查研究，另一部分是健康领域的入户调查。其中案例调查以一座东部沿海发达城市幼儿教育和高中教育为对象，采用普查方法，对所调查地区内所有幼儿教育和高中教育进行调查，调查内容包括硬件和软件，提供教育者和接受教育者。入户调查采用我国社会调查研究中心提供的 CFPS 数据库。该数据库调查的内容非常丰富，包括家庭经济社会特征、生存环境、公共教育和健康服务使用及其私人支付信息，该调查采用分段分层整群抽样技术和 Adams（2002）提出的多目标家户调查方法通过约 8000 个家庭样本调查得到，采用时化技术和统计推断技术对家户调查中可能低报收入和支出的情况进行甄别与处理。

2. 随机试验和均衡分析方法

准确度量家庭从公共服务使用中所获利益，需要进行反事实分析，即需要通过反事实分析揭示没有政府干预下的家庭收支水平。目前常用的主要有三种，即家庭反应函数的计量分析、随机试验和均衡分析。相对于家庭反应函数计量分析，随机试验和均衡分析应用范围受数据条件约束非常大，为检验不同分析技术对估计结论是否有不同影响，本书同时使用了上述三种方法，但在使用这些方法时，项目根据数据条件对这些方法的应用做了必要修正。对于随机试验方法，项目在 Rosenbaum 和 Rubin（1983）、Jalan 和 Ravallion（2002）等基础上对其进行扩展。首先通过标准 probit 模型估计获得的预测值估计对照组和实验组每个样本的偏好水平，通过放大 $|p(x_i) - p(x_j)|$ 的约束区间增加试验组样本的匹配样本，并利用匹配样本均值提高匹配均值影响估计的精度，其中 i 为试验组样本，j 为对照组中满足约束区间要求的最相邻样本集。通过假定 $y_{i0} = z_i\beta_0 + \mu_{i0}$ 对早先的平均影响估计模型进行扩展，通过赋予对照组样本双权重，利用密度估计获得其偏好水平密度，根据偏好水平差异和密度函数获得家庭真实利益。

在均衡分析中，项目将在三种传统微观模拟模型基础上，将三种模型的优点有机兼容构造出 CGE-HH 有序模型，并通过引入一个双向联系机制以在模型之间获得一致收敛解。具体策略包括：首先基于 Decaluwé et al.（2001）的研究，在家庭模型中通过一个线性支出系统，家庭收入结构和最终劳动力市场特征引入消费行为。收入一边，考虑资本禀赋固定，在家庭入户调查中，可以获得家户的工资收入和非工资收入信息，这样就可以描述每个家庭资本收入的来源部门。从家庭调查数据中，将家庭主要劳动者根据其所从事的工作分为合格、不合格和失业三种状态，就劳动力市场行为而言，遵循 Magnac（1991）的建模方法，家庭主要劳动者根据潜在工资做出劳动决策，而潜在工资由可观察和不可观察的特征变量所决定。在此基础上，利用 Tobit 方法对模型进行估计以获得家庭排序和相应转换机制。通过上述过程不仅可获得家庭收入变化信息，而且能获得家庭面对不同收入变化行为反应的差异性。为避免模型连接时出现的排序困难，将对模型假说进行修改以使其被充分决定，同时保证家庭预算平衡并在模型中被内生化。

3. 理论分析和计量分析方法

在公共支出利益分配研究中一直缺乏统一的分析框架，本书将试图在功利主义福利函数基础上，通过引入不平等厌恶参数、家庭初始资源禀赋和不同公共支出配置原则，构建公共支出利益分配研究的理论模型，并在此基础上，调整福利函数中不同群体权重、引入不完美市场情形对公共支出利益分配变化进行理论分析。通过理论分析在规范意义上建立公共支出最优模式和改革思路。理论分析另一个重要目的是为实证分析提供依据，因为无论是对家庭行为反应进行反事实分析，还是对公共支出利益分配公平性、累进性和相对合意性进行评估，抑或是揭示公共支出利益归宿的形成机制，项目均需要大量应用实证分析，尤其是计量分析方法。但因受到数据限制，如何选择计量分析的模型结构、如何处理横截性数据潜在的异质性问题和家庭收支内生决定问题、如何选择估计方法、如何进行误差诊断、在数据缺损情况下如何选择代理变量，等等这些问题在本项目实证研究过程中都会出现，项目在研究过程中将结合实证分析目标和数据条件，做出充分讨论。

六　研究思路和内容框架

本研究遵循由面到点再到面的思路，对社会性公共品，主要是公共教育和公共医疗这两类公共服务的配置公平性及其形成机制进行分析。研究首先从面上呈现我国两类公共服务配置的省域间和省域内公平性，分析这种不公平潜藏的风险机制。其次从点上区分公共教育服务和公共医疗服务，分别呈现它们配置在一个地区内部的不公平事实。其中，公共教育中，因为九年制义务教育已基本标准化，所以只选择了地方政府自由裁量权很大的学前教育和高中教育，以及大学教育；医疗服务中，结合入户调查的数据支持，选择了门诊服务和住院服务。通过上述两类公共服务配置公平性的典型事实分析，项目继续研究了造成配置不公平的深层原因，即供给不足形成机制，重点研究了作为均等化财力主要制度安排的转移支付是否有激励地方政府充分供给社会性公共品，也即公共服务的意愿。在此基础上，项目最后讨论了实现转移支付激励效应的财政改革策略。上述思路可以用图1-1呈现。

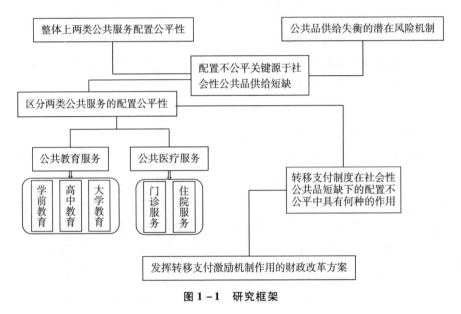

图1-1　研究框架

七　研究发现

第一，我国社会发展滞后经济发展，关键是社会性公共品供给短缺，而作为社会性公共品供给主体的地方政府，在现行的体制激励下，相对更偏好经济性支出，从而导致社会性公共品供给激励不足。

第二，我国的非义务教育资源不仅校际配置不合理，而且户际配置也不合理。这种不合理分配带来了优质教育资源享有机会不平等。不仅如此，我国非义务教育资源享有机会具有显著的传递性，获得优质高等教育的机会与其学前和高中享有的优质教育资源机会显著正相关。

第三，我国的公共医疗服务的公共性在新医改之后有了一定改善，新医改之后，无论是门诊服务还是住院服务，低收入群体的医疗服务使用明显增加，相对高收入群体更高，尤其是门诊服务扩张，其边际受益更多流向了低收入群体。但由于不断上升的医疗服务价格，低收入群体获得更多医疗服务的同时，也承担了不成比例的医疗服务成本。所以综合看我国公共医疗服务对现金收入分配的影响，有扩大社会分配差距的作用。

第四，作为财政分权体制的重要制度安排，转移支付不仅仅是为了弥补地方财政缺口，而且也是中央政府治理地方政府、激励其履职尽责的重要机制。然而，面对社会性公共品相对短缺的社会现实，我国转移支付制度未能对地方政府社会性公共品供给行为产生有效激励。因为我国纵向转移支付制度，无论是筹资机制还是分配机制，不仅未能激励地方政府提高社会性公共品供给、强化地区间竞争对地方政府支出政策的约束力，而且超过门槛值的支出补助力度反而显著降低了地方政府社会性公共品供给水平。激励地方政府成为有责任的政府，我国应实现纵向转移支付向横向转移支付转变，减少转移支付对地方政府社会性公共品供给激励的不利影响渠道，避免转移支付筹资和分配分离造成地方政府错误评估支出决策的成本与收益。

八　研究创新

第一，系统分析了我国社会性公共品供给不足与财政体制改革的关系。在这方面，本研究突破了已有研究只简单描述财政民生支出配置上的不公平，并没有进一步揭示不公平的内在机理。因为只有揭示内在的机理，才能找到破解问题的办法。为了做到这一点，项目组的创新性工作包括：一是揭示我国政府，尤其是地方政府在现行财政体制下难以退出政府主导模式的根本原因；二是分析财政体制变迁驱动经济增长模式形成机制，揭示财政体制改革对政府主导的重要作用；三是提出财政体制改革是推动政府转型的关键条件，分析在现行体制机制下，我国财政体制助推政府退出增长主导地位的改革原则和路径选择。

第二，通过调查研究系统对我国两个主要社会性公共品的配置公平性进行了研究。已有研究主要集中于义务教育和大学教育，基本结论是教育机会的不均等和教育资源配置地区间不均衡。而备受关注的学前教育和高中教育却很少有人研究。项目针对这一情况，通过深入访谈和田野调查，实地考察学前教育和高中教育公共资源配置不公平情况，通过多种测度方法考察不公平程度。而对高等教育的研究则跳出资源配置的局限，讨论了机会的公平性，并在此基础上，对影响机会公平的因素进行逐一排查。

第三，创新了我国公共医疗服务受益归属研究方法。其中在住院服务的研究内容中，项目组突破已有研究只认为使用者才可能受益的认识，采用价值补偿法，测度未使用者从公共医疗服务中所获收益。而在门诊服务扩张的受益研究中，研究分析将立足于个人间接效用函数，通过估计个人需求函数，获得个人对所使用医疗服务做出的评价。

第二章 社会性公共品分配均等化
典型事实

　　讨论公共品，无论是经济性公共品，还是社会性公共品，都需要从公共品的本质属性出发。公共品的本质属性就是其公共二字，公共二字既可以被理解为产品或服务的产权归属，也可以被理解为消费特征。就产权归属而言，公共二字意味着产品或服务的产权不归属于公众中的任何一个人或群体，而是公众共同拥有。公共品的这一产权属性意味着公共品的收益应该是公众都可分享，同样，公共品提供多少、如何提供自然也要求由公众共同决定，并且这一决策机制不区分决策参与人个人特征，所有参与决策者具有相同影响力，即秉承的是政治决策中的一人一票原则。由此可见，公共品的收益在所有公众之间应该是共同平等分享，不应该有人分享多有人分享少、有群体分享多有群体分享少，除了某人或某群体自愿放弃了这种分享的权利，但即使如此，公共品收益对公众的每个人每个群体都是完全开放同等可及。公共品的产权归属规定了公共品在公众中必须是共同所有均等分享，所以公共品均等化自然成为公共品配置的一个基本要求。就消费特征而言，其实其还是内含于公共品产权属性之中，但又有所不同，因为消费特征并不只是说公共品是由公众共同消费，而是每个人每个社会群体都有平等消费公共品的机会，这个机会何时变为现实的使用，在既定的规则下完全是公众自主决定，这意味着，公共品对公众而言，即使没有消费，也具有价值，这个价值就是公共品的保险价值。此外，公共品的消费特征也要求公共品的使用不得设置歧视性规定，也不得与公共品融资来源挂钩。公共品的消费特征同样规定了公共品必须在公众之间确立均等的分配原则。综合上述两个理解，可见公共品均等化是内生于公共品的本质属性之中的一个自然原则。

一　社会性公共品分配均等化测度方法

社会性公共品是从收益对应关系上对公共品所做的一个分类，与经济性公共品不同，社会性公共品的收益对应关系明确，有明确的消费关系，也有明确的收益关系。比如教育服务，某个人消费了教育服务，他从教育服务消费中获得了直接的收益，也就是说，消费主体直接从其消费中获得了收益。相比较，经济性公共品，没有明确的消费关系，也就没有对应清晰的收益关系。此外，社会性公共品和经济性公共品的另一个差异在于，社会性公共品的价值消耗是一次性的，而经济性公共品的价值消耗是多期的，比如医疗服务，医生给患者提供的医疗服务在服务结束时也就自然结束，医疗服务的价值被患者在消费当期完全消耗，而医院的医疗服务设施，不会在患者消费当期就完全消耗，而是逐步以折旧方式消耗掉。也正是这种差异，社会性公共品一般都是以服务的形式出现，即所谓的公共服务，而经济性公共品一般都是以产品的形式出现，即所谓的公共产品。这种差异也规定了公共服务和公共产品在均等化上的差异性要求，即公共服务的均等化不仅需要消费机会的均等，而且需要服务质量的均等，而公共产品均等化只需要消费机会的均等。这种差异也是因为公共产品只有生产提供，所以公众在消费公共产品时，面对的公共产品质量一定是一样的，从而公共产品的均等化只侧重于政府所提供的公共产品质量标准和开放程度。公共服务因为其服务属性，所以其不仅取决于服务直接提供者的服务标准，而且取决于直接提供者与消费者的互动关系，所以在这里，质量既是一个标准，也是一个被感知的过程。由于公共服务与公共产品均等化的差异，因此本书的研究对象只是公共服务。不仅如此，本书对公共服务均等化的研究立足于人的自然权利，认为健康权和受教育权是人的基本权利，公共服务理应保障每个人这两个权利的平等实现，所以对公共服务，本书只是选择了其中的公共教育服务和公共医疗服务。

上述分析也为公共服务均等化测度提供了方向。公共服务既然是公共提供，首先，每个人享有服务的财政保障应该是均等的，其次，确保每个人消费公共服务的机会应该是均等的。依据这两点，本书对公共教育服务和公共医疗服务均等化的测度，选择的维度也是两个方面，一是每万人财政投入，二是每万人公共服务水平。在此基础上，针对均等化，本章也只是从空间维度进行讨论，而非从个体维度进行刻画，也即均等化比较的是地区之间的公共服务配置。但本书也不是不讨论个体维度的分析，而是将个体维度的均等化分析放在后面几章的分项讨论中，也即不同阶段公共教育服务的个体享有机会均等化，以及医疗服务收益个体享有机会均等化。同时，本章对公共服务地区配置的讨论又区分为组间和组内，也即将全国按省域分界，讨论组间配置的均等化，然后以省域内的市域为分界，讨论组内配置的均等化。这样做的目的在于识别两类公共服务不均等主要源于组间还是组内，从而明确公共服务均等化实现的路径。在均等化的度量上，本章使用的是变异系数。这种度量方法虽然不能识别不均等偏向，但也能大致给出不均等的程度，至于不均等是偏向欠发达地区还是偏向发达地区，是偏向穷人还是偏向富人，将留待两类公共服务分项均等化分析时讨论。

二　两类公共服务分配的组间均等化

首先讨论公共教育服务。在本节内容中，我们不区分教育阶段，而是通过简单加权讨论一个地区总的公共教育服务均等化。讨论分两个维度，即每万人拥有学校数和标准生均教育投入，其中，学校数是指普通高等学校、普通高中、普通初中和普通小学等各类学校合计数。这种合计数的度量存在的问题就是没有考虑学校规模的扩张，所以严格意义上使用标准班级数，但数据可得性问题无法实现，所以为弥补缺陷，本章也使用了每万名在校生拥有的学校数量这个指标。标准生的折算采用年限折算法和费用分摊折算法。年限折算法是指以每阶段学生所接受教育的年限时长作为折算标准，即以一名小学生作为一个标准学生时，一名初中生可折算为 1.5 个标准学生，一名高中生可折算为 2 个标准学生，一名大学生可折算为 2.67 个标准学生。费用分摊法是利用教育部历年公布的《全国教育经费执行情况统计公告》中的"各级教育生均一般公共预算教育事业费支出增长情况"，以普通小学生均一般公共预算教育事业费支出为标准，将各级在校学生数折算为标准学生数，即用费用分摊法来测算标准学生数，并计算每标准学生花费教育财政支出。所有原始资料来源于《中国统计年鉴》、《中国教育经费统计年鉴》和《中国人口统计年鉴》、《全国教育经费执行情况统计公告》。由于 2007 年我国进行了财政收支分类改革，为保证分析数据的科学性和可信性，本章选取的研究年限为 2007～2019 年。

就每万人拥有学校数这一指标而言，我国各省份 2007～2019 年每万人拥有学校数如图 2－1 所示。整体上，我国每万人拥有学校数呈下降趋势，由 2007 年的 3.26 所减少到 2019 年的 1.69 所，降幅达 48.16%。这意味着我国以每万人拥有学校数来衡量的教育公共服务水平呈下降趋势。从变异系数看，2007～2019 年，我国各省份变异系数整体呈下降趋势，由 2007 年的 0.44 下降到 2019 年的 0.36，这说明我国以每万人拥有学校数来衡量的教育公共服务均等化程度越来越高，各省份间教育公共服务差距越来越小。

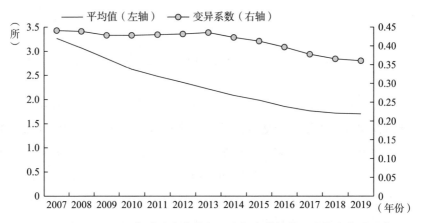

图 2－1　2007～2019 年我国各省份每万人拥有学校数平均值和变异系数
资料来源：2008～2020 年《中国教育统计年鉴》。

分区域看，图 2－2 显示，东、中、西部地区每万人拥有学校数的平均值存在差异，整体呈现自西向东的逐步下降特征。就区域内变异系数看，图 2－3 显示，东部地区和中部地区变异系数整体呈下降趋势，说明东部地区内部和中部地区内部以每万人拥有学校数来衡量的教育公共服务均等化程度越来越高，东、中部地区各自区域内省份间的教育公共服务差距越来越小。西部地区变异系数呈现先升后降趋势，但整体波动不大，变异系数值维持在 0.3 水平左右，说明近年来西部地区教育公共服务均等化程度有向好趋势，区域内省份间教育公共服务差距有下降趋势。

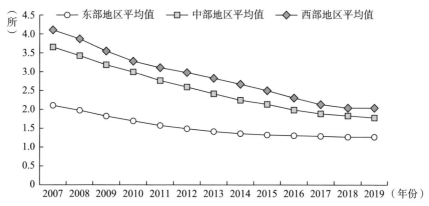

图 2 - 2 2007～2019 年我国东、中、西部地区每万人拥有学校数平均值
资料来源：2008～2020 年《中国教育统计年鉴》。

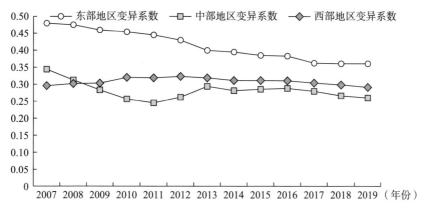

图 2 - 3 2007～2019 年我国东、中、西部地区每万人拥有学校数变异系数
资料来源：2008～2020 年《中国教育统计年鉴》。

考虑我国近年来出生率有所降低和学校扩招等影响因素，我们进一步运用每万名 6 岁及以上人口拥有学校数和每万名在校学生拥有学校数这两个指标来分析我国教育公共服务均等化情况。除了每万名在校生拥有学校数，东、中、西部地区之间呈现与每万人拥有学校数、每万名 6 岁及以上人口拥有学校数不同趋势特征，其他结果和全部人口为基数的比较基本一致。

就标准生财政投入而言，图 2 - 4 和图 2 - 5 显示，整体上，无论是年限法还是费用法，我国每标准学生花费教育财政支出呈上升趋势，由 2007 年的 2854.25 元增加到 2019 年的 13047.06 元，增幅达 357.11%，说明我国以每标准学生花费教育财政支出来衡量的教育公共服务水平呈上升趋势。从变异系数看，在2007～2012年，我国各省份变异系数整体呈下降趋势，但在2012年之后，这种趋势有所逆转，呈现小幅上升，说明我国以每标准学生花费教育财政支出来衡量的教育公共服务均等化程度自2013年开始有降低趋势。

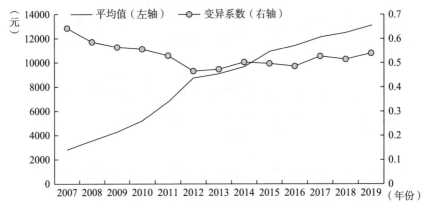

图2-4 2007～2019年我国每标准学生花费教育财政支出平均值和变异系数（年限法）

资料来源：2008～2020年《中国教育经费统计年鉴》。

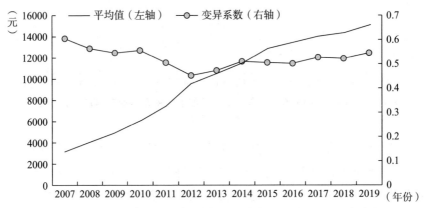

图2-5 2007～2019年我国每标准学生花费教育财政支出平均值和变异系数（费用法）

资料来源：2008～2020年《中国教育经费统计年鉴》。

分区域看，图2-6显示，东、中、西部地区每标准学生花费教育财政支出的平均值都呈现上升趋势，说明2007～2019年，各区域以每标准学生花费教育财政支出衡量的教育公共服务水平越来越高。其中，东部地区平均值高于西部地区，西部地区平均值高于中部地区。这说明以每标准学生花费教育财政支出来衡量的教育公共服务水平呈现中部洼地的情况。从各区域内部的变异系数看，如图2－7所示，东部地区变异系数整体趋势和全国基本一致，虽然西部地区变异系数整体趋势也基本相同，但自2013年之后的上升程度更快，说明西部地区内部的差异在扩大。相比较，中部地区变异系数整体呈下降趋势，说明中部地区内部以每标准学生花费教育财政支出来衡量的教育公共服务，其均等化程度越来越高。如果结合前面的中部洼地情况，可以说中部地区出现了低水平均等化的现象。

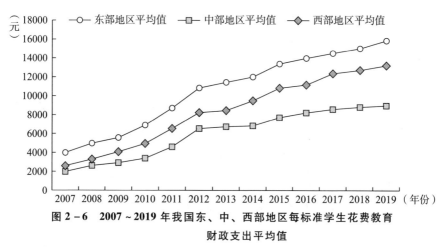

**图2－6　2007~2019年我国东、中、西部地区每标准学生花费教育
财政支出平均值**

资料来源：2008~2020年《中国教育经费统计年鉴》。

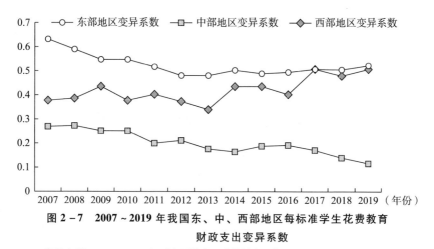

**图2－7　2007~2019年我国东、中、西部地区每标准学生花费教育
财政支出变异系数**

资料来源：2008~2020年《中国教育经费统计年鉴》。

其次考察医疗服务。对医疗服务均等化从数量和质量两个维度进行分析，其中：数量维度的指标包括每万人医疗卫生机构数、每万人医疗卫生机构床位数和服务能力（医院诊疗人次），以及人均医疗卫生财政支出；质量维度的指标包括每万人卫生技术人员数、三甲医院占医院总量的比重、服务效率（医院病床周转次数）。分析使用到的数据均来源于《中国统计年鉴》、《中国人口统计年鉴》、《中国卫生健康统计年鉴》以及各省统计年鉴。

从数量维度看，图2-8显示，整体上，我国每万人医疗卫生机构数呈增长趋势，全国均值由1981年的2.42个上升到2019年的7.67个，增幅达216.94%。从发展时间段来看，自1981年到1993年，我国每万人医疗卫生机构数基本不变，甚至还有所下降，1981年为2.42个，到1993年变为2.08个。相对而言，上升比较快的时期是1994年到2009年，因为到2009年，这一数据已升至7.38个。自2010年，这一数据只是略有上升。之所以会在2009年出现跳跃性变化，主要源于2009年的新医改。从变异系数看，除了异常点，基本稳定，并自2011年有逐步下降趋势，说明医疗卫生机构的分配更加均等。

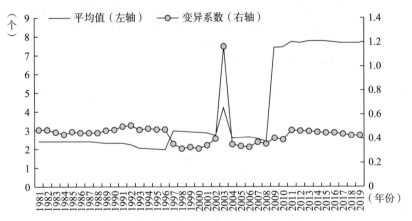

图2-8　1981~2019年我国各省份每万人医疗卫生机构数

资料来源：1982~2020年《中国卫生与计划生育统计年鉴》。

分地区看，东、中、西部地区的整体趋势与全国基本一致。但地区间比较而言，三大区域之间的差异还是很明显的（见图2-9）。在2009年新医改之前，中部地区医疗卫生服务一直处于相对较低水平，但2009年之后，中部地区的医疗卫生机构数量快速上升，甚至超过了东部地区。从地区内差距看，图 2 - 10 显示，东部地区内部的均等化程度在逐步上升，中部地区内部的均等化程度基本稳定，而西部地区内部的均等化程度呈下降趋势。从地区间均等化差异看，中部地区内部的均等化程度相对最高。

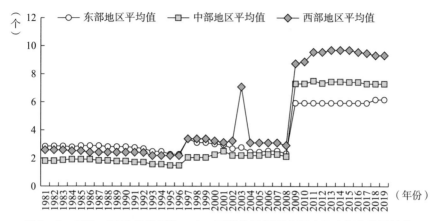

图 2 - 9 1981 ~ 2019 年我国东、中、西部地区每万人医疗卫生机构数平均值
资料来源：1982 ~ 2020 年《中国卫生与计划生育统计年鉴》。

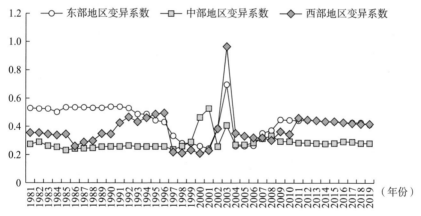

图 2 - 10 1981 ~ 2019 年我国东、中、西部地区每万人医疗卫生机构变异系数
资料来源：1982 ~ 2020 年《中国卫生与计划生育统计年鉴》。

就每万人医疗卫生机构床位数而言，图 2 - 11 显示，在考察时间段呈现前期低水平徘徊到后期的快速增长特征，尤其自 2013 年开始，中国每万人医疗卫生机构床位数快速发展，由 2013 年的 46.16 张/万人增长到 2019 年的 62.37 张/万人，年均增长率达到 5.14%。分地区看，虽然三大地区内部的时间趋势与全国基本一致，但地区间还是存在一定差异。

其中与医疗卫生机构数一样，医疗卫生机构床位数，新医改三年计划完成前，中部地区同样一直处于洼地，但自 2012 年之后，中部地区内部各省份均值却超过东部地区内部各省份均值。

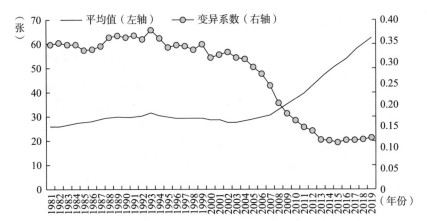

图 2 - 11　1981～2019 年我国每万人医疗卫生机构床位数地区均值及其变异系数
资料来源：1982～2020 年《中国卫生与计划生育统计年鉴》。

就人均医疗卫生财政支出而言，整体上全国各省份均值呈现快速上升趋势，由 1997 年的 42.66 元增长到 2019 年的 1353.31 元，增长了3072.32%（见图 2 - 12）。但也应该看到，这种增长还是源于我国早期医疗卫生财政支出的低水平。与前面两项指标一样，在支出增长同时，地区间差距也在缩小，但自新医改之后，这种差距反而开始有所扩大。

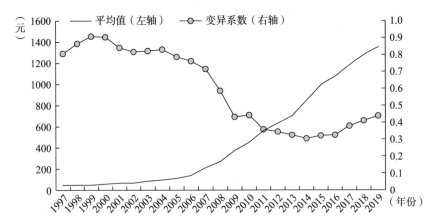

图 2 - 12　1997～2019 年我国各省份人均医疗卫生财政支出均值及其变异系数
资料来源：1998～2020 年《中国卫生与计划生育统计年鉴》。

分地区看，与前面两个指标不同，中部地区的人均财政支出始终处于相对最低水平，不过，中部地区内部的差异也是最小的。

最后再看服务能力。对服务能力的衡量采用诊疗人次。2002～2019年，各省份平均的诊疗人次基本呈增长趋势（见图2-13），但地区间差距却在持续扩大，说明地区间的服务能力不均等程度在上升。分地区看，和前面的三个指标不同，在服务能力上，经济发展水平还是很大程度上决定了医疗卫生服务能力，即东部地区最好，中部地区次之，西部地区相对最低。从地区内部的差异看，虽然中部地区内部差异最小，东部地区内部差异最大，但中部地区内部差异的上升却最快。

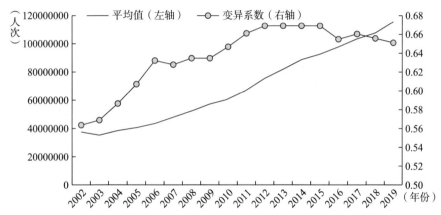

图2-13　2002～2019年我国各省份医院诊疗人次均值及其变异系数

资料来源：2003～2020年《中国卫生与计划生育统计年鉴》。

从质量维度看，分以下三个方面。

首先是每万人卫生技术人员数，图2-14显示，各省份的平均水平整体呈上升趋势，虽然1994～2002年有所下降，但从2003年开始基本稳步上升。相应地，所有省份的每万人卫生技术人员变异系数也呈稳定下降趋势。分地区看，东、中、西部地区的平均值都呈现上升趋势，但东部地区的医疗卫生服务水平显著高于中、西部地区。就三大区域内部的均等化程度看，东部地区的内部差异最大，中部地区内部差异最小。

其次是三甲医院的占比情况，因为按照现行医院的等级划分，三甲医院代表着综合水平和服务能力最好的医疗机构，三甲医院占比越高，说明该地区医疗服务综合能力就越强。图2-15显示，全国各省份三甲医院占比平均值整体呈现上升趋势，尽管上升幅度较低，由2002年的6.5%提高到 2019 年的 8.4%。就均等化水平而言，变异系数整体呈现下降趋势，说明，在此期间，全国范围内以三甲医院占比衡量的医疗服务均等化水平越来越高。分区域看，三甲医院主要集中在东部地区，这一结果和地区经济发展水平高度吻合。从三大区域内部均等化程度看，西部地区内部的均等化水平呈上升趋势，而东中部地区内部的均等化水平呈下降趋势。

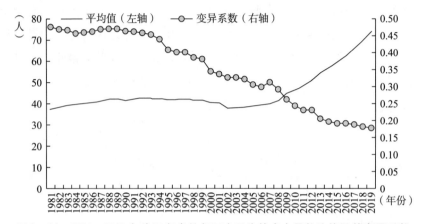

图 2 – 14　1981～2019 年我国各省份每万人卫生技术人员数均值及其变异系数

资料来源：1982～2020 年《中国卫生与计划生育统计年鉴》。

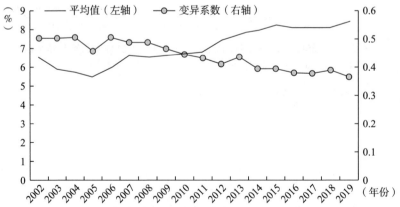

图 2 – 15　2002～2019 年我国各省份三甲医院占比均值及其变异系数

资料来源：2003～2020 年《中国卫生与计划生育统计年鉴》。

最后是服务效率情况。服务效率采用医院病床周转次数度量。就全国各省份的平均情况看，图 2 – 16 显示，2003～2012 年整体上呈现快速上升趋势，但自 2013 年开始，服务效率基本没有进一步提升。与前面两个指标不同，服务效率的地区间差异虽然在下降，但下降幅度较小，且自2017年还有扩大的趋势。三大区域的比较，同样和前面两个指标不同，西部地区内部差异反而显著高于东、中部地区内部差异。

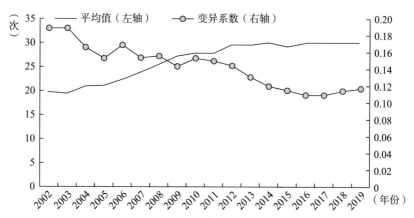

图 2 – 16　2003～2019年我国各省份医院病床周转次数均值及其变异系数
资料来源：2004～2020年《中国卫生与计划生育统计年鉴》。

总结两类公共服务省域间均等化水平，一个基本的结论就是，在本书考察的年份期间，大部分指标呈现逐步提高趋势，说明我国省域之间的公共教育服务和公共医疗服务一直在朝着均等化方向发展。从三大区域内部的两类公共服务均等化程度看，尽管三大区域之间在两类公共服务均等化趋势上有水平高低差异，但也都朝着更加均等的方向发展。不过，从地区间的比较也看出，公共服务均等化水平与经济发展水平之间并没有完全对应关系，在公共教育服务和公共医疗服务上，我国的中部地区内部均等化大部分指标处于最低水平，即表现出公共服务的均等化洼地。相反，在一些指标上，西部地区内部的均等化水平反而超过了东、中部地区内部的均等化水平。尽管本章没有进一步分析这种情况出现的原因，但有一点是肯定的，即中央对西部地区逐步增加的转移支付在其中发挥了重要作用。

三　两类公共服务分配的组内均等化

像评价三大区域内部的两类公共服务均等化水平一样，本节将评估省域内部两类公共服务的均等化水平。由于受到数据限制，公共教育服务样本中没有包括4个直辖市以及西藏、青海、新疆和海南，公共医疗服务样本中没有包括河北、青海和云南。对两类公共服务均等化水平的刻画，同样在现有的数据约束下，公共教育服务只分析服务质量和财政投入 2 个指标，公共医疗服务只分析每万人医疗卫生机构数、每万人医疗卫生机构床位数、每万人卫生技术人员数和人均医疗卫生财政支出。其中，教育服务质量采用每万人拥有学校数这一指标来衡量，学校数是指普通高等学校、普通中学和普通小学等各类学校合计数，财政投入水平以每标准学生花费教育财政支出水平来衡量，标准学生数的计算方法同上一节。为了便于观察省域内两类公共服务均等化发展情况，样本分析同样在现有数据限制下只选择了 2009 年和 2019 年两个时点，通过两个时点的比较观察公共服务均等化的发展方向。

首先看省域内部公共教育服务均等化。表 2 - 1 汇总了两个指标的情况，从中可以看出，和全国的整体情况一样，每万人学校数 2019 年相对于 2009 年都有所下降，但各省下降的幅度还是有差异，经济发达的浙江和江苏，下降幅度相对较小，但这并不意味着，每万人学校数变化与经济发展水平有直接相关性，因为能够看到经济发达的广东，下降幅度高达 43.3%。从省域内部均值水平看，之间差异非常大，也没有呈现明显的规律性，但整体上，经济发展水平越高的地区，每万人学校数一般都会处于相对更低水平。其中，2019 年每万人学校数相对最低的地区是江苏，每万人学校数仅为 0.8769，即每万人还不到 1 所学校。相比较，中、西部的大部分地区，每万人学校数反而更高。就财政投入而言，其发展变化不像每万人学校数，没有呈现一定规律性，但就绝对水平而言，经济发展水平高的地区，相对有更高的财政投入，其中高校数量相对较多的地区，财政投入相对更高的现象更加明显。

表 2 - 1　2009 年、2019 年我国公共教育服务的省域内部均值变化情况

地区	每万人拥有学校数（所）			每标准学生花费教育财政支出（元）		
	2019 年	2009 年	增幅（%）	2019 年	2009 年	增幅（%）
河北	1.8565	2.5653	-27.6	7513.8338	2797.6987	168.6
山西	2.0605	5.1227	-59.8	7888.51	2704.53	191.7
内蒙古	1.0174	1.6664	-38.9	12538.86	5016.11	150.0
辽宁	1.2125	1.9359	-37.4	7661.69	3503.78	118.7
吉林	2.0492	3.1500	-34.9	9617.01	3982.85	141.5

地区	每万人拥有学校数（所）			每标准学生花费教育财政支出（元）		
	2019 年	2009 年	增幅（%）	2019 年	2009 年	增幅（%）
黑龙江	0.9683	2.2034	− 56.1	8620.17	3215.07	168.1
江苏	0.8769	1.0585	− 17.2	10673.06	3510.60	204.0
浙江	1.0139	1.2743	− 20.4	14851.21	4377.67	239.2
安徽	1.7783	2.9193	− 39.1	8101.94	2016.33	301.8
福建	1.7727	2.7385	− 35.3	9823.68	3147.74	212.1
江西	2.1214	3.4044	− 37.7	7794.97	2045.31	281.1
山东	1.3004	1.7165	− 24.2	8311.15	2815.21	195.2
河南	2.5493	3.5926	− 29.0	5648.41	1811.83	211.8
湖北	1.5581	2.1724	− 28.3	8229.99	2084.84	294.3
湖南	1.5414	2.4912	− 38.1	6828.00	2465.17	177.0
广东	1.4842	2.6179	− 43.3	9648.04	2686.51	259.1
广西	2.0644	3.6307	− 43.1	6390.34	2429.59	163.0
四川	1.2120	2.0561	− 41.1	7613.20	2033.16	274.5
贵州	2.6156	4.1128	− 36.4	8345.17	2016.56	313.8
云南	3.0527	4.3625	− 30.0	8889.29	2595.91	242.4
陕西	1.8773	4.1227	− 54.5	10795.01	3039.06	255.2
甘肃	2.9099	5.4668	− 46.8	9672.09	2592.89	273.0
宁夏	2.2623	3.9083	− 42.1	8771.93	3187.55	175.2

资料来源：作者根据 2010 年、2020 年《中国教育统计年鉴》数据计算得到。

从域内均等化水平看，如表 2 - 2 所示地区间差异巨大，并且没有呈现明显的规律性。均等化水平上升最快的是黑龙江，上升超过了 60%，上升超过 50% 的还有陕西、四川、内蒙古和山西。而同期均等化水平下降的也有很多地区，这其中既有经济发达的浙江和山东，也有经济发展水平一般的吉林、河北以及江西和河南，还包括经济欠发达的贵州、甘肃和广西，其中吉林的均等化程度下降最高，超过了 50%。静态看，省域内部均等化水平地区间差异很大，并不呈现某种规律性。其中均等化水平最高的是黑龙江，仅有 0.1053，是均等化水平最低的甘肃 0.5330 的近 5 倍。整体比较看，除了吉林和辽宁，北方地区的均等化程度相对更高。从生均投入看，省域内部均等化水平变化没有一定规律性，有上升幅度较大的辽宁和江苏，有下降幅度较大的贵州、黑龙江和吉林等，但整体来说，下降的地区多于上升的地区，说明生均投入组内均等化程度大部分地区内部整体都呈下降趋势。

表 2 - 2　2009 年、2019 年我国公共教育服务省域均等化水平及其发展

地区	每万人拥有学校数（所）			每标准学生花费教育财政支出（元）		
	2019 年	2009 年	增幅（%）	2019 年	2009 年	增幅（%）
河北	0.1320	0.1007	31.1	0.2024	0.2145	- 5.6
山西	0.1777	0.3588	- 50.5	0.2644	0.1971	34.1
内蒙古	0.1500	0.3063	- 51.0	0.3425	0.3927	- 12.8
辽宁	0.2922	0.3069	- 4.8	0.1365	0.3353	- 59.3
吉林	0.3230	0.2061	56.7	0.3465	0.2440	42.0
黑龙江	0.1053	0.2855	- 63.1	0.3211	0.2170	48.0
江苏	0.2863	0.3082	- 7.1	0.2615	0.4050	- 35.4
浙江	0.2114	0.1898	11.4	0.1791	0.1264	41.7
安徽	0.2465	0.3135	- 21.4	0.2308	0.2466	- 6.4
福建	0.2328	0.1991	16.9	0.2162	0.2547	- 15.1
江西	0.2577	0.1874	37.5	0.1652	0.2055	- 19.6
山东	0.2561	0.2307	11.0	0.2826	0.2863	- 1.3
河南	0.2310	0.1924	20.1	0.2334	0.2143	8.9
湖北	0.3278	0.3313	- 1.1	0.2184	0.2247	- 2.8
湖南	0.2190	0.2966	- 26.2	0.1544	0.1476	4.6
广东	0.4268	0.4536	- 5.9	0.5206	0.7157	- 27.3
广西	0.5181	0.3353	54.5	0.1720	0.2038	- 15.6
四川	0.2122	0.4520	- 53.1	0.2183	0.1963	11.2
贵州	0.1741	0.1261	38.1	0.144	0.0966	49.1
云南	0.2178	0.2530	- 13.9	0.2309	0.1947	18.6
陕西	0.1463	0.3133	- 53.3	0.3575	0.3732	- 4.2
甘肃	0.5330	0.3900	36.7	0.1913	0.1592	20.2
宁夏	0.4404	0.5687	- 22.6	0.2034	0.1664	22.2

　　资料来源：作者根据 2010 年、2020 年《中国教育统计年鉴》数据计算得到，表中第 2、3、5、6 列数字为变异系数。

　　其次看省域内部医疗卫生服务均等化。从表 2 - 3 选择的 4 个指标看，2019 年和 2009 年相比，除了海南每万人医疗卫生机构数有所下降，所有指标都表现出巨大改善，其中，改善幅度最大的是人均医疗卫生投入，提升水平平均达到 2.53 倍，即使改善幅度最小的每万人卫生技术人员数，也达到 0.6 倍以上。这说明我国的医疗卫生服务在所有省份都得到极大地提高。分地区看，省域之间的改善还是存在显著差异，就每万人医疗卫生机构数而言，最高的四川超过了 11 个，而最低的上海仅 2.7425 个，改善幅度最大的陕西 10 年间上升了 7.2 倍，除了海南稍有下降，改善幅度最小的西藏，上升了不到 3%。在平均意义上，中部地区各省份改善幅度整体处于较高水平，而东部地区各省份整体改善幅度相对较低。相比较，每万人床位数的差异相对较小，最高的上海接近 80 张，最低的广西，也有 46.6109 张，但 2009~2019 年，改善幅度地区间差异却很大，改善幅度最大的四川提高近 1.2 倍，最低的天津不到 8%。和床位数接近，每万人卫生技术人员数，最高的是北京，高达超过 127 人，最低的安徽不到 57 人，相差超过 1 倍。而 2009~2019 年，改善幅度在地区间也是差异明显，改善幅度最大的陕西提高超过了 1.2 倍，而改善幅度最小的天津提高不到 23%。在财政投入上，地区间差异比想象的要小，第二位上海接近 2100 元，最低的辽宁也超过了 750 元。财政投入在 2009~2019 年的巨大增加，带来了整个医疗服务水平的普遍上升。

表 2-3　2009 年、2019 年我国医疗卫生服务省域均值及其发展变化

地区	每万人医疗卫生机构数（个）		每万人医疗卫生机构床位数（张）		每万人卫生技术人员数（人）		人均医疗卫生财政支出（元）	
	2019 年	2009 年	2019 年	2009 年	2019 年	2009 年	2019 年	2009 年
北京	6.4001	3.8843	61.8107	54.0379	127.0458	89.9308	1795.0275	697.3173
天津	4.1025	2.1218	48.2218	44.8361	61.9500	50.7313	966.7797	297.5294
山西	3.7467	3.4006	57.4136	42.0692	65.0791	50.7246	983.3199	296.8462
内蒙古	9.7718	3.9334	61.6522	36.9003	79.3258	51.3572	1381.3719	422.8139
辽宁	8.2907	3.3448	72.2515	44.7611	68.0838	50.0869	753.5352	349.7472
吉林	9.1382	3.2990	63.8349	39.2696	91.9806	48.2391	916.9141	356.1074
黑龙江	6.6575	3.2387	71.7154	43.8205	70.1135	52.3313	816.9875	331.7141
上海	2.7425	1.6608	79.5997	58.7057	113.5847	77.7098	2032.2900	601.1172
江苏	4.3241	3.9556	62.5647	45.6422	76.2279	53.2919	1041.5835	541.4747
浙江	6.0010	3.0733	59.7101	32.3650	87.9905	49.1361	1301.5160	317.9168
安徽	4.4575	1.5350	54.1794	32.6849	56.3971	38.4446	1069.8206	259.9585
福建	3.7707	1.5833	54.9792	29.0350	67.3196	34.6455	1177.3471	254.7523
江西	7.7166	1.7338	57.7551	29.0888	58.6866	35.5455	1242.8136	266.3583
山东	8.3376	1.6730	61.7385	37.7080	77.4834	44.2161	890.6155	191.8353
河南	7.6798	1.3934	64.1138	33.2945	65.8862	38.1135	942.1213	220.4345

续表

地区	每万人医疗卫生机构数（个）		每万人医疗卫生机构床位数（张）		每万人卫生技术人员数（人）		人均医疗卫生财政支出（元）	
	2019 年	2009 年	2019 年	2009 年	2019 年	2009 年	2019 年	2009 年
湖北	6.3671	3.3053	65.5830	31.1724	67.8014	40.7290	1015.3872	243.4299
湖南	8.5962	2.2495	72.4608	35.6877	71.3513	35.6877	932.0250	256.8311
广东	5.2398	1.7166	46.7528	26.9298	64.3754	40.0133	1371.0615	249.6060
广西	5.5789	2.9442	46.6109	24.8482	58.6409	32.6765	955.3028	198.8061
海南	6.4771	6.7645	52.0984	27.2292	60.6705	44.3682	1704.6018	610.5262
重庆	6.9865	2.4904	75.3334	36.0319	71.2855	37.0662	1162.6772	222.7579
四川	11.1358	9.9817	72.7707	33.2233	66.6620	36.0882	1230.1326	275.2962
贵州	7.9827	4.8356	69.0046	33.2854	73.0727	33.3369	1406.5980	468.8672
西藏	5.2744	5.1379	52.5218	34.4892	62.6953	37.6046	3505.6980	746.1757
陕西	9.9051	1.2063	70.0557	34.9533	91.4248	40.7827	1203.0186	337.6252
甘肃	10.0204	4.1898	67.2940	38.2334	71.9283	36.8088	1193.0434	375.3458
宁夏	6.4945	2.6937	56.5537	35.4347	73.8445	44.6986	1532.2302	366.6704
新疆	7.4166	3.6053	71.0916	50.6644	79.4775	59.7261	1198.4146	386.9613

资料来源：作者根据 2010 年、2020 年《中国卫生与计划生育统计年鉴》数据计算得到。

就省域内部差异看，表2－4显示，除了极少数省份，各省份内部基本上在2009～2019年有了明显的改善。其中，每万人医疗卫生机构数改善最大的是山东，均等化水平提高超过了70%，改善最小的四川不到10%，在均等化程度下降的省区，下降幅度最大的是北京，下降超过了40%。从绝对水平看，以2019年为例，省域内部的不均等程度最高的是福建，变异系数接近0.7，这是一个非常危险的信号。最低的山东，不到0.12。每万人医疗卫生机构床位数省域内不均等程度在省域间更加悬殊，最均等的是江西，不到0.1，低于0.1的还有山东、贵州和陕西，最不均等的天津，高达0.6以上，北京的不均等程度也很高，超过了0.55。就改善程度而言，在2009～2019年，改善程度最大的是陕西，超过了60%，改善程度较高的还有内蒙古、安徽、江西和贵州。但在此期间，也有省区出现均等化程度下降的情况，其中江苏均等化水平下降超过25%，北京下降也接近14%。相比较，每万人卫生技术人员数省域内均等化程度省域间差异最大，其中，均等化水平最低的上海，变异系数超过了0.74，相对较低的还有北京、天津、重庆，归纳起来，就是4个直辖市的均等化水平都相对较低。而均等化程度最高的吉林，仅有0.0991。从改善程度看，省域间差异却相对较小，改善幅度最大的安徽，约为46%，均等化程度下降最多的江苏，也不到23%。在所有4个指标中，均等化水平在省域内都处于相对较高的是人均财政投入，基本都在0.45以内。

表2-4 2009年、2019年我国医疗卫生服务省域内差异

地区	每万人医疗卫生机构数（个）		每万人医疗卫生机构床位数（张）		每万人卫生技术人员数（人）		人均医疗卫生财政支出（元）	
	2019年	2009年	2019年	2009年	2019年	2009年	2019年	2009年
北京	0.4017	0.2840	0.5577	0.4896	0.6559	0.6034	0.4270	0.3829
天津	0.4415	0.4395	0.6061	1.0278	0.6616	0.7056	0.2840	0.5057
山西	0.2854	0.3789	0.2103	0.3030	0.3810	0.3669	—	—
内蒙古	0.2758	0.4111	0.1045	0.2450	0.1516	0.2243	0.3049	0.3982
辽宁	0.2448	0.3507	0.1435	0.2280	0.2573	0.2242	0.1863	0.2765
吉林	0.1880	0.6578	0.1948	0.2256	0.0991	0.1572	0.2508	0.2744
黑龙江	0.2206	0.5081	0.2109	0.2118	0.2069	0.2288	0.1003	0.2655
上海	0.4076	0.3263	0.6330	0.5481	0.7412	0.6346	—	—
江苏	0.1851	0.2594	0.1089	0.0861	0.1651	0.1352	0.1487	0.0973
浙江	0.2108	0.2599	0.1623	0.1912	0.1510	0.1710	0.2695	0.4508
安徽	0.2654	0.5600	0.1445	0.3363	0.1859	0.3430	0.1397	0.2184
福建	0.6985	0.5457	0.1407	0.2099	0.1544	0.2752	—	—
江西	0.2456	0.3399	0.0918	0.2334	0.1715	0.2470	0.0928	0.1219
山东	0.1138	0.4521	0.0997	0.2191	0.1673	0.1988	0.1143	0.2002
河南	0.2166	0.4489	0.1679	0.2563	0.2136	0.2299	0.1346	0.1966
湖北	0.3806	0.7713	0.1662	0.2638	0.2005	0.2641	—	—
湖南	0.1866	0.3875	0.1220	0.2488	0.1393	0.2488	0.1683	0.1142
广东	0.3253	0.4760	0.2140	0.3742	0.2654	0.4324	—	—
广西	0.2889	0.5215	0.2138	0.2689	0.2692	0.2796	0.1854	0.2094
海南	0.2620	0.2608	—	—	0.3759	0.3441	0.2200	0.2091
重庆	0.2316	0.5573	0.3792	0.6387	0.6551	0.6529	0.2506	0.2074
四川	0.3409	0.3711	0.1613	0.2611	0.2127	0.3085	0.4015	0.3968
贵州	0.2124	0.7211	0.0992	0.2558	0.2100	0.3619	0.1481	0.1510
西藏	0.3066	0.2720	0.2420	0.3759	0.2909	0.3992	—	—

地区	每万人医疗卫生机构数（个）		每万人医疗卫生机构床位数（张）		每万人卫生技术人员数（人）		人均医疗卫生财政支出（元）	
	2019 年	2009 年	2019 年	2009 年	2019 年	2009 年	2019 年	2009 年
陕西	0.1612	0.2612	0.0972	0.2525	0.1940	0.2417	—	—
甘肃	0.2821	0.4667	0.2297	0.3719	0.2966	0.4214	0.2146	0.2326
宁夏	0.1937	0.4245	0.1949	0.3157	0.3159	0.4424	—	—
新疆	0.2992	0.4023	0.3053	0.3216	0.4302	0.3997	—	—

资料来源：作者根据 2010 年、2020 年《中国卫生与计划生育统计年鉴》数据计算得到，表中第 2～9 列数据为变异系数，表中"—"为数据缺失。

四　本章小结

尽管在本章关于两类公共服务省域间和省域内，即组间和组内的比较分析中选择的指标，以及分析的时段有所差异，但并不影响我们从整体上判断我国的两类公共服务不均等程度主要来源于组内差异还是组间差异。虽然从整体趋势看，全国地级市层面的两类公共服务均等化水平呈下降趋势，但在省域内的改善程度还是存在巨大差异，有些省域内，两类公共服务的均等化水平不但没有改善，反而有所下降，甚至下降幅度超过了50%，并且相比较，医疗卫生服务的均等化水平下降幅度相对较低，而改善幅度相对更大。从全国两类公共服务均等化研究文献看，全国两类公共服务的不均等主要来源于组内不均等。以 2009 年和 2019 年为例，全国地级市之间的两类公共服务不均等程度如表 2-5 所示，而同时间点的省域间均等化水平和省域内均等化水平如表 2-6 所示。由表 2-5 和表 2-6 可以看出，不同的维度，两类公共服务均等化水平组间组内的贡献差异还是较大的。

每万人医疗卫生机构数的全国不均等程度 2009 年是 0.79，2019 年下降至 0.42，而同期组间差异 2009 年为 0.46，组内差异是 0.43，组内差异 2019 年为 0.28，而组间差异是 0.48。这一结果说明，2009 年时，每万人医疗卫生机构数不均等程度中组内和组间的贡献基本相当，但到 2019 年时，不均等程度主要是组间差异所致。从每万人医疗卫生机构床位数看，不均等程度的组内组间贡献差异在 2009 年和 2019 年没有显著差异，组内贡献是组间贡献的 2 倍。从每万人卫生技术人员看，不均等程度主要来源于组内差异，只是组内差异的贡献到 2019 年有所扩大。从人均医疗卫生财政支出看，组间贡献显著高于组内贡献，且随时间变化不大。就公共教育服务而言，每万人学校数量的不均等程度组内组间贡献基本相当，各占 50%。这跟每标准学生教育财政支出不均等程度一样。

表 2-5 2009 年、2019 年全国地级市层面两类公共服务均等化水平（变异系数）

每万人医疗卫生机构数（个）		每万人医疗卫生机构床位数（张）	
2019 年	2009 年	2019 年	2009 年
0.42	0.79	0.34	0.49
每万人卫生技术人员数		人均医疗卫生财政支出	
2019 年	2009 年	2019 年	2009 年
0.49	0.55	0.36	0.53
每万人拥有学校数		每标准学生的教育财政支出	
2019 年	2009 年	2019 年	2009 年
0.48	0.52	0.36	0.43

资料来源：表中数据根据表 2-1 至表 2-4 计算得到。

表 2-6 2009 年、2019 年两类公共服务均等化水平的组内和组间情况（变异系数）

项目	组内		组间	
	2019 年	2009 年	2019 年	2009 年
每万人医疗卫生机构数	0.28	0.43	0.48	0.46
每万人医疗卫生机构床位数	0.22	0.32	0.11	0.16
每万人卫生技术人员数	0.29	0.34	0.19	0.27
人均医疗卫生财政支出	0.21	0.26	0.45	0.45
每万人拥有学校数	0.27	0.29	0.27	0.29
每标准学生教育财政支出	0.24	0.25	0.24	0.25

资料来源：表中数据根据表 2-1 至表 2-4 计算得到。

第三章　公共支出分配失衡及其潜在风险

一　问题背景

我国经济社会发展失衡已经成为一种共识，其被认为是经济社会可持续发展的一个重要威胁。我国经济社会失衡发展的原因有很多，但最关键的就是政府主导。政府主导是我国经济社会发展模式的一个显著特征。政府主导对我国经济起飞和赶超发挥了积极作用，但政府主导固有问题随着经济社会发展也变得日趋突出。尤其近年来不断扩大的地方政府负债、不断激化的群体性事件以及不断僵化的增长动力结构，更是引发社会对政府主导双面效应的关注。如何让政府退出经济增长主导地位、实现经济自主增长、更好发挥政府作用，成为我国深化改革亟待研究的问题。从我国改革开放以来的发展经验看，让政府主动退出经济增长主导地位并非易事，在政府主导的激励结构没有根本性重构之前，政府退出主导地位的微观基础和制度条件还不具备，所以任何让政府退出主导地位的尝试都不可能成功，反而可能会形成新的扭曲。根据大量已有文献，在我国，政府主导经济社会发展，一个很重要激励就是财政，财政不仅为政府主导提供了激励，而且提供了制度便利。那么，我国财政体制和财政制度，在既定政治框架内，是如何激励政府，尤其是地方政府全面主导经济社会发展的？政府主导在既定财政体制和制度下为何形成经济风险？助推政府退出主导地位，我国财政需要如何改革重构激励？

针对上述现实问题，本书在我国政治体制框架内，从财政角度探究政府主导经济增长的内在逻辑，通过分析财政体制变迁和政府主导之间的互动关系，认识公司型政府特征的产生机制及其经济风险。本书贡献体现在如下三个方面：一是揭示我国政府，尤其是地方政府在现行财政体制下难以退出政府主导模式的根本原因；二是分析财政体制变迁驱动经济增长模式形成机制，揭示财政体制改革对政府主导的重要作用；三是提出财政体制改革是推动政府转型的关键条件，分析在现行体制机制下，我国财政体制助推政府退出增长主导地位的改革原则和路径选择。

二　两种财政体制与两种公共支出分配结果

改革开放以来，我国财政体制改革经历了两个阶段，虽然两个阶段整体上都表现出明显分权化倾向，但形成了两种不同类型财政体制模式。以 1994 年为分水岭，1994 年之前财政体制模式主要为行政性分权的财政包干制，也可称为分成制，1994 年至今财政体制模式主要为分税制。财政包干制虽从事后看来存在严重缺陷，尤其和当时条块分割按照行政隶属关系管理企业的体制结合在一起，造成了十分突出的地区分割、重复建设等问题，但在当时却有其存在必然性和阶段合理性。财政包干制通过各种包干方式赋予地方政府完全剩余索取权，虽然在包干制期间，我国地方政府财税立法权没有实质性变化，但财政收入筹集机制却赋予地方政府在央地博弈中较大优势。首先，在行政性分权体制下，包干制调动了地方政府主观能动性。为在完成上级任务后获得更多财政剩余，地方政府动员了辖区内可用资源。在这一过程中，为提高辖区内要素产出效率，地方政府也在辖区内实施了一系列有助于解放生产力的制度创新。Blanchard 和 Schleifer（2001）、Jin et al.（2005）等研究认为，地方政府对财政利益的追求产生了一个意想不到的后果，就是推动和维护了市场机制形成和作用发挥，使我国不完全财政分权体制具有了维护市场的财政联邦主义特征。其次，在由地方政府控制的财政资金筹集方式下，包干制放大了地方政府信息优势，为降低中央资金抽取对本辖区造成影响，地方政府有激励降低本地企业税收任务，这无形中为本地企业扩大再生产和更新改造提供了宽松资金环境，从而提高了本地企业相对竞争力。①渠敬东、周飞舟和应星（2009）认为，自上而下的包干制很大程度上解释了曾经在我国经济发展过程中做出重要贡献的乡镇企业的兴起和繁荣。最后，在包固定基数的包干制下，中央政府只能观察到最终经济总量和

---

① 这种体制下，不同辖区间企业竞争一定程度上参合了政府间竞争，企业是政府财政收入的主要提供者，所以扶持企业、扩大企业生产经营自主权、为企业生产经营提供政策支持成为这个时期一个重要特征。

财政收入，无法控制分成收入真实增长水平。为降低承包压力，地方政府有激励推动经济通货膨胀，因为通胀可以提高地方政府财政上解能力。

包干制诱发的地方政府行为变化在国家财政能力和中央地方财政关系上产生了重要影响。统计数据显示，从 1979 年到 1993 年，我国财政收入占 GDP 比重呈持续下降之势，到 1993 年这一比重只有 12.6%，而同期的美国和德国分别为 32.8% 和 46.5%，在金砖国家中也处于较低水平，同期的印度、巴西、俄罗斯和南非则分别为 20.7%、41.8%、35.6% 和 27.9%。[①] 财政能力下降虽然导致了政府缺乏足够财力回应老百姓的公共品诉求，但也减少了政府对经济干预。这为这一时期非公经济发展创造了很好机会。财政能力下降不仅表现在整个国家层面，也表现在中央政府层面。在包干制实施期间，中央财政收入占整个国家财政收入的比重下降了 16 个百分点，1993 年达到最低为 22%。这无论和同期发达的美、德等国相比，还是在金砖国家中，都处于极低水平。同期美国为 57.3%，德国为 65.9%，巴西、印度、南非和俄罗斯则分别为 72.4%、69.5%、87.7% 和 58.6%。[②] 中央财政占比下降直接导致中央财政困难，从 1987 年到 1992 年，中央财政不得不靠向地方财政借钱维持财政平衡。在这样一个财政收入格局下，中央政府无奈推出了"能源交通基金"和"预算调节基金"，以补充中央财政不足。中央财政能力下降弱化了中央政府宏观调控能力，不仅如此，财政能力弱化也使得中央政府和地方政府博弈双方相对优势明显倾向于后者，中央政府对地方政府掌控能力只能在政治集权体制下得以维系。根据王绍光和胡鞍钢（1993）的说法，包干制使中央政府成为事实上的"弱中央"。为了弥补预算内财政能力不足，在包干制实施期间，我国无论是中央政府还是地方政府，纷纷通过各种手段出台收费项目，通过预算外方式弥补预算内财力不足。[③] 1985～1992 年，我国政府预算外收入急剧膨胀，几乎和预算内收入不相上下，1992 年甚至为预算内收入的 1.16 倍。和预算内收入在中央地方分配不同的是，在预算外收入中，虽然地方政府仍占大头，但相对优势不明显。1985 年之前，中

---

① 根据世界银行 WDI 数据库和国际货币基金组织政府财政统计（GFS）（2001）数据计算得到。

② 根据国际货币基金组织政府财政统计（GFS）（2001）国别数据计算得到。

③ 这一时期也是我国政府繁杂收费最盛行时期，政府收入破碎化和不规范现象最为严重。

央地方预算外收入分成比例约为 3：7，包干制期间上升为 4.2：5.8，1993 年之后这一比例急剧下降为 0.5：9.5。[1] 但尽管如此，中央财政的相对劣势和困难局面并没有改变。

如果按照国内诸多学者对财政分权的定义[2]，包干制期间我国可以说是世界上少有的分权国家。高度分权产生了多方面影响，包括地区差异扩大、中央调控效力下降、诸侯经济等。[3] 包干制弊端以及形成的央地财政格局随 1994 年分税制实施而渐趋消失。分税制和包干制最大不同主要有三点：一是硬化了地方政府向上预算约束，由分成制转向分税制；二是削弱了地方政府税收筹集自由裁量权，实行分税分征机制；三是形成了央地协同财政收入融资激励，实行税收共享和增长分率。体制模式上的三点差异尽管对地方政府形成的财政激励并没有产生实质性影响，只是在新的激励结构下，地方政府公共治理方式发生了改变，但使央地财政关系发生了巨大变化，在央地之间形成了另一种财政格局。从 1995 年开始，我国政府财政能力快速上升，财政收入增长率由 1986～1992 年年均 8.2% 跳跃性升至 1994～2002 年年均 17.8%，财政收入占 GDP 比重也由 1993 年的 12.6% 上升到 2002 年的 15.7%，并在其后继续以年均 20% 的速度增长，到 2012 年全国财政收入占 GDP 比重超过了 22%。伴随财政收入快速增长，在新的央地财政关系下，中央财政能力也发生了突变，中央财政收入占比从 1993 年的 22% 一下升至 1994 年的 55.7%，中央本级财政入不敷出现象发生了逆转，从 1994 年开始，中央本级财政开始出现盈余，向地方政府支出补助也大规模增加，财政关系由原来中央依赖地方变为地方依赖中央。图 3-1 描述了分税制下新的财政格局。

分税制产生的协同激励，不仅构筑了经济增长的体制激励，而且提高了中央政府宏观调控能力，Ramey 和 Ramey（1995）、Hnatkovska 和 Loayza（2004）认为，后者又为经济增长提供了条件。和包干制期间相

---

[1] 根据《中国财政年鉴》和《中国统计年鉴》数据计算得到。

[2] 徐永胜和乔宝云（2012）曾对财政分权度量做过详细分析和比较，根据他们的研究，无论是以收入度量还是以支出度量，包干制期间我国的财政分权度都是最高的。

[3] 邹恒甫曾撰文提出过度分权可能产生的危害，参见邹恒甫《财政分权争议持续不断，我国需警惕过度财政分权》，https://business.sohu.com/20130507/n375051996.shtml。

图 3 - 1   分税制后央地财政收入格局（1990 ~ 2002 年）

注：中央初始财政能力定义为中央本级收入与本级支出的比重，中央实际财政能力为中央财政补助地方支出后净额与中央本级支出比重。

资料来源：根据 1991 ~ 2003 年《中国财政年鉴》数据计算得到。

比，分税制实施至 2010 年，我国经济虽经历了两次危机冲击，但 GDP 年均增长依然高出 2 个百分点，达 10.08%。不仅如此，经济增长也较包干制期间更加稳定，包干制期间经济增长波动标准差为 3.88，而 1995 ~ 2010 年经济增长波动标准差仅为 1.68。经济增长更加稳定从一个方面说明，中央政府宏观调控能力明显增强。国家财政能力和中央财政能力提高除了对经济增长有重要作用，也对区域间经济协调发展和财政能力均衡产生了积极影响。包干制实施期间，地区间经济增长差异变异系数年均为 0.59，分税制实施期间则下降为年均 0.21。地区间差异缩小也表现在财政能力上，1986 ~ 1993 年，地区间人均财政能力差异变异系数年均为 1.18，1994 年则下降为 1.02。中央财政能力增强也提高了中央财政推进地区间公共服务均等化和统筹城乡发展的能力。图 3 - 2 利用线性自回归方法预测了教育、医疗两类公共品和城乡发展差距，如果按照包干制期间变化趋势推演 1994 ~ 1998 年变动轨迹，可以看出，至少分税制实施之初，这些方面都较包干制期间有更均衡表现。[①]

根据 20 世纪 90 年代初期我国经济社会面临的现实问题，1994 年我国分税制改革有其必要性和合理性，分税制实施使我国经济社会发展进入了一个全新阶段。但从分权角度看，与包干制相比，周飞舟（2006）、

———————————

① 所有数据均根据中国经济信息网提供的数据整理分析得到。

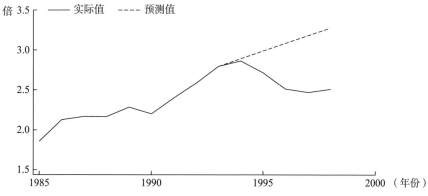

图 3 - 2a　1985～1998 年城乡居民人均收入比

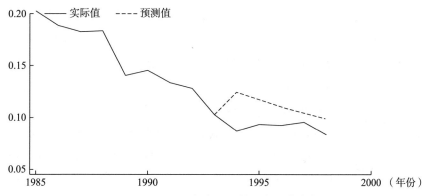

图 3 - 2b　1985～1998 年省际适龄儿童入学率变异系数

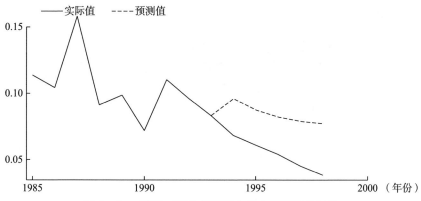

图 3 - 2c　1985～1998 年省际小学入学率变异系数

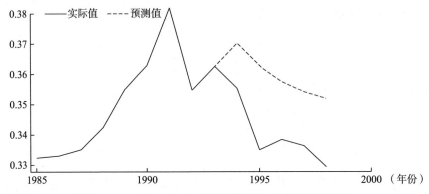

图 3 - 2d 1985 ~ 1998 年省际每万人病床数变异系数

李永友和沈玉平（2010）研究认为，我国分税制改革具有明显集权倾向。表 3 - 1 计算了我国 1998 年省、市、县三级公共支出对上级补助依存度，并计算了同期美、德两国和其他金砖国家这一指标。从表 3 - 1 可以看出，分税制下，我国央地财政关系的集权度远高于大部分国家。因为我国在分税制中没有规定省以下政府间财政关系，所以尽管在我国，各地区省以下政府间财政关系有很大差异，但基本上模仿了中央与省财政关系，只是我国 1994 年分税制后税种数量非常少，各地省以下政府间财政关系实质上还是分成制。不过和包干制期间不同，由于主要税种收归中央直属国税局，因此硬化了地方政府向上预算约束，在经历了收入层层包干后，政府层级越低，财政能力就越低，而低层级政府又是公共品主要提供者。这就导致新的财政格局下低层级政府不得不想出策略性应对办法。

表 3 - 1   1998 年各级政府公共支出依存度

地区和国别	省/州	地级市	县/地方
内蒙古	0.55	0.52	0.53
江苏	0.45	0.61	0.51
湖北	0.49	0.60	0.32
巴西	0.21	-	0.60
印度	0.28	-	-
南非	1.00	-	0.15

续表

地区和国别	省/州	地级市	县/地方
俄罗斯	0.14	–	–
美国	0.25	–	0.38
德国	0.18	–	0.35

注：地级市财政依存度为地级市本级财政，我国的县公共支出依存度涵盖了县、乡两级财政。其中公共支出依存度定义为上级政府补助/本级政府公共支出。

资料来源：我国数据根据1998年《全国地市县财政统计资料》和1999年《中国财政年鉴》数据计算得到，其他数据根据2001年国际货币基金组织编纂的GFS数据计算得到。

三　两种公共支出分配与政府主导

在我国，集权政治体制赋予了政府，尤其是中央政府应对经济社会风险的能力。在这种体制下，也激发了地方各级政府主导辖区内经济社会发展积极性，不过这种积极性释放程度和释放方式则取决于地方政府自主决策空间大小和面临的激励结构。尽管包干制和分税制在激励方式上存在较大差异，但分权策略却是相同的，即都是赋予地方政府支出决策权和部分融资裁量权。这种分权策略在两种财政体制下激发了地方政府相同治理行为，即主导辖区内经济社会发展，成为本辖区经济增长推动者。那么两种财政体制形成的两种财政格局，为何会有相同的政府主导方式？财政分权策略是一个方面，财政体制法制化缺失则是另一个方面。[①]

首先，尽管在两种财政格局下，央地关系表现出两种截然不同的特征，但两种格局都是在中央政府主导下形成的，中央政府始终是央地财政关系的主导者。但受整个改革方向约束，中央政府在确定央地财政关系时不得不考虑地方利益，力争满足激励相容和分权基本要求。所以综观我国央地财政关系改革进程，一个关键策略就是增量改革，即在增量上做文章，并通过增量调整存量。在这种改革策略下，央地财政格局变化主要发生于预算之外。例如包干制期间，中央地方在确定了分成方案

---

① 贾康和阎坤等一系列研究认为，我国财政体制改革需要遵循法制化原则，楼继伟也强调我国财政体制改革法制化严重滞后。参见贾康、阎坤《完善省以下财政体制改革的中长期思考》，《管理世界》2005年第8期，第33~37页；楼继伟《我国政府间财政关系再思考》，中国财政经济出版社，2013，第33~36页。

后，主要通过预算外途径改变各自财政状况，从而导致包干制下预算外资金膨胀和普遍乱收费现象。分税制期间，中央通过改变游戏规则，地方则通过关系改变各自财政境况，发生于 2002 年的所得税分享以及自 2011 年实施的增值税扩围就是例证，而一直难以杜绝的跑关系争专项也是一个佐证。中央、地方上述财政行为源于我国政府间财政关系不够硬化，而这又源于央地财政关系法制化缺失。

其次，尽管我国央地财政关系经历了两种模式，但两种模式却呈现相同不平衡特征。无论是包干制还是分税制，各级政府包的是收入，分的是税收。在两种体制模式下，改革都未曾就政府间事权分配做出约束性规定。不平衡改革导致了一个必然结果，就是各级政府公共治理责任感缺失。从包干制过渡到分税制，一个重要特征是，央地财政收入格局变化与公共支出格局变化不是同向的，中央财权集中财力上移并没有伴随事权上移及支出责任上升。包干制期间，央地公共支出格局平均为 0.33：0.67，分税制后这一格局不断朝着有利于中央方向变化，到 2012 年已变为 0.15：0.85。央地公共支出相对占比远低于美德等国和其他金砖国家，同期美国和德国，中央公共支出占比分别为 40.7% 和 32.8%，而金砖国家中南非、俄罗斯、印度则更高，分别为 59.8%、52.2% 和 53.4%，巴西虽较低，但也达 36.7%。① 中央在收入集中同时未能承担起必要支出责任，使得在缺乏规范省以下财政体制情况下，省以下政府也表现出层层模仿行为，导致财政能力最薄弱县乡财政承担了公共品主要提供责任。由于缺乏足够财力支持，再加上支出责任没有硬性制度约束，因此在 2002 年之前出现县乡公共品供给严重短缺，甚至一度出现县乡财政普遍拖欠教师工资现象。②

最后，在两种财政模式下，政府间财政关系确定主要是收入方面，这种体制改革策略强化了地方政府对财政资源的争夺意识，并在不平衡财政收支格局下，促成了地方政府通过各种办法提高财政能力。由于两

---

① 根据国际货币基金组织 GFS（2002）数据计算得到。我国政府间公共支出责任缺乏明确分工也是导致实践中垂直政府间出现责任推诿现象的根源。

② 据陈至立在《在 2001 年度教育工作会议上的讲话》披露，截至 2000 年，全国共有 26 个省、直辖市和自治区共拖欠教师工资 135.65 亿元。除了拖欠，在实践中发生于 20 世纪 90 年代末期社会事业领域的市场化改革也可以说是支出责任软化的必然结果。

种体制没有对政府权力运用边界做出硬性约束，因此无论是中央政府还是地方政府，预算约束都是软的。也就是说各级政府可以利用自己所掌握资源扩充财力。然而在政治集权体制下，垂直政府间可控资源分配是不相等的。中央政府凭借其货币发行和晋升机会垄断权，以及大中型国企控制权扩充财力①，相比较，地方政府，尤其是县乡政府，扩充财力手段就相对较少。充分利用一切资源扩充财力成了各级政府，尤其是底层政府最重要工作，发生在 20 世纪 90 年代的出售小型国有企业、2003年以来城市土地拍卖，以及近年来纷纷出现的各种融资平台，等等，都是这种改革策略和财政格局的后果。然而，对县乡政府而言，可控资源毕竟是有限的，所以对于我国最低层级政府来说，借债成为一个必然而普遍现象。② 上述现象说明各级政府向下预算的约束力是软化的。同时对地方政府而言，尽管分税制较包干制硬化了地方政府向上预算约束，但硬化并不彻底，最典型表现就是专项转移支付。在分税体制下，专项转移支付一直占中央补助地方支出约 50%，尽管这一比例还不及一些发达国家③，但我国既不透明又缺乏制度约束的专项补助为地方政府向上预算软化提供了可能。

　　两种财政格局下发生的政府间博弈关系和行动策略，都不是扩充自有财力的根本措施，因为各级政府意识到，上述这些手段总会受到限制，尤其对地方政府而言，行政权力的运用会不时受到中央政府调控所影响。④ 所以无论在包干制下还是在分税制下，各级政府都清醒认识到，发展经济才是扩充财力最根本措施。所以主导经济发展成为各级政府共

---

① 垄断国企改革进程严重滞后以及垂直政府间财政竞争就是这种情况在实践中的主要表现。

② 根据财政部办公厅《关于化解地方政府债务有关情况的调研报告》，"县乡两级债务负担最为沉重，增长速度快，逾期债务所占比重大"，"福建省 2004 年县乡两级政府占全省债务规模的 58.2%"，其中逾期债务占总额的 84.1%。

③ 我国的转移支付结构一直备受诟病，多数学者认为我国转移支付结构不合理，专项比重过高，这种认识甚至成为近些年全国人大代表讨论的一个重要议题。但根据世界银行 Daniel Bergvall et al.（2006）的研究，一些发达国家比我国还要高，在欧盟国家，专项拨款占比平均约为 54%。显然，专项比重的高低并不是问题的关键，关键是专项补助的透明和规范化程度。

④ 在我国一个非常重要的现象就是地方政府吃透中央政府出台的政策，吃透在一定程度上不是为了更好执行，而是更好利用政策为自己所用，"打擦边球"可以说是一个例证。对于私人部门而言，吃透政府政策也是如此目的。同时在我国曾一度流行的"一放就乱，一收就死"，可以说也是财政体制下地方政府财政激励的一个结果。

同选择，尤其在分税制下，各级政府在主导经济发展上实现了更高程度协同。为了发展经济，在既定央地财政格局下，地方政府不得不动员辖区内一切可用资源，通过增加资源投入和改善资源配置方式，提高辖区内资源使用收益，以便形成更强大财政基础。然而资源总是有限的，不仅如此，既定质量资源，其边际产出也是递减的。这种约束意味着，地方政府需要保证本辖区持续不断的资源投入，同时通过资源行政配置克服边际产出递减约束。为实现这一目标，辖区间政府产生了横向竞争。竞争本来可以提高资源配置效率，但在我国，由于财政体制硬化不足，辖区间政府竞争表现出一种无序状态，竞争手段也比较单一和粗放。

辖区间政府为财政而展开的资本竞争，目的就是扩充自有财力。为此辖区政府在竞争中选择了最能夯实财政基础的策略。这种策略在外资进入相对受限的包干制期间，主要是控制辖区内资源流出，限制辖区外产品进入，增加利税产出较高的生产投入。这种竞争策略导致一个结果，即保护了地方利益，却牺牲了资源流动产生的配置效率。另外，这种竞争策略也产生了地区间重复建设，并导致严重产能过剩。而在分税制下，制造业是最主要税收来源，占地方财政预算收入近40%，所以大力发展制造业，尤其是税收贡献大行业成为政府主导必然选择。[1] 尽管两种体制模式下，政府竞争策略有所不同，但无论是包干制下高利税产品生产投入，还是分税制下制造业发展，都表现为要素大量投入，说明这一现象的一个重要证据就是，从1986年至2010年，我国全社会固定资产投资率一直保持在35%以上。除了提高物质资本投入，地方政府在提高资本利润率同时，也采取了降低资本生产成本策略。后者实现机制就是增加环境资源投入，即通过放松环境管制吸引资本。李刚、马岩和姚磊磊（2010），李胜文、李新春和杨雪儒（2010）等研究证实，我国环境管制效率和管制强度都非常低。

经济增长理论明确指出，实现经济长期增长，既可选择粗放要素投入方式，也可选择集约全要素生产率进步方式，后者包括创新、技术进步和要素质量提升。为什么在我国，地方政府都热衷于前一种增长方式？这应该说与我国政府官员任期制有关，图3-3是1998~2009年我国省级官员任职年限和人数，可以看出大部分任职年限集中于3年左右，有相当

---

① 政府之间开展的同质化横向竞争一个直接证据就是地区间生产结构雷同。

部分仅有 2 年时间。为了 GDP 增长和尽快打开局面，新任官员总是会做出一些超乎寻常动作，我国"新官上任三把火"可以说是这种现象的最好写照。对于地方各级政府而言，增加投入、扩大产出是 GDP 增长最直接最奏效的方法，所以利用一切可控资源增加投入始终是其占优策略。

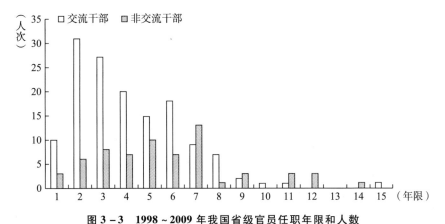

图 3 - 3　1998 ~ 2009 年我国省级官员任职年限和人数

资料来源：陈刚、李树《官员交流、任期与反腐败》，《世界经济》2012 年第 2 期，第 120 ~ 142 页。

　　然而，无论在包干制下还是在分税制下，可供地方政府发挥能力的财政资源总是有限的，尤其在分税制形成的财政格局下，地方政府自有财力更是有限，对最低层县乡政府来说更是如此。所以推动增长，政府需要利用非常手段主导辖区内资源使用，而无论是包干制还是分税制，财政体制法制化缺失为地方政府非常手段提供了通道。这些手段主要包括两种，一是实施有偏财政支持，二是增强政府社会动员能力，强化政府主导。多年来，我国固定资本形成总额一直占 GDP 近 40%，2011 年甚至达到 48%，这些投资 90% 以上是由企业完成的。为了增加企业投资，地方政府一方面实施资本和劳动区别对待，和资本形成联盟抑制劳动者报酬增长，另一方面实施不同类型企业区别对待，更青睐大型企业、外资企业和股份制企业。前者在图 3 - 4 中得到直观说明；后者在我国企业家调查系统提供的数据中获得支持，该系统提供的数据表明，企业规模越小，贷款支付更高利率和额外费用的企业比例就越高，这与企业规模和税收贡献关系正好一致。根据《中国税务年鉴》数据，小型非国有企业虽然数量众多，但税收贡献仅为 13.9%，远小于大型企业（37.5%）、外资企业（20.5%），更小于股份制企业（38.3％）。地方政府上述偏好直接导致国民收入在资本和劳动之间分配差距扩大，以及不同规模企业融资环境差异。

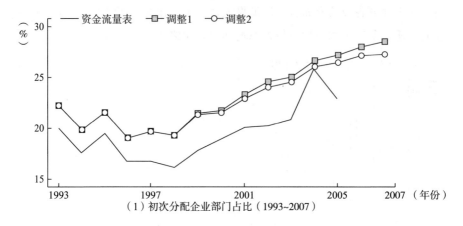

（1）初次分配企业部门占比（1993~2007）

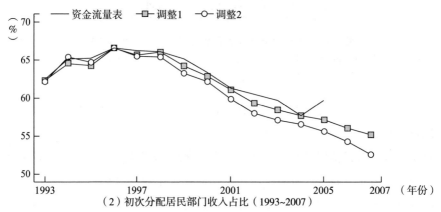

（2）初次分配居民部门收入占比（1993~2007）

图 3 - 4　初次分配企业部门和居民部门占比

资料来源：白重恩、钱震杰：《谁在挤占居民的收入——中国国民收入分配格局分析》，《中国社会科学》2009 年第 5 期，第 136 ~ 168 页。图例的解释见此文。

四　公共支出结构硬化与政府主导的风险机制

青木昌彦、金滢基和藤野正宽（1998）研究认为，政府主导是东亚国家经济增长奇迹的一个重要特征。我国经济增长也是在政府主导下实现的，发展型政府成为我国各级政府的显著特征。然而根据现代经济增长理论，政府主导并不是经济增长动力，所以政府主导经济增长是不可能持续的，因为政府主导不仅会以牺牲经济长期可持续增长为代价，而且会因政府主观意志和有偏策略诱发经济增长潜在风险。在我国缺乏法制化的财政体制和财政格局下，地方政府主导经济增长的风险更容易生成。正如前文所述，为了争夺资源和竞争优势，地方政府间形成了激烈的竞争关系，不仅如此，垂直政府间也形成了新的博弈关系。无论是吸引资本还是青睐企业，地方政府都需要增加成本，成本主要表现在两个方面，一个是减少税收和土地收益，另一个是增加支出。地方政府收入和支出相对变化使原本脆弱的地方财政更加困难。所以为了可持续竞争需要，地方政府不得不策略性地使用财政工具，其最重要表现就是公共支出结构扭曲，这得到乔宝云、范剑勇和冯兴元（2005），傅勇和张宴（2007），尹恒和朱虹（2009）等研究支持。财政服务于企业支出占公共支出比重过大，而服务于公共品支出比重过小，我国公共支出硬化程度从表3-2可以直观看出。地方政府公共支出结构扭曲源于我国财政体制对地方政府事权规定的缺失，也源于我国财政格局下央地事权分配模糊和支出责任分工不当，所以地方政府公共支出结构扭曲就无法在财政体制框架内得到矫正。公共支出结构扭曲也说明我国政府公共职能缺位。由于财政用于经济发展支出过高，挤占了用于人发展支出，人力资本和社会资本发展严重滞后于经济增长，出现经济增长老百姓幸福感却下降的社会现象。同时也形成了一个不利于经济增长动力结构适时转换的环境。社会资本和人力资本发展滞后，导致社会技术创新和技术吸收能力不足，进而使物质资本产出效率下降。社会资本和人力资本增长与物质资本增长的相对变化，强化了经济增长对物质资本的依赖。所以政府主导下的支出结构硬化阻碍了经济增长动力结构转换。图3-5描述了这种风险形成机制。

表3-2　央地公共支出结构跨国比较（2001年）

单位：%

	类别	巴西	中国	德国	印度	俄罗斯	南非	美国
中央政府	一般公共服务	14.2	8.4	2.7	7.4	5.5	5.2	9.2
	教育卫生社保福利	60.2	6.2	70.0	10.0	45.5	13.7	56.0
	经济事务	4.8	17.8	7.4	16.0	6.8	5.5	5.1

续表

	类别	巴西	中国	德国	印度	俄罗斯	南非	美国
地方政府	一般公共服务	–	11.3	5.8	17.2	5.1	2.2	3.4
	教育卫生社保福利	–	48.5	53.1	42.4	70.9	88.9	72.3
	经济事务	8.8	28.3	14.0	24.8	16.0	7.3	10.7

资料来源：作者根据 2001 年国际货币基金组织 GFS 数据整理得到。

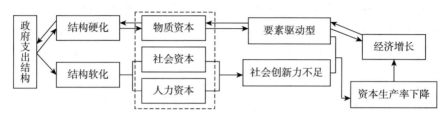

图 3 - 5　公共支出硬化导致经济增长动力结构转换风险形成机制

地方政府公共支出硬化引致的公共品供给短缺，直接威胁到老百姓对政府主导经济社会事务的信任，所以在现行财政格局下，中央政府不得不通过转移支付对地方政府行为予以矫正。但我国财政体制并不能为中央政府这一意图提供支持，反而在法制化缺失的转移支付机制下，诱发了地方政府对中央政府转移支付的依赖，并诱发垂直政府间道德风险。不仅如此，垂直政府间道德风险又反馈到央地财政关系中，诱发严重财政体制风险。图 3 - 6 描述了垂直政府间道德风险与财政体制风险互动机制，从中看出，中央政府通过增加转移支付矫正地方政府支出行为，使我国央地财政关系演变陷入一个恶性循环状态，最后结果就是形成集权风险。① 当然，财政体制风险还不止于集权风险，中央政府是通过调整财政分配关系增强本级财力，这一方面强化了垂直政府间竞争关系和地方政府"权钱"意识，另一方面导致了制度约束力软化和财政体制形式化，后者从我国财政预算执行随意化现象可见一斑。根据《中国财政年鉴（2011）》数据，如果按照财政预决算差异率②

---

① 中央通过集权影响地方政府行为并不都表现在财政收入分配关系上，有时通过垂直管理，即通过"条条"替代"块块"影响地方事务。在地方层级政府间，上级政府集权收入的余地比较少，所以经常采用行政区划调整方法扩充财力。其典型表现就是划县为区做法。

② 财政预决算差异率定义为［（决算数－预算数）／预算数］×100%。在美国，"The Local Government Budget and Fiscal Control Act."中明确规定预算调整不应超过预算数的 5%。

10% 为标准，2010 年有 50% 地方政府没有达到这一标准，最严重的重庆，决算数仅为预算数的 78.1% 。[①] 这种情况在部门预算中更为普遍和严重。

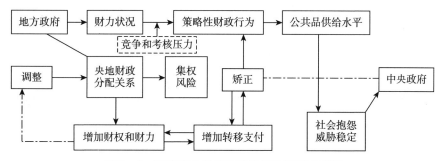

图 3 - 6　政府主导下的财政体制风险形成机制

　　尽管地方政府通过策略性使用财政资金为经济增长提供支持，中央政府通过大规模转移支付分担地方政府公共品提供成本，但还是无法满足地方"又快又好"增长对资金的需要。尤其在现有财政格局下，单纯依靠财政预算资金根本不可能应付上级政府行政考核和提高相对竞争优势。为此充分利用政府掌握的其他资源弥补体制内财力不足，成为地方政府主导辖区内经济社会事务的一个普遍做法。由于财政体制中既没有明确地方政府财权事权边界，又没有明晰政府权力运用边界，尽管 1995 年实施的预算法规定地方政府不得出现赤字，但仅局限于财政预算内收支，对地方政府实际收支结果没有约束力。财政体制约束力缺失与地方政府财政欲望结合在一起，产生了两个必然结果：一是地方政府利用政府影响力借债发展经济；二是转让国有资产增加政府收入。根据张晶和袁华涛（2013）估算，2011 年全国政府性债务高达 13.2 万亿元，2012 年升至 15.3 万亿元。无论是按照作者估算，还是按照李扬等（2012）估算结果，我国债务率都超过了 Cecchetti et al.（2011）提出的 85% 阈值水平。试想一下，如果财政体制中不能对各级政府财事权做出法制化约束，即使现在有办法消除地方政府土地财政现象，出于对财力渴望，地方政府在现行财政体制下也会想出其他办法，所以政府债务问题不可能避免。不仅如此，由于我国 1995 年实施的预算法没有赋予地方政府发债权，

---

　　①　根据《中国财政年鉴（2011）》数据计算得到。

所以地方政府债务必然表现为非规范性和不透明性，地方政府各种融资平台就是这一体制的结果。① 由于缺乏财政行为的届际硬约束，政府举债融资风险还具有届际传递和累积效应。为了避免政府债务风险，无论是中央政府还是地方政府，都有了一种潜在的扩张冲动和政策偏向，造成我国经济增长速度的向下刚性。

地方政府大规模不规范融资行为除了累积债务风险，还扰乱市场秩序，挤出私人部门正常融资需求，导致更大范围资源错配。② 此外，地方政府对收入渴望还会产生严重社会风险和宏观调控风险。一方面地方政府为了自身收入需要，可能会错误使用行政权或打着公共利益幌子，与民争利。另一方面地方政府为了降低中央宏观调控对本地经济和政府收入的影响，可能会利用自身信息优势抵抗宏观调控，造成中央政府宏观调控效果的错觉。在我国现行财政体制和财政格局下，图 3 - 7 刻画了现行体制下政府主导经济的风险传导机制。

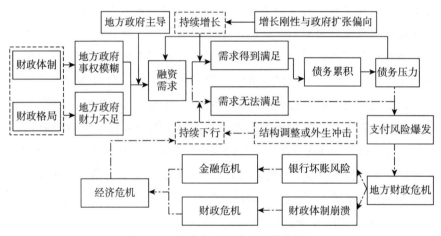

图 3 - 7　政府主导经济风险传导机制

---

① 根据中国人民银行发布的《2010 年中国区域金融运行报告》，截至 2010 年末，全国共有地方政府融资平台 1 万余家，较 2008 年末增长 25% 以上，其中，县级政府平台约占 70% 。

② 在我国曾一度被学者提出的"国进民退"，从根源上看，是各级政府对资源控制力的欲望所致，后者又源于财政体制的约束力较低和不合理的财政格局。

五　消解公共支出失衡分配的财政改革策略

造成我国政府主导经济社会发展的原因有很多，但有一点非常关键，就是我国财政体制改革的一贯策略及其形成的政府间财政格局。所以在现存政治集权框架内，推动政府转型，从经济增长主导地位中退出，我国需要重构财政激励，建立政府自主转型的微观基础。然而，我国长期以来的财政改革虽从短期看有其积极意义，但都具有明显"头痛医头脚痛医脚"特征。这种改革不仅掩盖了财政反向激励的真正问题，而且进一步扭曲了政府行为，模糊了问题的关键。解决政府主导问题，我国财政体制和制度改革需要跳出一贯沿袭的策略和进路。我国财政体制改革策略和进路是从收入入手，纠结于收入如何在政府间划分。显然这种改革策略和进路与经济伦理相悖。按照经济伦理，责任总是先于权利，责任是权利实现的前提，也是权利实现的目的。违背这种伦理秩序，只会造成行为主体的权欲过度和责任感缺失。所以我国财政体制在建立政府间财政关系上，也应以责任划分为先导，确定权利划分依据。

为此，我国深化财政改革应从如下三个层面展开。首先，在市场经济总体目标取向下，框定政府责任大小，并以效率为依据在层级政府间进行分工。各级政府责任范围确定与责任受益范围相一致，受益范围越大，其责任履行政府层级就应该越高。在此基础上，责任分配还应考虑公民权利的层次特征。其次，确定各级政府事权和财权。在安排政府间事权和财权时，需要区分委托主体和受托主体。如果某级政府责任委托主体是本级政府管辖区域的公众，并通过人代会确定，那么受托主体享有的事权和财权仅包括如何执行责任的权利以及为执行责任如何融资的权利。即政府在充分维护委托人利益前提下只能在怎么做上拥有决策权。政府在为谁做及做什么上不应被赋予任何自由裁量权和决断权。这种财权和事权的安排目的在于保障财政体制的强制力，确保财政体制的法制化。最后，确定课税权实现方式或者说财力保障机制。财政体制改革虽说责任划分是基础，但如果课税权设计不合理，责任很难有效执行。所以财政体制改革在约定了责任后，就需要设计政府间课税权配置。如果委托的责任是辖区完全自治，则辖区政府就享有了和中央政府一样的课税权，课税权大小关键取决于本辖区公民委托的责任。然而考虑到效率和公平问题，课税权配置在实践中也会有所调整，一般根据税基流动程度选择课税权享有主体，税基流动程度越高，课税权享有政府层级应越高。课税权配置在一定程度上约定了政府融资方式，并假定政府融资完全对应公众赋予的责任。由于课税权确定不易经常变动，在这种情况下，如果某级政府课税权难以满足公众委托责任之需，辖区政府在经本级人大授权后采取其他融资方式，包括债券融资等。同时根据责任和收入能力关系建立科学的政府间转移支付机制。

当然，财政改革是一个系统工程，不仅要将其纳入整个改革之中，而且在内容上需要整体设计，并在策略上选择改革震动最小的进路。为降低改革阻力，可以先从增量改革入手，通过增量调整改变存量格局，逐步化解存量格局的潜在风险。当然，我国目前财政体制和财政制度风险，不可能通过增量改革得到彻底解决。但只要改革能够助推政府退出，建立经济自主增长机制，用增量办法调整存量潜在风险的方法就有空间，而存量的潜在风险也会在持续增量改革中得到释放。同时只要改革能够矫正政府行为，并促使其回归公共利益轨道，深化财政改革就有社会氛围和公众舆论基础。

第四章　幼儿教育优质资源分配公平性

一　问题背景

随着经济发展和社会进步，我国进入了一个关注社会公平的时期，教育公平作为社会公平的重要基础受到重视。学前教育作为基础教育之基础，对个人、家庭、国家的长远发展都有着重要的影响，一些学者也因此将学前教育视作教育公平的起点。尽管学前教育具有如此明显的基础性和关键性作用，但相比于义务教育和高等教育，学前教育的发展始终处于各教育阶段的薄弱环节，长期以来未能引起学术界和政府相关部门的充分关注。直到 2008 年 8 月教育部正式启动《国家中长期教育改革和发展规划纲要 （2010—2020 年）》（以下简称《纲要》）制定工作以来，两轮公开征集意见过程中公众对学前教育的重视程度远远超出了教育部《纲要》工作小组的预期，引发了专家学者和政府部门的关注和深思。2009 年 1 月第一轮公开征集意见时，针对"如何发展学前教育"议题提出的意见占意见总数的 24.68%；2010 年 2 月第二轮征集过程中有关"学前教育"议题的意见所占比例为 21.08%，在"基础教育"的意见中占比更是达到 47.86%。其中，"入园难、入园贵"是被提及最多的一个话题，"幼儿园报名又现家长连夜排队""部分幼儿园收费超大学"等新闻报道层出不穷，正是"入园难、入园贵"问题的现实反映。

其实，"入园贵"的根源在于"入园难"，而"入园难"问题反映的实质是学前教育发展不均衡导致了教育机会不公平。教育公平的前提是教育均衡发展，但由于财政投入不足、城乡二元制社会结构、各地经济和文化差异、学前教育管理体制不顺等因素，我国学前教育发展在区域、城乡、校际等方面均呈现明显的非均衡状态。特别是在"地方负责、分级管理"的教育体制下，倾向性的学前教育政策导向使有限的优质学前教育资源更多地流向本来就发展较好的公办园、示范园，这种"锦上添花"而非"雪中送炭"的扶持政策加剧了教育资源配置不均的现状，使园际差异更加巨大。而且，目前幼儿家长对学前教育的需求层次日渐提高，在园际差异显著的现实背景下，家庭背景和个体差异都作为择园资本参与到优质学前教育资源的"竞争"中，加剧了"入园难、入园贵"的程度，也扩大了不同阶层幼儿在接受优质学前教育机会上的差距。因此，相对于学前教育领域的区域差异和城乡差异，人们越来越关注县域城区内的园际差异问题。园际差异具体表现在哪些方面？不同方面的差异程度有何分别？导致这种差异的因素有哪些？这些都是我们亟待解决和回答的问题。只有认清问题、找对原因，才能"对症下药"，不断缩小园际差异，推动学前教育均衡发展，切实解决"入园难、入园贵"这一现实问题。

我国自古以来就有"不患寡而患不均"的思想，这种思想深刻影响着人们对某些社会现状的判断和期待，就教育而言，人们普遍期盼教育资源与教育机会的公平分配。然而，我国有许多学龄儿童没有获得应有的教育机会，直到 2013 年，我国学前三年毛入园率只有 67.5%，存在相当数量的幼儿因各种原因没有进入幼儿园接受教育。即使有学上，教育资源配置方面严重的分配不均也导致了显著的园际差异，不同幼儿接受的学前教育质量也存在很大差异，从而损害了学前教育阶段的公平性。教育均衡发展是教育公平的基础，教育资源配置的不均衡则是导致教育发展不均衡的主要原因，因此实现学前教育资源配置的公平是实现学前教育公平的关键。教育资源配置包括教育资源在各级各类教育之间、区域之间、城乡之间、学校之间的分配，而目前国内对教育资源配置的研究主要集中于义务教育和高等教育阶段，并主要比较省际、城乡间的教育资源配置差异状况。本书基于目前"入园难、入园贵"的社会热点，认为有必要深入分析我国现阶段学前教育资源配置的差距状况，对这种差距分析越深刻越透彻，就越能揭露出问题的本质，越是有利于政府及社会各界对学前教育领域实际问题加强关注和切实解决。

考虑到我国不同地区、不同省份间的经济文化发展和财政收支状况差距较大，所以在全国范围内同时推进学前教育均衡发展是不切实际的。相比之下，更有效的方法是推进某一县域内的学前教育均衡发展，经济状况、社会文化、自然环境等客观条件的相对一致使县域具备了推进教育均衡发展的基本条件，进而可以通过政策调控将优质学前教育资源均衡分布在不同类型的幼儿园和幼儿群体之间，不断优化学前教育资源配置，推动学前教育公平的实现。

因此，本书选取一座东部沿海发达城市经济技术开发区进行深入研究，依据实地调研所得资料，对学前教育供给主体与需求客体分别在经费投入、硬件配备、软件服务和家长满意度四个方面的差异状况进行真实反映，并从政府、幼儿园、幼儿家长三个层面剖析产生差异的原因，从而将本区学前教育园际差异问题全面、直观、清晰地展现出来。选择这样一个区域进行研究不具代表性，反映出来的问题也不能作为普遍现象进行推广，但本书仍有较强的理论意义和实际意义：一方面，可以弥补学前教育领域公平问题研究的不足，特别是以某一区域园际差异作为重点进行深入分析为该领域的研究提供了一次新的尝试；另一方面，本书所揭示的问题及针对性的建议可以为相关部门推进学前教育均衡发展提供决策依据。

需要特别强调，本书虽不以调查区域作为整个我国城市的缩影进行研究，但通过对调查区域园际差异和学前教育机会公平性进行分析，有助于我们初步了解我国县域，特别是经济发达城市中以外来人口为主的新兴开发区内学前教育均衡发展的大致趋势。

二　关键概念界定

1. 学前教育

学前教育，又称"幼儿教育"。对于"学前教育"的适用年龄段，大致分为两种观点：一种认为只限3～6岁的儿童，另一种则认为应涵盖0～6岁的所有儿童。一般来讲，3岁之前的儿童以保育为主，我国专为0～3岁儿童设立的保教机构为托儿所，从体制上归卫生部门负责。因此，我国认定3～6岁的儿童教育为学前教育阶段。世界各国的认定不尽相同，如英国为3～5岁，法国为2～6岁。[①]

---

① 蔡迎旗：《幼儿教育财政投入与政策》，教育科学出版社，2007，第12～14页。

　　基于学前教育的供给主体，其内涵也有狭义和广义之分：狭义的学前教育是指在专门的学前教育机构内，有系统、有组织地进行各种教育活动；广义的学前教育是指，以学龄前儿童为教育对象，有目的、有计划地促进他们身心发展的一切教育活动。[①] 综观世界各国，学前教育机构名称各异，如澳大利亚等称幼儿园（kindgarden, preschool），美国、英国等称幼儿学校（nursery school），法国、比利时等称儿童看护学校（école maternelle），等等。

　　学龄界定不明确和机构术语多样化是学前教育的一大特点，国际范围内尚未对学前教育给出一个统一、全面的概念定义，这也反映出学前教育是大教育"文化"之中的一个"亚文化"[②]。基于我国实际情况，本书取 3~6 岁儿童作为学前教育适龄儿童，并将该年龄段儿童在专门的学前教育机构中接受的教育统称为"学前教育"。

　　2. 教育均衡发展

　　经济学中的均衡是指当整个经济的价格体系恰好使所有商品都供求相等时，市场就会处于一种相对静止状态。实际上，教育均衡是基于经济均衡发展而来的，教育的非均衡发展主要是由教育资源供给不足以及教育资源配置不均造成的。由此可见，教育均衡首先是指教育资源配置的均衡，教育均衡发展就是指通过反映公平正义的法律制度确保公民平等享受教育的权利，通过优化教育资源配置的政策体系为公民提供相对均等的教育机会，在此基础上实现教育结果的相对均衡。

　　李连宁（2002）认为，教育均衡发展具有丰富的内涵：从阶段进程上，主要涵盖教育的起点均衡、过程均衡和结果均衡三个层面；从空间结构上，主要包括教育发展的地区均衡、城乡均衡、学校均衡和群体均衡四个维度；从促进对象上，应以义务教育为重点。本书认为，教育均衡发展最基本的要求是保证教育起点均衡，最终目标是实现教育结果均衡。而合理配置教育资源、推动教育过程均衡则可以为教育起点均衡和结果均衡提供客观条件，是推动教育均衡发展的关键。学前教育作为整个教育阶段的重要组成部分，同样需要均衡发展以实现全体适龄儿童平

---

① 冯永刚、刘浩：《学前教育》，山东大学出版社，2009，第 122~175 页。
② 〔美〕L. G. 卡茨：《教育大百科全书：学前教育》，刘焱等译，西南师范大学出版社，2011，第 1~5 页。

等享受学前教育的权利。

在理解教育均衡时，还要注意区分其与教育公平的区别与联系。教育均衡与教育公平的区别主要有三点：其一，"均衡"更重视具体数量、程度、质量上的一致，均衡的分配不一定是公平的，公平也不一定是均衡的；其二，教育公平是一个社会学概念，更多地关注受教育者的权利问题，教育均衡是一个经济学概念，更关注教育资源在受教育者之间的配置均等；其三，公平是静态的，均衡是动态的，教育均衡发展的过程是一个由"不均衡"到"均衡"，再到新的"不均衡"的循环往复螺旋式上升过程。从二者的关系分析，教育公平是教育均衡发展的理论基石，教育均衡是教育公平的前提和基础，实施教育均衡发展追求的就是教育公平（翟博，2008）。

3. 教育资源配置

关于教育资源配置的定义，本书认为王善迈教授的界说较为经典，也多为其他学者所引用。王善迈（1996）认为教育资源配置是指全社会的教育资源在教育系统内部及不同子系统之间的分配，具体包括社会总资源在教育领域的分配以及教育资源在各级各类教育间、各地区间、各学校间的分配。也有学者认为教育资源配置是指一组与分享教育资源有关利益主体的相互关系的规则。

一般来讲，教育资源就是指教育活动中投入的一切人力、物力和财力。具体而言，人力资源是指社会教育资源中所有的师资力量和学生资源；物力资源是指社会在对教育进行发展中所有的固定投入（校舍、教学仪器、图书资料等）；财力资源是指政府和教育部门、社会团体等为支持教育事业发展投入的经费。对教育资源进行配置，就是要促进教育资源配置上的合理化和科学化，常见的配置方式有政府通过行政计划调剂模式、市场通过价格机制调节模式和自主配置方式。也有学者认为教育资源的配置主要包括计划手段、市场调节、混合机制和习惯力量四种方式。教育资源配置方式并非随意选择，而是由经济体制的模式所决定，在我国社会主义市场经济体制下，只有采用政府力量和市场力量相结合的教育资源配置方式，坚持"两条腿走路"，才能因地制宜地优化教育资源配置。

4. 园际差异

目前，有关学校间教育资源配置差异的研究主要集中于义务教育阶段，称为"校际差异"或"校际落差"。校际差异主要是指同一类型教育中同一层次学校间的差距，具体表现在经费投入、硬件设施、师资配备和生源群体等方面（吴宏超、叶忠，2003）。在此基础上，本书定义园际差异为：学前教育阶段幼儿园之间的办园差距，包括不同办园体制和相同办园体制的幼儿园之间在经费投入、硬件设施、软件服务和生源类型等方面的具体差距。

园际差异是一个普遍现象，造成园际差异的原因也很多，如不同性质的办园体制、倾斜性的扶持政策、各具特色的园本课程和教育理念、不同阶层家庭对学前教育的需求程度和择园态度，等等。在一些客观因素的影响下，园际差异既不可能完全消除，也没有必要完全消除。但现实中，由于很多地区学前教育资源配置不均衡造成过大的园际差异，严重阻碍教育公平的实现和薄弱园所自身的发展，因此，合理配置学前教育资源、缩小园际差异，是促进教育公平和学前教育事业均衡发展的迫切需要。

三　调研地区学前教育发展状况

所调研的开发区（以下简称"开发区"）成立于1990年，1993年4月经国务院批准成为国家级开发区，是集工业园区、高教园区、出口加工区于一体的综合性园区，也是所调研城市三大副城之一。开发区距市中心19.5千米，交通便利。对外公路交通非常便利，市内交通也非常便捷，0.5小时左右可达市区。开发区总面积为104.7平方千米，托管2个街道，32个社区。《开发区2010年第六次人口普查主要数据公报》指出，开发区常住人口为310733人①，与第五次全国人口普查结果的63587人相比，10年间共增长388.67%，年均增长率为17.19%。全区常住人口中，区外流入人口为222300人，占71.54%；具有大学（指大

---

① 常住人口包括：居住在本乡镇街道、户口在本乡镇街道或户口待定的人；居住在本乡镇街道、离开户口所在的乡镇街道半年以上的人；户口在本乡镇街道、外出不满半年或在境外工作学习的人。

专及以上）文化程度、高中（含中专）文化程度、初中文化程度、小学文化程度的人口占常住人口的比重依次，分别为 53.17%、18.07%、16.97%、8.33%，文盲率由 6.43% 下降为 0.90%。[①] 截至 2013 年，辖区人口约为 45 万人。

开发区建设初期，规划的 27 平方千米区域内常住人口较少且多系农业人口，主要为农垦场职工、部分村民和省市相关单位在围垦区的工作人员及承担土地承包经营的暂住人口，因此，2005 年之前开发区只有 1 所幼儿园，即下沙中心实验幼儿园（原下沙镇中心幼儿园），该幼儿园能容纳 300 多名学龄前儿童，以公有民办形式运作，实行院长负责制，被评为市示范幼儿园。随着开发面积的扩大和社会经济的快速发展以及投资、居住环境的不断完善，特别是 2000 年两大"世纪工程"的顺利完工，开发区吸引了大批前来置业安家者，区内常住人口和外来人口持续快速增长，随之而来的幼儿入园问题也不断凸显。2005 年，开发区新设立 16 所民办幼儿园，形成主要依靠民办园提供学前教育服务的供给模式。之后，开发区开始重视公办和民办"两条腿"走路，特别是在 2010 年提出学前教育三年行动计划并颁布实施相关政策之后，开发区着力加快优质公办园的建设和发展，每年至少新增 2 所公办园，不断提高公办园在园人数比例（见表 4－1）。

表 4－1　调研地区学前教育三年行动计划（2009～2012 年）期间发展变化

年份	3～5 周岁本区户籍幼儿入园率（%）	0～5 岁儿童看护人受训率（%）	幼儿园所数（所）	办园体制			在园幼儿人数（人）	园长、教师总数（人）	教师学历	
				公办（所）	部门办（所）	民办（所）			学历合格率（%）	大专及以上比例（%）
2009	99.9	95	17	1	2	14	3339	193	97.9	64.8
2010	99.9	95	19	4	0	15	4599	263	99.6	57.0
2011	99.9	96	22	6	0	16	6575	407	100	61.2
2012	100	97	28	8	0	20	7857	468	100	68.0

资料来源：开发区社会发展局。

到 2013 年底，全区共有 10 所公办园、20 所民办园，其中 25 所幼儿园通过了标准化幼儿园达标评定，标准化建设达标幼儿园占 83.3%，优质学

---

① 文盲率是指全区常住人口中 15 岁及以上不识字人口所占比重。

前教育覆盖率为89%，远远超过了市学前教育三年行动计划（2011～2013年）中"到2013年底，全市标准化建设达标幼儿园占幼儿园总数的60%以上、优质学前教育覆盖率达到72%以上"的年度目标。

需要特别指出，开发区管委会明确要求推进公办园甲级和民办园乙级及以下等级创建工作，区内公办园全部按照市甲级幼儿园的标准在独立场地进行建设，10所公办园目前均为市甲级幼儿园，其中3所分别与三所大学建立"合作办园"关系，采取"管理—输出"的方式，将其较为成熟的教学与管理经验、模式引进到本区幼儿园中，经费和行政方面则完全由社发局统一掌管，与其他公办园运行模式相同。而民办园则全部是乙级及以下等级。

开发区社发局学前教育科 Z 领导谈到近年来开发区幼儿园的发展时说：

> 开发区和主城区相比，公办学前教育资源确实太少，我们从2009年之后意识到这一点，就开始加快公办园的建设，不过短时间内解决这一问题也不现实，肯定需要一个统筹规划和实施过程。

目前，开发区按照每百户11生的标准加快推进公办园建设，并提出通过合理布局规划学前教育资源，为学龄前儿童就近入园提供便利。但是根据目前公办幼儿园的布局来看，新办的公办幼儿园主要集中在经济较发达、人口密度较大的老城区，即图4－1中位于中间偏左位置的中心区，而且此区域内一些公办园仅针对某一小区的儿童提供服务，如图4－2中的 c、d、f 三所幼儿园分别服务的学区区块为 C、D、F，空间范围非常小，以新入住人员为主的右侧沿江居住区内也不断增加公办园的数量，但由于本区入住率相对较低，沿江分布的 g、h、i、j 四所公办园覆盖的服务范围都比较大。

市幼儿园招生工作主要遵循"属地管理"原则①、"就近入园"和

---

① "属地管理"原则：市区常住户口幼儿由户籍所在区教育局、符合条件的进城务工人员子女由居住地（以居住证和临时居住证为依据）所在区教育局负责就近或相对就近安排入园。进城务工人员子女入园条件按照《进城务工人员子女在杭入园管理暂行办法》（杭政办函〔2010〕315号）执行。

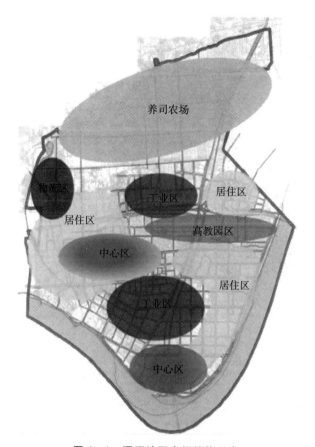

图 4 - 1　调研地区空间结构示意

"住、户一致优先"原则。[①] 开发区在遵循这两个原则的基础上，结合本区特殊情况，制定了更为具体的招生办法。一方面，如果本学区户籍生超过该公办园招生计划，则根据适龄幼儿落户时间的先后顺序录取。未被录取的，由社发局按照相对就近原则统筹安排。另一方面，规定进城务工人员子女原则上到就近或相对就近的民办幼儿园报名，而且要求幼儿父母必须在开发区实际居住 1 年及以上、与开发区用人单位签订 1 年及以上劳动合同并按规定在开发区交纳社会保险 1 年及以上。

---

① "就近入园"和"住、户一致优先"原则：市区户籍幼儿户口与父母户口、家庭住房三者一致，由教育服务区幼儿园优先安排入园。符合条件的进城务工人员子女，居住地（以居住证和临时居住证为依据）、工作地、社会保险缴纳地三者一致的进城务工人员的幼儿，由居住地所在区教育行政部门在同类幼儿中优先安排。

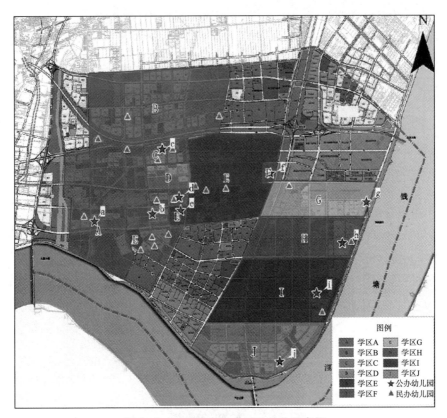

图 4 – 2　调研地区各学区及幼儿园布局

资料来源：根据相关资料利用 ArcGIS 地图软件自制。

对该招生原则的合理性和可行性解释，Z 领导说：

　　开发区首先肯定是解决本区户籍幼儿的入园问题。目前，开发区可以保证所有户籍生都能进入公办园接受教育，除非因不愿被调到更远的学区或者其他个人原因而不想进入公办园。如果个别公办园有剩余名额的话，可以面向在开发区持有房产证，并确实在开发区工作和居住的人员子女进行招生，不过由于资源有限，这种情况是很少的。我们的招生原则完全按照户籍政策实施，与报名时间先后顺序没有关系，避免了像南京等地家长连夜排队报名情况的发生。

由此可以看出，开发区公办园主要解决当地户籍幼儿入园问题，民办园则主要面向外来务工人员子女招生。

收费方面：公办幼儿园的保育费标准是由市统一规定，特级540元/月、甲级400元/月、乙级280元/月；民办园的保育收费则实行"成本备案"，保育费在每月400元及以下的，在开发区经济发展局备案，超过400元的则需要到市级单位备案。目前，开发区公办园均为甲级幼儿园，所以收费标准都为400元/月；民办园虽均为乙级或以下等级幼儿园，但收费普遍在600元/月以上（不含特长班等额外收费），比公办园的收费高50%以上，而且民办园之间的收费水平也相差较大，最高的甚至接近1500元/月。不过，与北上广等其他一线城市比较，本区的整体收费标准均较低。

四　调研地区学前教育政策供给现状

自1985年《中共中央关于教育体制改革的决定》颁布实施后，基础教育阶段逐步实行"地方负责、分级管理"的体制。2003年印发的国发办〔2003〕13号文件《关于幼儿教育改革与发展的指导意见》明确指出："坚持实施地方负责、分级管理和有关部门分工负责的幼儿教育管理体制"，并对各级政府的职责范围明确界定。将学前教育发展责任与权力下放到地方政府，客观上有利于地方政府依据当地特有资源优势与发展实际，因地制宜地制定公共教育政策及学前教育发展模式，推动当地学前教育均衡发展。基于对目前我国地方政府政策供给在学前教育领域重要作用的充分认识，特别是上述《纲要》颁布之后，被调研开发区所在市相继出台学前教育"1+4"新政、《×××市学前教育促进条例》以及《×××市学前教育"十二五"发展规划》等政策文件，并制定实施《×××市学前教育三年行动计划（2011—2013年）》，构建了促进市学前教育均衡优质发展的政策框架。

开发区不断重视学前教育的发展，在认真执行市相关政策方针的同时，也根据本区实际情况制定了《×××经济技术开发区学前教育专项资金使用管理实施细则》，落实各项专项经费，扶持和奖励各类幼儿园的发展。2014年，开发区出台了"教育现代化1+3"文件，重点实施"教育优先发展、标准化学校建设、民办教育扶持、教育人才领先、教育优质品牌"五大工程，推动开发区教育事业快速、均衡、优质发展，力争到 2018 年全面实现教育现代化。通过对相关政策的梳理和解读，发现开发区目前在学前教育领域的政策供给主要可分为以下四个方面。

1. 加大学前教育经费投入

充足的投入是学前教育发展的基础。调研的开发区所在市提出将学前教育放到与义务教育同等重要的地位，2010 年 11 月发布了《市委市政府关于加快推进学前教育均衡优质发展的若干意见》，要求将学前教育经费列入政府财政预算，经费投入以区、县（市）财政为主，并明确提出新增教育经费要向学前教育倾斜。同时，通过制定《×××市学前教育专项资金管理办法》以明确学前教育专项经费投入及使用方向，充分发挥财政经费对各级各类幼儿园办园水平提升的有效作用，不断扩张优质学前教育资源。开发区在此基础上进一步明确专项资金的使用细则，确定公办、民办幼儿园的生均公用经费标准，并为民办幼儿园提供部分建设经费、开办经费、租赁经费和人员经费。2014 年的"教育优先发展"工程要求，开发区管委会未来 5 年要投入不少于 25 亿元经费用于教育事业发展，并建立教育经费稳定增长机制。

2. 重视师资队伍培养建设

幼儿教师是影响学前教育质量的关键因素（蔡迎旗、冯晓霞，2007），为提高幼儿教师整体素质及从业积极性，应重视幼儿教师队伍及其保障体系的建设。对此，调研的开发区所在市提出了三个主要措施：一是着力提高幼儿教师的薪资待遇，保障非事业编制教师的合法权益，力争到 2015 年实现非编幼儿教师年均收入与在编幼儿教师的实际工资福利待遇持平；二是加快公办幼儿园编制岗位的配备进度，不断提高在编幼儿教师的数量和比例，明确规定到 2015 年要实现公办幼儿园事业编制教师基本配备到位；三是积极拓展幼儿教师的在职培训渠道，把幼儿教师培训内容纳入当地基础教育教师培训的整体规划，不断提高幼儿教师的专业能力和职业素养。开发区逐步实施"教育人才领先"工程，重视名师名校（园）长的引进和培养，一方面有计划地选派优秀校级干部到名校挂职学习，提高校（园）长队伍整体素质，另一方面建立教师高层次学历进修补助制度和教师高端培训制度，推动教师队伍高质量发展。

3. 扩张优质学前教育资源并合理规划布局

充足的园所数量和良好的办园条件是幼儿保育和教育工作有效实施的基础，对幼儿园进行科学合理的布局规划也有利于各地区学前教育服务质量的均衡发展。2010 年 11 月出台的《×××市幼儿园园舍建设实施办法》提出"通过新建一批、置换一批、改造一批的方法"，有效解决幼儿园园舍资源不足的问题。《2011—2020 年学前教育布局（布点）专项规划》规定新建幼儿园要与住宅小区同步规划、同步建设、同步交付，调整幼儿园建设百户指标①，合理布局规划学前教育资源，为学龄前儿童就近入园提供便利。开发区明确提出在 5 年内完成 16 所幼儿园的建设任务，大力兴建和发展公办园，并通过建立民办教育专项奖励制度，鼓励优质民办学校投资办园。

4. 完善学前教育督导与激励机制

"地方负责、分级管理"的学前教育管理体制有利于各级政府、教育行政部门及其他相关部门明确其职责范围，而为确保各级政府责任的切实履行，必须建立和完善学前教育激励与督导机制。2009 年，调研的开发区所在市政府教育督导室对全市范围进行学前教育经费专项督查，重点督查财政专项投入和经费管理使用情况。《市委市政府关于加快推进学前教育均衡优质发展的若干意见》中明确提出：为健全学前教育督导与激励机制，"市政府将学前教育事业发展情况列入对各区县（市）政府的考评指标体系"，并要求"在全市区县（市）和镇（乡）开展学前教育达标和学前教育强区（县、市）、学前教育达标和先进乡镇创建活动"，继续奖励学前教育达标县、强县和先进乡镇。开发区提出了更具体的规划，即鼓励幼儿园积极探索"名园＋新园""名园＋弱园""名园＋民园"等办学模式，以及"一园一品、一师一格、一生一长"的特色教育品牌建设，推动幼儿园多样化、特色化、优质化、均衡化发展，保证学前教育真正面向每一个学生，为学生提供更为平等、优质、多样的学习机会。此外，开发区每年设立 100 万元特色品牌建设资金，对重点扶持项目给予重点资金支持。

基于以上对政策的解读可以看出，为加快推进学前教育均衡、优质

① "百户指标"指每百户产生的生源数，2011 年起该指标由每百户 9.3 人提高至每百户 11 人。

发展，开发区以增加财政投入为基础，坚持"公办为主，民办为辅"、公办民办"两条腿"走路的原则，重视高层次园长和幼儿教师的培养、注重学前教育资源合理布局，不断扩张优质学前教育资源的使用范围。此外，专门针对民办园及非编幼教人员提出了一些扶持和补助政策，逐步缩小民办园与公办园之间的政策差别。

五　调研地区学前教育园际差异分析

1. 调查对象及指标设定

2014 年开发区共有 30 所幼儿园，其中 10 所公办园均为市甲级，20 所民办园均为市乙级，所以从等级来看可以推测区内公办园与民办园的办园差异较为明显，但相同性质的幼儿园间差异较小。因此，本书采用随机抽样的方法，结合幼儿园的配合情况，对区内三所公办园和三所民办园，共六所幼儿园进行了较为深入的实地调研。将每一所幼儿园作为一个案例进行深入剖析，将幼儿园园长、幼儿教师、幼儿家长三类主体作为研究重点，结合笔者在实地调研时观察到的一些问题，对所考察的六所幼儿园各自的发展情况及园际差异问题进行深度剖析，并结合现实背景和理论依据将一些现象作为典型来解释开发区的整体情况。

对幼儿园园长的调查主要采用访谈的形式，重点了解幼儿园在财力、物力、人力方面的配置情况，园长本人在幼儿园管理和教学中的一些创新实践与心得体会，幼儿园在发展过程中遇到的一些问题以及开发区相关政策在本园的落实情况；对部分专任教师和幼儿家长的调查则主要采取问卷形式，了解幼儿教师在收入、培训、工作环境等方面的情况，幼儿家庭背景以及幼儿家长对幼儿园提供的各项服务的满意度评价。其中幼儿教师问卷由园长统一发放及收回，家长问卷一部分由幼儿园园长协助发放，孩子放学带回家由家长填写好之后次日上交收回，另一部分则由调研人员在幼儿园门口自行发放，当场填好收回。幼儿园、园内幼儿教师与家长样本的选取为随机抽样，共发放 90 份专任教师问卷（公办园每所 20 份，民办园每所 10 份）和 360 份家长问卷（每所 60 份），回收有效专任教师问卷 90 份、有效家长问卷 331 份。每所幼儿园基本情况及问卷回收率如表 4－2 所示。

表4-2 六所幼儿园基本信息及调查问卷回收情况统计

幼儿园	建园时间	性质	等级（市级）	教师问卷			家长问卷		
				发放数（份）	回收数（份）	回收率（%）	发放数（份）	回收数（份）	回收率（%）
A	2009.3	公办	甲级	20	20	100	60	60	100
B	2010.3	公办	甲级	20	20	100	60	58	97
C	2012.9	公办	甲级	20	20	100	60	59	98
D	2008.8	民办	乙级	10	10	100	60	44	73
E	2010.9	民办	乙级	10	10	100	60	53	88
F	2013.1	民办	乙级	10	10	100	60	57	95

资料来源：作者调查整理。

2. 问卷测度及数据处理方法

为了检验问卷编制是否合理，在正式调查之前，笔者随机选择了13位幼儿教师和17位幼儿家长进行了问卷预测试，由于调查对象是在笔者的讲解下当场填制问卷，因此回收问卷均为有效问卷。在对预测试问卷进行信度、效度检验之后，根据检验结果对问卷进行适当调整，调整后的正式问卷见附录中《幼儿家长调查问卷》和《幼儿园专任教师调查问卷》。

首先进行信度检验。对 Likert 量表进行内部一致性信度检验时，最常用的检验标准是 Cronbach's Alpha 系数，该系数值一般分布在 0~1。通常认为：当 Cronbach's Alpha 的值处于 0.6 及以下时，表示该量表信度不足；当 Cronbach's Alpha 的值处于 0.7~0.8 时，表示该量表信度可以接受；当 Cronbach's Alpha 的值达到 0.8 以上时，表示该量表信度非常好。本书中幼儿家长和专任教师问卷信度检验结果如表4-3所示，两个问卷的 Cronbach's Alpha 均在 0.75~0.83，表明问卷具有良好的信度。

表4-3 问卷量表信度测试结果

项目	可靠性统计量		
	Cronbach's Alpha	基于标准化项的 Cronbach's Alpha	样本数（份）
幼儿家长问卷	0.775	0.822	17
专任教师问卷	0.769	0.779	13

其次进行效度检验。本书结合对照已有文献和咨询专家的方式对问卷进行效度检验。一方面，总结以往文献有关校际差异和教育需求满意度方面的探讨，借鉴已被验证具有效度的相关调查问卷；另一方面，笔者就问卷内容是否恰当及结构是否合理的问题向 1 名经济学博士、2 名教育学硕士、1 名幼儿园园长及 1 名开发区学前教育主管部门领导进行了咨询。最终，结合多方意见，对原问卷做出以下调整：（1）将幼儿家长问卷分为公办与民办两类，在"您孩子未进入离家最近的公（民）办园的主要原因"一题的选项中有所区分；（2）将被调查幼儿家长基本资料中的家庭收入项目由填空题改为等级选择题，有利于提高该题目的回答率和准确性；（3）将幼儿户口所在地为"开发区内户籍"的问题细分为"本幼儿园所属学区范围"和"开发区其他学区范围"两类，以便分析公办幼儿园布局是否合理；（4）将"所在幼儿园园长个人能力与管理水平的高低"添加到"以下每项因素对幼儿教师教学水平的影响程度"的量表之中，反映园长个人情况能否影响幼儿园的服务水平和长远发展。

最后进行数据分析。将筛选后的有效问卷加以整理、编码后，对数据进行了录入，并利用 SPSS19.0 软件对数据进行处理。利用可靠性分析检验了问卷的信度，利用简单描述性统计分析问卷的回收情况、各幼儿园的硬件与软件配置情况、家长的背景资料以及家长学前教育满意度情况，利用独立非参数检验分析比较各幼儿园家长对学前教育的需求差异的显著性情况，采用等级相关分析、Logistic 回归分析等探讨家长的不同背景与学前教育机会均等的关系。

3. 园际差异现状分析

在园际差异分析中，主要从投入角度考察其配置情况。首先考察财政经费投入。贯彻实施学前教育"1＋4"新政以来，开发区加大学前教育经费的投入，并颁布实施细则落实各项专项经费。通过年度考核，对符合条件的幼儿园发放各项经费，扶持和奖励各类幼儿园的发展。然而，通过走访调查发现，在大力发展公办园的倾向下，公办园与民办园之间在享受财政经费方面存在较大差异。

就生均经费而言，开发区 2011 年制定的《×××经济技术开发区学前教育专项资金使用管理实施细则》明确提出："公办幼儿园生均公用经费达到小学生生均公用经费的三分之一以上，不低于市区现有生均公用经费标准，由管委会按每年 300 元/生标准补助。民办幼儿园招收符合开发区入园条件的幼儿，由属地街道按每年 200 元/生标准补助。"不过，到 2013 年，开发区对公办园幼儿生均经费投入已提高至每人每年 500 元，民办园生均经费则仍保持每人每年 200 元的标准。对于公办园，生均经费主要用于购买学生用品、办公用品、水电及维修等，以维持幼儿园的日常运转；民办园的生均经费主要用于购买图书和教玩具等学生用品。

通过访谈了解到，公办园和民办园园长都表示本区的学前教育生均经费投入不足，A 园长说：

> 当前生均经费可以保证幼儿园的基本运转，但如果多举办一些学生活动的话就有些紧张，不会太得心应手。据我了解，上城区生均费是每人每年 1000 元，这应该是不同城区经济发展情况决定的吧。

D 园长则表示：

> 对于购买日常的学生用品而言，这个生均费标准是不太够用的。其实政府不应光看经费给了多少，更要看经费是否用到实处，我觉得更好的方式是每年给我们发放一些玩具、器械，老师和园长拿回家也没有用，这种经费投入肯定是 100% 用于孩子身上的。

就硬件投入经费而言，开发区学前教育专项资金规定的使用范围中，建设资金、租赁资金和开办资金可视为对幼儿园的硬件投入，具体投入标准为：对新建、置换和改造的标准化幼儿园，按新增规模（班级）给予每班 6 万元的建设资金补助；对租地办园机构连续 5 年给予每班最高 2 万元的租赁资金补助；对当年新开办的幼儿园给予每班 2 万元的开办资金补助。

本区公办园属于事业单位，所有经费由财政全额拨款，其园舍、场地、硬件配备等也完全由社发局统一出资配备，而且近年来新建的公办园都是按照市甲级幼儿园的要求进行标准化建设，在硬件投入上十分充足。不过，通过对 B 园长的访谈了解到，近几年开发区新建公办园在园舍建筑方面存在较为严重的质量问题——

现在有一个很大的问题，就是所有公办幼儿园的建设都存在质量问题，新建的幼儿园头一年都有漏水现象。我们幼儿园一下雨就会墙体渗水，每年在这方面需要支出一大笔维修费用。出现这种情况主要有两个原因，一是工期要求紧，二是实行最低竞标制。政府想少花钱多办事，但实际上往往质价不相称，管道等材料都比较差。没两年幼儿园就千疮百孔，造成后期的维修量非常大。而且水电、维修都需要生均费维持，所以每年都有一大部分生均费用在了孩子以外的支出上。

《×××经济技术开发区学前教育专项资金使用管理实施细则》中硬件投入部分的规定仅针对本区民办园制定实施，并要求对公办园与民办园在园舍建设专项资金方面一视同仁。调查过程中，三位民办园园长都表示这种园舍方面的资金投入确实给本园的发展提供了动力，使民办园可以节省出一部分资金用于孩子们的教学和活动方面。不过，E园长也提出了细则实施过程中存在的现实问题：

> 政府的租赁补贴是按照实际开班数而非建班数给的。现在我们幼儿园是15个班级的规模，但第一年只招了6个班，政府就只给6个班的租赁费用补贴，由于现在招生压力比较大，如果一直招不满的话就无法得到全部的租赁补助。虽然学生没有招到15个班，但我们还是要支付15个班的租赁费，我们回收成本的压力很大，所以感觉政府这个规定是很不合理的，应该是审批开办几个班就给几个班的补助。

就教师补助与培训而言，本区公办园教职工均由开发区人事劳动和社会保障局负责，面向全国统一招聘，其薪资、补助完全由开发区社发局统一规定及发放。幼教工资及补助是政府对公办园投入的主要资金项目，而且公办园中在编人员和非编人员的工资及福利水平相差较大。

> 目前，在编人员工资是每年8万元左右，额外还有养老保险、医疗保险的补贴，非编人员是6万元左右，养老保险需要自己交。工资水平上看，非编和在编之间差距不算太大，但加上保险等补贴

之后差距就会明显拉大了。虽然政府开始重视提高非编老师待遇，加快同工同酬的实现，但就目前来看只能接近政府的目标，很难达到。现在实际的提法是非编是在编的 60%，到 2015 年尽力达到 80%。（A 园长，2014）

根据 A 园长提供的数据，A 园 2013 年共得到人员经费拨款 2607733 元，其中 1201173 元用于 13 个在编教师，在编教师人均年收入达 92398 元，而剩余的 1406560 元则分配给 41 个非事业编人员，41 个非事业编教职工中有 14 个专任教师和 27 个其他教职工（包括保育员、医务人员、工勤人员等），假定其他职工每年收入 2 万元，那么非编专任教师的年收入也仅为 6 万元左右。

开发区民办园全部没有编制名额，在园幼教均为非编人员。从 2011 年起，区政府对依法签订劳动合同、持有教师资格证的民办在职非编教师进行补助，并依据职称情况确定 600 元/月、950 元/月、1350 元/月、1650 元/月等 4 个等级的标准落实补助经费。

现在幼儿园里的老师基本都有教师资格证了，所以最差的一般也能拿到 600 元的政府补贴，这样一来，园内老师收入基本都到 3000 元左右了。虽然不能和公办园幼教工资水平相提并论，但也比之前的情况好多了。（D 园长，2014）

另外，公办园与民办园的幼教老师在进行在职培训方面也存在差异。《×××市学前教育"十二五"发展规划》提出要有计划、分层次地实施幼儿园教师培训，5 年内对每位在职幼儿园教师进行累计不少于 360 个学时的专业发展培训，即每年 72 个学时，幼儿园内部培训完成 24 个学时，剩余 48 个学时要外出培训，外出培训课程安排是由浙江省的培训平台统一规划。公办园所有老师的培训费用都是公费支付，而民办园的幼教则大多是自费或由幼儿园资助培训。E 园长说：

除此之外，还有一个 90 个学时的一次性集体培训老师必须要参加的，一共 10 多天的带薪培训，1800 元的培训费用要老师自己出，这

对老师来说也是一笔很大的费用。而这一部分经费补助各区之间政策
也是不一样的，好像萧山区、江干区等其他区都有培训，这样有的老
师可能就会选择去其他区任教，园内老师流动性相对会更大。

　　根据对幼儿教师调查问卷的统计，三所公办园中 91.1% 的专任教师
接受过公费培训，而该比例民办园中只有 30% 左右。值得注意的是，在
所有接受过培训的幼儿教师中（包括公费、自费及园内补助等方式），
有 80% 认为培训效果"比较好"或"很好"，因此，从很大程度上可以
肯定"是否接受过在职培训"对幼教人员的专业能力和素质方面的提升
有较为明显的帮助。

　　其次考察硬件设施差异。就等级和规模而言，目前开发区公办园均
为市甲级幼儿园，民办园均为乙级及以下等级幼儿园。而调查的三所公
办园中，B 园正在积极申请评选市特级幼儿园，该园园长对此表示信心
十足。从表 4-4 中可以看出，公办园的班级规模普遍比民办园的更大，
而且 B 园的班级规模显著大于另外两所公办园。从班均人数看，除 F 园
班均人数明显小于其余五所幼儿园外，其他各幼儿园之间并无明显差异，
而民办园 F 为新办园，该园园长表示 2014 年秋季开学后每班人数也将到 30
人以上。因此，可以认为各幼儿园之间的班均人数都无明显差异。

表 4-4　2014 年六所幼儿园班级规模对比

单位：个，人

年级	A（公办）		B（公办）		C（公办）		D（民办）		E（民办）		F（民办）	
	班级数量	班均人数	班级数量	班均人数	班级数量	班均人数	班级数量	班均人数	班级数量	班均人数	班级数量	班均人数
托班	/	/	/	/	/	/	1	19.00	1	25.00	2	25.00
小班	5	27.4	6	29.67	6	30.00	4	29.00	2	30.00	4	27.50
中班	4	32.25	6	32.00	4	35.00	3	35.00	3	33.00	4	24.50
大班	4	34.75	8	34.00	1	30.00	4	35.00	3	36.67	3	30.00
总计	13	31.15	20	32.10	11	31.82	12	31.67	9	32.67	13	26.77

资料来源：作者调查整理，公办与民办区分见表 4-2，下同。

　　由表 4-5 可看出，2013 年公办园的计划招生总规模和班均规模均明
显大于民办园，与实际招生情况对比发现，公办园与民办园的实际招生

数量显著高于社发局公布的计划量，其中民办园尤为突出。这一定程度表明，开发区学前教育的实际需求规模大于预期供给规模，而且本区外来务工人员占总人口的70%以上，造成主要面向外来务工人员子女招生的民办学前教育的供给与需求之间的差距更大。除此之外，开发区相关部门对本区适龄儿童数量的摸底工作不全面或存在滞后性，可能是导致这种现象发生的另一个重要因素。

表4-5　2013年各幼儿园招生计划（小班）

单位：个，人

幼儿园	计划招生班级数	计划招生人数	计划招生班均人数	招生对象
A	5	150	30.00	开发区户籍生
B	6	170	28.33	开发区户籍生
C	4	120	30.00	开发区户籍生
D	4	98	24.50	区内外来务工人员子女
E	2	50	25.00	区内外来务工人员子女
F	4	98	24.50	区内外来务工人员子女

资料来源：杭州经济技术开发区社会发展局。

就场地与设施而言，2011年，市依据各区、县（市）本地及外来适龄儿童学前教育的实际需求，结合具体区块的住宅小区布局状况，发布了《2011—2020年学前教育布局（布点）专项规划》，提出要以新建一批、置换一批、改造一批为主要方式，着力解决幼儿园园舍不足问题。同时，提出要更加注重幼儿园的标准化建设，从2011年起对已建幼儿园进行标准化达标验收，未达标的幼儿园必须限期整改。

> 开发区早期基本是家庭作坊式的民办园，四五十个学生挤在一个小屋子里，只管看护。近几年，在政府的扶持和督促下，民办园的硬件条件得到明显改善，原来小作坊式的幼儿园基本都租赁了更大的场地，各方面也都更正规化、标准化了。（A园长，2014）

目前，开发区的公办幼儿园都拥有自己独立的园舍，场地较为宽阔、设施较为齐全；民办园则多为租赁小区住宅或写字楼的一、二层进行改建，场地相对较小（见图4-3）。

图4-3　公办园与民办园场地外观对比

注：上方两图为公办园、下方两图为民办园；左侧为园所外观、右侧为活动场地。

资料来源：作者现场拍摄。

　　将六所幼儿园的硬件对比情况通过表4-6、表4-7、表4-8具体说明。由表4-6可以看出，三所公办园在生均占地面积、生均建筑面积和生均绿化面积三方面都明显优于民办园，因此在公办园就读的幼儿有更宽敞的活动场地和更舒适的室外环境。表4-7中，公办园与民办园在生均活动室和生均睡眠室2个指标上没有显著差异，但在生均图书存量和师均办公室2个指标上，公办园明显高于民办园，反映出公办园在幼儿课外阅读和老师办公环境两个方面都显著优于民办园。从调查结果也可以得到类似结论，仅有39.64%的民办园老师认为当前工作环境"比较好"或"很好"，超过六成的民办园老师感觉工作环境"一般"，而公办园中评价园内工作环境"比较好"或"很好"的老师达到71.4%。表4-8为相同性质幼儿园之间在各硬件指标上的平均值和标准差，表明生均图书存量、师均办公室和生均绿化面积3个指标上公办园间的差异情况较民办园更显著，其他4个指标方面表明民办园间的差异更大。从数据指标情况看，开发区硬件设施的差异主要体现在不同性质的幼儿园之间，而相同性质幼儿园之间的差异并不明显。

表4-6 六所幼儿园园舍场地面积对比

单位：m²

幼儿园	占地面积		建筑面积		绿化面积	
	总计	生均	总计	生均	总计	生均
A（公办）	8207	20.26	5176.37	12.78	2905	7.17
B（公办）	12335	19.21	7712	12.01	3827	5.96
C（公办）	6010	17.17	4207	12.02	2104	6.01
D（民办）	1200	3.15	823	2.17	100	0.26
E（民办）	1647	5.60	1068	3.63	150	0.51
F（民办）	2500	7.18	1700	4.89	80	0.23

资料来源：作者调查整理。

表4-7 六所幼儿园园舍建筑及图书存量对比

幼儿园	活动室（个）		睡眠室（个）		图书存量（本）		办公室（个）	
	总计	生均	总计	生均	总计	生均	总计	师均
A（公办）	16	0.0395	16	0.0395	6100	15.0617	5	0.0909
B（公办）	28	0.0436	20	0.0312	6500	10.1246	7	0.0886
C（公办）	12	0.0343	12	0.0343	3600	10.2857	5	0.1111
D（民办）	14	0.0368	11	0.0289	2400	6.3157	1	0.0345
E（民办）	11	0.0374	9	0.0306	2100	7.1428	1	0.0278
F（民办）	16	0.0460	13	0.0374	1400	4.0230	1	0.0270

资料来源：作者调查整理。

表4-8 相同性质幼儿园间生均硬件指标差异对比

幼儿园性质	指标项目	生均活动室（个）	生均睡眠室（个）	生均图书存量（本）	师均办公室（个）	生均占地面积（m²）	生均建筑面积（m²）	生均绿化面积（m²）
公办园	均值	0.0391	0.0350	11.8240	0.0969	18.8830	12.27121	6.3818
	标准差	0.0047	0.0042	2.8051	0.0124	1.5726	0.44165	0.6855
民办园	均值	0.0401	0.0323	5.8272	0.0298	5.3146	3.56117	0.3344
	标准差	0.0051	0.0045	1.6163	0.0041	2.0283	1.36104	0.1531

资料来源：作者调查整理。

　　通过数据指标对园际硬件差异情况进行量化分析，可以从整体上了解各幼儿园之间的差异状况。但这种分析只能体现出"量"的差别，不能更具体、更直观地反映"质"的区别。下文，以笔者对各幼儿园的实地观察与主观感受为依据，通过与量化分析的结果进行比较，进一步分析六所幼儿园的硬件差异。

　　总体来讲，实地观察最深刻的感受是三所公办园在办园规模、活动场地、娱乐设施、室内装饰等各方面大致相同，且都明显优于三所民办园，这与数据指标量化分析的结果一致。三所公办园均为某一区域的独立建筑，室外活动场地宽敞，环境优美，都设有独立的园长室、财务室、保健室、会议室，儿童活动室各具特色，如 A 园有美工创意室、科学发现室，B 园有学能训练室，C 园有构建室等，洗手间、睡眠室等区域干净卫生、装修美观，A 园有电梯正常运行。不过，通过观察还发现三所公办园在硬件层面不仅没有明显的差别，甚至会感觉公办园之间的装修风格很大程度上的类似，通过与园长的交谈得知，这与开发区社发局的统一招标采购有关。

　　A 园是由原来的部门办园转制为公办园的，与原来的办园模式相比，A 园长对目前财政经费的使用要求也有些无奈：

　　　　幼儿园和办公场所不一样，要讲究环境的个性化，幼儿园需要特色化发展，以前我们会专门挑一些色彩、造型等和我们幼儿园的办园理念特点相符的器械设施物品，现在都是统一招标，买来的东西都是一个样的，所以现在到一家公办幼儿园看一看就不用到下一家去看了。现在政府实行报销制度，大型设施设备必须到政府指定企业购买才能报销，只有小额的（如桌椅）花销可以自主决定。

　　相比而言，民办园的活动场地较小、绿化率低，园长和其他老师共用一间办公室，儿童活动室缺少特色区域，睡眠室多与活动室共用，洗手间卫生条件普遍较差（见图 4-4）。但是，通过对民办园的细致观察，发现三所民办园虽然都是市乙级幼儿园，但其硬件设施，特别是室内装修和设施配备方面的差距较为明显。其中，最新开办的 F 园在这两方面明显优于其他两个民办园，E 园次之，D 园最差。

图4-4　公办园与民办园室内环境对比

注：左侧三图为公办园、右侧三图为民办园，从上至下依次为活动室、睡眠室、卫生间。

资料来源：作者现场拍摄。

就软件服务而言，首先在专任教师方面，幼儿教师是幼儿园质量提高的关键因素，因此，优质幼教资源配备是否合理直接关系幼儿园能否健康、持续发展。幼儿教师是素质教育的主要实施者，是教育过程中的主体。发展幼儿教育，关键在于建设一支数量充足、结构合理、素质较高、相对稳定的教师队伍。通过对多位幼儿园园长进行访谈，也发现不管公办园还是民办园的园长，都认为幼儿园的发展和提升主要是依托于优质、稳定的师资队伍。

目前开发区公办园幼教待遇普遍高于民办园幼教待遇，而且公办园在硬件设施上也具有明显的优势，因此民办园普遍较难吸引高质量的幼教人才，而且因为开发区民办园没有编制名额，即使有一些优秀的老师，他们也往往会找机会通过考编转入公办园。而通过对公办园的调研，得知公办园的幼教中有40%左右为在编人员。对此，E园长感叹：

> 我们幼儿园经常有一些老师跳槽到公办园，流动性比较大。老师的流动性对一个班级的影响是很大的，一个班级如果老师流动性很大，那么这个班级的学生培养质量肯定逊色于一个师资稳定的班级的学生培养质量。哪怕只给民办园分配一个编制名额也行啊，我们会让这个老师做我们的教研员，一方面教研员可以在专业方面引领整个幼儿园的老师进行改善，另一方面教研员出去培训所学也都是服务于本园的，可以起到衔接的作用，哪怕其他老师流动，只要有教研员在就可以保证新老师的培训和指导，可以保证幼儿园的持续性发展。我们园长也更放心、更愿意给教研员更多的机会出去学习。

表4-9和表4-10分别比较六所幼儿园专职教师学历及职称方面的差异状况。其一，将公办园与民办园进行对比，发现公办园中高学历及高职称的专职教师比例远远大于民办园。公办园专职教师学历最低为专科，且主要集中为本科及以上，而民办园专职教师的学历水平则主要集中在专科层次；公办园具有相关教师职称的幼儿教师所占比例均在50%及以上，而民办园中只有D有15.79%的职称比例，其余两所民办园完全没有具备职称的幼教人才。其二，对三所公办园进行对比发现，A、B、C在幼教学历与职称两方面的优劣顺序呈现比较明显的递减趋势，这恰巧与三所幼儿园开办时间的长短相对应，即开办时间越久幼教整体水平就越高，而且最晚建园的其他两所相比差距很大，不过这种趋势仅是

对表 4-9、表 4-10 数据的简单推断,缺乏严谨的证明与分析,故不能作为定性结论。其三,对三所民办园进行对比,可以看出 D 和 E 分别在幼教职称方面、幼教学历方面具有明显优势,而 F 则在两个指标上均处于劣势地位,这可能与幼儿园园长招聘人才的标准、幼儿园开办时间的先后、幼教在职期间的园所培训和个人学习等因素相关。

表 4-9 六所幼儿园专职教师学历情况比较

单位:人,%

幼儿园	本科及以上		专科		高中或中专		总计	
	人数(人)	占比	人数(人)	占比	人数(人)	占比	人数	占比
A	20	74.07	7	25.93	/	/	27	100
B	31	70.45	13	29.55	/	/	44	100
C	12	54.55	10	45.45	/	/	22	100
D	1	5.26	14	73.68	4	21.05	19	100
E	6	31.58	11	57.89	2	10.53	19	100
F	/	/	15	100	/	/	15	100

资料来源:作者调查整理。

表 4-10 六所幼儿园专职教师职称情况对比

单位:人,%

幼儿园	小中高教师	幼儿高级	幼儿一级	职称人数总计	职称人数占比
A	1	4	21	26	96.3
B	1	6	25	32	72.73
C	/	1	10	11	50
D	/	/	3	3	15.79
E	/	/	/	/	/
F	/	/	/	/	/

资料来源:作者调查整理。

另外,图 4-5 为六所幼儿园生师比从低到高的排序,生师比为园内幼儿总数与园内专任教师总数的比值,该值越低说明此幼儿园的师资配备越充分。由图 4-5 可以看出,三所公办园的生师比都较低,但民办园中只有 E 园与公办园水平接近,F 园最高达到了近 25,因此可以大致推断公办园的生师比普遍低于民办园的。

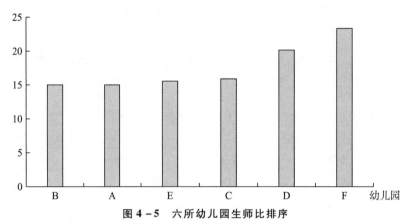

图 4 - 5　六所幼儿园生师比排序

资料来源：作者调查整理。

其次在园长方面，幼儿教师是影响幼儿教育质量的关键因素，因此大部分关于幼儿园软件资源配置的衡量都以专任教师的数量和质量作为唯一指标，很少涉及园内其他管理人员、保健人员及工勤人员的深入考察。但是，通过笔者对幼儿园内部管理及发展状况的深入调查，发现幼儿园园长的办学理念、管理水平、教学经验对园内幼教人员任职态度和教学水平的提高以及园内幼儿的健康全面发展有重要影响，一定程度上决定了一所幼儿园的发展态势。而且，从幼儿教师对问卷中"每项因素对幼儿教师教学水平的影响程度"（五级评分制，根据影响程度的递增顺序赋予 1~5 分）的评分情况可以看出，在给出的 7 个选项中，"所在幼儿园园长个人能力与管理水平的高低"平均得分为 4.64，仅次于"对幼儿教育事业是否有热情和兴趣"的 4.83，位居第二。因此，从幼教人员的角度来看，其同样肯定了幼儿园园长的实际作用。

从职称上看，三所公办园园长均有高级教师职称，其中 A 园长为"中高高级教师"、B 园长为"小学特级教师"、C 园长为"幼儿高级教师"；而民办园中除 D 园长是"幼儿一级教师"外，其他两位园长均无职称。从具体工作上看，除幼儿园日常管理工作之外，公办园园长的工作重点是对本园幼教进行园内培训、制定教学计划、组织各项学生活动，此外都有定期定量的园内教学和帮扶民办园的任务；民办园园长中只有 D 园长有明确的班级教学和培训老师的工作任务，主要工作是进行校内财务管理、设备采购及老师招聘。从专业素质和管理能力的实际表现来看，交谈中公办园园长在对当前学前教育形式的深刻解读、对管理实践中的经验体会、对教学课程及活动开展方面的创新思路等方面，都表现出较强的专业性和前瞻性，相对而言，民办园园长主要是直观介绍本园目前的发展现状以及遇到的各种实际问题。

依据访谈的直观感受和对访谈内容的深入分析，公办园 B 园长的职业素养和实践经验较其他园长更加突出，其对一些现象和问题的解读剖析也更发人深省。由于 B 园长对本书十分感兴趣，因此笔者有机会与 B 园长进行了两次深入谈话，每次时长约 2 小时。下文为 B 园长针对不同问题的部分谈话内容：

> 我国现阶段，幼儿园的供给显然满足不了入园需求，在这种情况下就需要社会力量开办民办园进行补充。但是民办园和公办园在办园理念上是有很大差别的，公办园以培养孩子为最终目标，私立幼儿园则主要关注经济利益的因素。如果不能将善良、平和、坚韧的种子在孩子小的时候播撒，到中学大学的时候，课业负担那么重，根本不太可能再将这些基本的人性的东西重新培养，就会造成人才培养道德与知识层面的断层。（B 园长对目前国内学前教育事业发展状况的看法）
>
> 人才的培养必须从大学就开始重视，设置科学合理的课程体系，做到学生毕业时能直接为幼儿园所用，然后搭配现代化的园舍条件。现在好多老师都是心理学、艺术学等专业的，考个教师资格证就能参加教育工作，这和我们当时的师范生拿到的教师资格证的概念是完全不一样的，一些新进的老师需要我手把手教一两年才能熟练胜任。现在学前教育的关键问题不是政府投入多少的问题，而是有投入没师资、有师资没编制，现在学前教育面临的不是常态化问题，所以政府投入也不应该是常态化投入，而是应该有所侧重、有所规划，重点还是要录用一批合格的老师进编制，让这些老师带领幼儿园走向常态化发展。除此之外，根据我们国家的实际情况，幼教人员入职后更适合园本培训，所以应该先把园长的各项能力培训好，然后由园长在幼儿园内对老师们进行再教育，而现在大部分地方都没

有做到这一点。(B 园长对目前国内幼教人才培养输出方面的担忧)

　　我在哈尔滨工作期间，曾作为国内为数不多的学前教育工作者被公费派往香港培训学习一年多，通过学习和观察我发现应该适时将香港一些开放的教育理念和成熟的教育政策引入内地。比如，香港的幼儿园虽然是机构办园，但大部分是福利性质的，以培养人为主要目的，而且采取教育券制度，使家长有了充分的自主选择权，更公平且效率。香港有些幼儿园是属于宗教办园，每天早上第一件事就是给孩子们讲教义故事，从小培养孩子们良好的信念。国内好多幼儿园并不是以培养孩子为出发点，而是为迎合家长的需求和口味，比如开办英语课程，但为什么学英语没人讲。(B 园长对香港学前教育事业发展情况的描述)

　　在孩子的日常生活方面，我和保健员商量制定了一系列标准化的规范，比如规定每个孩子每天摄入不少于 600CC 的饮水，用食用碱刷碗而不是洗洁精，而且洗多少遍也都是定量的。幼儿园孩子多，我们就在采购食材时采取定向批发，做饭时也用大锅，降低成本。当初政府拨付了 2 万块钱的厨房经费，但没有明确规定采购项目，我就买了点心房的所有设备，并请了 2 个点心师，给每人每月发 1000 多元的工资。从那以后我们没有再买过点心，孩子们吃着安全健康，没有防腐剂，而且特别实惠、分量足，投入的成本早就抵了回来。财政没有多给我们一分钱，但我们把每一分钱都发挥了最大的效用。现在，我们幼儿园小朋友的平均身高在本区幼儿园中是公认的第一名。(B 园长在幼儿园日常管理方面的创新)

　　我提出由课程支撑理念，孩子学习、生活、卫生的习惯培养都要考虑在我们的课程里面。课外，我们为喜欢画画的小朋友举办个人画展，只要攒足 6 幅就可以；喜欢表达的小朋友可以参加故事大王巡回演讲；喜欢唱歌的也有歌唱表演，我们开办的 6 月份综艺大舞台可以为各种特长的小朋友提供表现的机会。我们举办这类活动的意义在于充分发掘孩子的兴趣，发挥孩子本身的强项，而非刻意培养。(B 园长在幼儿培养和活动开展方面的实践)

最后在其他工作人员方面，由于受时间等客观因素的限制，对幼儿园内部实地调查的过程中主要是针对园长和专任教师进行了访谈或问卷，并没有针对园内其他工作人员（如保健员、清洁工、保安等）进行较为深入的交流，在此，仅以走访调查中遇到的某些实际现象对各幼儿园间的其他工作人员差异情况进行简单描述。

按照开发区对本区幼儿园的统一规定，外来人员进入幼儿园时必须填写《来访人员信息登记表》，出园时必须出示受访者的亲笔签名。由于回收问卷的需要，笔者进入每个幼儿园的次数均在两次以上，因此跟保安也有短暂接触。三所公办园的保安都属中青年，服装配备等较为统一，每次进入公办园时都要严格按照规定才能获许。有一次因特殊原因在10分钟之内两次进入C园，虽仅10分钟之隔，但保安仍坚持需要重新登记信息才放行。三所民办园的保安年龄均明显大于公办园保安，而且在走访次日回收问卷时有两所民办园没有要求登记信息。此外，在实地调查时，还有一件事记忆犹新——

　　　到D园采访园长结束后，获其允许，笔者在园内自由观察了一段时间。其间在二楼走廊遇到一个小男孩，发现他鼻腔有少量血液流出，而当时旁边没有老师或其他工作人员看管，所以笔者随即带他到医务室进行处理。然而，当进入医务室对医务人员说明情况时，该医务人员的回复让笔者有些吃惊，"这两天天气太干燥，他今天流过一次鼻血了，没什么大事，让他自己洗洗就行。"该医务人员说话时的态度很平和且面带微笑，给人的感觉是她并非不关心小朋友的病情，而是认为小朋友确无大碍，完全可以自己处理。

需要强调的是，以上对调研中个别事实的描述仅仅是对当时客观特殊情况的再现，不能作为典型代表同级或其他范围幼儿园的工作人员的整体情况，而且这种情况的发生极具偶然性。

六　基于教育接受者满意度调查分析

1. 基于需求客体视角进行分析的理由及具体指标

以往研究中，对教育资源均衡配置和教育服务质量的评价多基于主体尺度，即主要以经费投入、园舍设施、师资投入等财力、物力、人力指标为衡量尺度，缺乏来自需求主体，即学生或学生家长尺度的评判。对幼儿园而言，为了能在激烈的竞争中占据优势地位、争取更多的生源，其已经逐渐视家长为顾客，将家长作为享受教育服务的对象，尽最大努力为家长提供最满意的服务。顾客满意度被看作衡量服务效果的指示器，因此，通过家长的满意情况评价幼儿园教育资源与服务的质量更具有效性、客观性。本书中对幼儿园的满意度主要是指家长作为幼儿的监护人对自己孩子在幼儿园中所得到的实际教育质量水平和其预期应得到的教育质量水平的对比。在对幼儿家长的问卷中，共有两个问题涉及对学前教育服务满意度的评判，分别是"您对幼儿园所提供的以下各项服务的满意程度"及"您对孩子所在幼儿园的总体评价"。前者采用 Likert 量表形式，量表内共有 9 个服务项目，主要表示幼儿家长对幼儿园教学、管理等软件方面的评价；后者为单选题，主要表示幼儿家长对幼儿园硬件和软件两方面的总体评价。两个问题均采取五级评分制，满意度评价越高得分越高。下文，对六所幼儿园家长满意度调查结果进行描述。

2. 国际满意度差异分析

依据六所幼儿园在"总体满意度"上的得分，由高到低进行了初步排序，如表 4-11 所示。总体上，公办园在"服务满意度"和"总体满意度"两个题目上的得分均高于民办园，说明公办园在硬件水平和软件质量两方面均明显优于民办园，更能符合家长需求。两个满意度之间的得分之差都较小，说明二者的正相关性非常强，符合正常逻辑。不过，具体对比公办园与民办园之间"服务满意度"和"总体满意度"得分之差时出现了一个明显的区别，即幼儿家长对公办园的"服务满意度"评价普遍低于对"总体满意度"的评价，而在民办园中则出现了相反的情况。因为"总体满意度"包括了硬件和软件两个层面，而"服务满意度"主要衡量软件层面，因此，这种情况从一定程度上说明，对幼儿家长而言，公办园提供的硬件条件比其提供的软件质量更接近于家长的期望和需求，而民办园提供的硬件条件较其服务质量更差，与家长的期望和需求相差更大。

表4-11　各幼儿园在各满意度选项上的得分情况

项目	B		A		C		E		F		D	
	均值	标准差	均值	标准差	均值	标准差	均值	标准差	均值	标准差	均值	标准差
注意孩子的安全，防止孩子发生意外	4.55	0.57	4.74	0.44	4.53	0.54	4.38	0.56	4.14	0.67	3.98	0.73
饭菜安全卫生，质量可靠，可以吃饱	4.43	0.62	4.29	0.70	4.31	0.57	3.98	0.75	3.79	0.67	3.77	0.68
精心安排食谱，饭菜可口，营养均衡	4.38	0.67	4.16	0.77	4.22	0.62	3.96	0.76	3.74	0.72	3.59	0.76
老师经常和家长交流孩子在园情况	4.35	0.69	4.52	0.78	4.29	0.72	4.25	0.68	3.91	0.81	3.73	0.90
为身体不方便的孩子提供专门的帮助（如上厕所、进餐等）	4.93	3.85	4.55	0.57	4.29	0.65	4.21	0.63	3.93	0.65	3.93	0.70
孩子学习写字、计算等	4.08	0.77	3.95	0.83	3.80	0.85	3.58	0.77	3.54	0.76	3.66	0.86
引导孩子和其他小朋友友好相处	4.43	0.56	4.45	0.71	4.29	0.83	4.28	0.61	4.09	0.69	4.09	0.71
孩子变得懂礼貌、讲文明	4.38	0.64	4.50	0.76	4.39	0.87	4.34	0.59	4.14	0.64	4.11	0.66
孩子学会英语或音体美等特长	3.85	0.86	3.86	0.81	3.76	1.04	4.26	0.68	3.79	0.90	3.45	0.88
服务满意度	4.38	0.59	4.34	0.51	4.21	0.55	4.14	0.53	3.93	0.52	3.81	0.52
总体满意度	4.45	0.53	4.38	0.59	4.32	0.51	4.08	0.58	3.91	0.51	3.80	0.41

注："服务满意度"取每位家长对以上九项满意度的加权平均值。

　　进一步观察表4-11中九个选项的满意度得分可以发现一个特殊情况，即公办园在"孩子学会英语或音体美等特长"一项上均得分较低，而民办园E园在该项上的得分为4.26，明显高于其他五所幼儿园，这很可能是得益于E园开设的英语教学特色课程。在与公办园园长的访谈过程中得知，开发区政府要求公办园完全按照等级收费，严禁公办园私设兴趣班、特长班，以避免乱收费的情况发生，不过对民办园则没有明确规定。E园以英语教学为主要特色，而且聘请了外教兼职教学，"外教课程"也是E园招生时的主要吸引点。另外需要特别指出的是，B园在有关日常饮食方面的两个选项上的得分均高于其他幼儿园。上一节对B园长的访谈内容描述中刚好有一部分提到该园长通过自建点心房以及提供标准化的饮食卫生服务保证在园儿童的健康成长，虽然不能确定二者之间是否有确切联系，但可以认为统计结果从一定程度上印证了 B 园长的表述。对问卷结果进行描述性统计，可以直观上、整体上看出一些主要现象。在此基础上，表 4 - 12 通过独立样本非参数检验，对不同性质幼儿园之间及相同性质幼儿园之间的家长满意度的差异显著性进行统计检验。

检验结果表明（见表 4 - 12），公办园与民办园之间，以及三所民办园之间在"服务满意度"和"总体满意度"两个项目上的得分情况存在显著差异，即公办园在硬件和软件两方面均显著优于民办园，而民办园在这两方面的优劣差异也较明显。不过，三所公办园之间在两个项目上的家长满意度情况并没有显著差异，说明公办园在硬件和软件两类教育资源配置上没有明显差别，都较符合幼儿家长的实际需求。

表 4 - 12　假设检验统计结果汇总

组别	原假设	测试	Sig.	决策者
公办园与民办园之间	服务满意度的分布相同	独立样本 Mann-Whitney　U 检验	0.000	拒绝原假设
	总体满意度的分布相同	独立样本 Mann-Whitney　U 检验	0.000	拒绝原假设
三所公办园之间	服务满意度的分布相同	独立样本 Kruskal-Wallis　检验	0.261	保留原假设
	总体满意度的分布相同	独立样本 Kruskal-Wallis　检验	0.402	保留原假设
三所民办园之间	服务满意度的分布相同	独立样本 Kruskal-Wallis　检验	0.023	拒绝原假设
	总体满意度的分布相同	独立样本 Kruskal-Wallis　检验	0.033	拒绝原假设

注：显示渐进显著性，显著性水平是 0.05。

需要进一步解释的是，根据上一节对开发区幼儿园招生政策的解读，区内公办园生源主要为当地户籍生，而民办园则以外来人口子女为主，可以推断公办园和民办园的幼儿家长类别及阶层分布存在较为显著的差异。因此，公办园与民办园幼儿家长对孩子所在幼儿园接受教育的需求度和满意度也可能存在差异，从而成为表 4 - 12 中公办、民办幼儿园间满意度存在显著差异的一个因素。不过，根据下一节对幼儿家庭背景信息的分析可以知道，在优先考虑户籍因素的招生原则下，公办园和民办园幼儿家长在学历、职业和收入三个方面均存在显著差异，公办园中的幼儿父母在三方面均明显优于民办园幼儿父母。而且有研究表明，目前各阶层家长都重视学前教育，但不同阶层家庭对学前教育的需求水平和类型呈多样化趋势，从浙江省的情况来看，居住于城市、拥有较高收入的相对优势群体对学前教育的需求更高，而家庭处境不利群体家长对学前教育的需求相对较低。基于这一前提，消除生源家庭背景因素的影响会进一步拉大公办园与民办园在满意度得分方面的差距，从而导致检验结果更加显著。因此，无论是否考虑生源家庭背景这一因素，都不会对本书中表 4 - 12 中的检验结果造成根本影响。

七 基于调查数据的幼儿教育公平性评估

上一节对开发区的六所幼儿园进行了较为深入的案例分析，从学前教育服务主体和客体两个视角以及人力、物力、财力三个维度测度了不同性质幼儿园之间及相同性质幼儿园之间的差异。分析结果表明，作为研究案例的六所幼儿园间确实存在较为严重的差异现象，特别是公办园与民办园之间的差异尤为显著，三所公办园的整体办园质量均明显优于三所民办园，可以将其视为区内优质学前教育服务的代表。不过，由于客观条件的约束，目前开发区学前教育供给主体仍以民办园为主，代表优质教育资源的公办园严重供不应求。在这种情况下，本区政府采取杭州市"属地管理"和"住户一致、就近入园"的招生政策解决"入园难"问题。

由于我国户籍制度尚未取消，解决本辖区户籍人口的教育问题成为县级政府，特别是外来人口比重较大的发达地区政府在教育领域的首要任务。流动人口子女接受教育客观上占用了流入地的教育资源，加重了当地财政负担，加上目前存在一定的"城市教育霸权"意识，流入地政府基于自身利益的考量，往往缺乏提供此项公共服务的积极性（陈信勇、蓝邓骏，2007）。因此，直接以户籍为首要考虑因素的招生政策并不罕见，一些地方政府虽未明确规定以户籍因素作为招生原则，但通常对流动人口子女的入学条件层层设限，专门提出一些城市居民也很难完全达到的有关要求。地方政府制定利于本地户籍居民的幼儿园招生政策与我国目前户籍制度不合理、优质学前教育资源不充足有密切关系，在这种情况下也很难找到更好的解决方法，因此本书不深入探究这种招生政策的实施是否具备理论基础或真正达到预期目的，而是准备重点分析在这种招生原则下，不同阶层、不同家庭背景的幼儿在享受优质学前教育的机会上是否存在显著差异，如果存在差异，户籍制度或相应的招生政策是否为产生这种差异的决定因素。

为回答这两个问题，本节将分别对不同家庭背景子女进入优质公办园的机会差异和不同家庭背景子女进入相对优质民办园的机会差异进行实证分析，前者主要采用等级相关分析，后者则主要进行 logistic 回归分析。对二者采取不同分析方法的主要原因在于两个问题中的招生政策前提不同：前者受明确的户籍招生政策影响，而且案例中户籍因素与家庭背景显著相关，因此无法抛开户籍制度因素仅考察家庭背景对学前教育机会均等的影响；后者则可以基本假定不受任何政策层面的影响，因此可以将"户籍地"与其他指标一同作为影响学前教育机会均等的自变量进行回归分析。

1. 公办学前教育入园机会差异

首先分析评价指标，社会分层的层级标准主要是按照资本占有量的多少进行区分。法国社会学家皮埃尔·布迪厄（Pierre Bourdieu）将资本划分为经济资本、文化资本和社会资本三种主要类型。资本具备流动性和可转化性的特点，各类资本均能够在社会各阶层中流动，并在一定条件和范围内实现相互转化。因此，拥有更多经济资本、文化资本与社会资本的优势阶层同样也能将其现有的资本进行转换，比如父母的受教育程度越高，就越有机会取得更好的工作岗位和更高的薪资待遇，其子女就越有可能进入更好的幼儿园接受教育。家庭背景主要指孩子父辈在社会分层中所处的社会经济地位。在国外相关研究中，一般用种族、宗教、家庭收入、家长的工作性质、受教育水平和家庭拥有的某些物品来衡量（吴春霞、王善迈，2008）。结合开发区实际情况，本书依据幼儿家长问卷中有关家庭背景基本情况的信息，以"家庭年收入""父、母最高学历""父、母职业类型"分别作为家庭的经济资本、文化资本和社会资本指标。"家庭年收入"分为"5 万元以下"、"5 万 ~ 10 万元"、"10 万 ~ 15 万元"和"15 万元以上"四个等级,代表经济资本的递增;"父、母最高学历"分为"高中(或中专)及以下"、"专科"和"本科及以上"三个等级,代表文化资本的递增;"父、母职业类型"分为"务农或其他"、"民营企业或个体经营"、"国有、外资或股份制企业"和"政府部门或事业单位"四个等级,代表社会资本递增(李艳苹,2010),将"不同质量幼儿园"分为"民办园"和"公办园",代表学前教育资源质量的递增(见表 4 - 13)。

表 4 - 13 家庭背景与进入不同性质幼儿园机会之间的相关性检验

家庭资本类型	家庭背景指标	层级	公办园	民办园
经济资本	家庭年收入	15 万元以上	48.60%	23.40%
		10 万 ~ 15 万元	30.50%	30.50%
		5 万 ~ 10 万元	19.20%	32.50%
		5 万元以下	1.70%	13.60%
		相关系数 = 0.327 ** Sig.(双侧)= 0.000		
文化资本	父亲最高学历	本科及以上	69.50%	26.00%
		专科	21.50%	20.10%
		高中(或中专)及以下	9.00%	53.90%
		相关系数 = 0.501 ** Sig.(双侧)= 0.000		
	母亲最高学历	本科及以上	55.40%	18.20%
		专科	29.40%	20.10%
		高中(或中专)及以下	15.30%	61.70%
		相关系数 = 0.481 ** Sig.(双侧)= 0.000		
社会资本	父亲职业	政府部门或事业单位	29.40%	11.70%
		国有、外资或股份制企业	32.80%	25.90%
		民营企业或个体经营	36.7%	57.2%
		务农或其他	1.10%	5.20%
		相关系数 = 0.290 ** Sig.(双侧)= 0.000		
	母亲职业	政府部门或事业单位	32.20%	9.10%
		国有、外资或股份制企业	26.6%	11.00%
		民营企业或个体经营	33.90%	64.30%
		务农或其他	6.80%	15.60%
		相关系数 = 0.383 ** Sig.(双侧)= 0.000		

注: ** 在 Sig.(双侧)为 0.01 时,相关性是显著的。

　　其次进行等级相关分析。在家庭背景与学前教育机会之间，从表4-
13中可以看出，公办园家长在"家庭年收入""父母最高学历""父母职
业类型"三个方面位居最高层级的家长比重均大于民办园幼儿家长比重，
Spearman等级相关分析结果中，五个家庭背景因素指标均与进入不同性质
幼儿园之间呈显著正相关性，表明优势阶层家庭较弱势阶层家庭而言子女
更有机会入读优质公办园。

　　就户籍与家庭背景的相关性及其对学前教育公平性的影响而言，
在开发区的招生原则下，公办园生源以本地户籍生为主，民办园则以外
来流动人口为主（见图4-6），而结合开发区的实际情况，本地户籍人
口的经济条件、教育水平和就业情况往往比外来人员更有优势，表4-

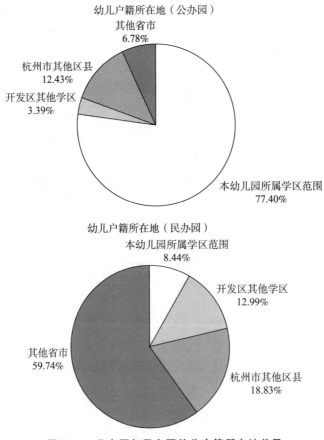

图4-6　公办园与民办园幼儿户籍所在地差异

资料来源：作者调查整理。

14 中相关分析的结果也印证了这一点。所以，在开发区，作为优势阶层的本区户籍生有更多的机会享受优质教育资源，而代表弱势群体的外来人口在学前教育公平性上严重受损，这是倾斜性招生政策带来的必然结果。

表 4 - 14　户籍与家庭背景之间的相关性检验

项目		户口	父亲最高学历	母亲最高学历	父亲职业	母亲职业	家庭年收入
户口	相关系数	1	0.583**	0.603**	0.345**	0.407**	0.376**
父亲最高学历	相关系数	0.583**	1	0.746**	0.467**	0.461**	0.360**
母亲最高学历	相关系数	0.603**	0.746**	1	0.418**	0.552**	0.355**
父亲职业	相关系数	0.345**	0.467**	0.418**	1	0.580**	0.045
母亲职业	相关系数	0.407**	0.461**	0.552**	0.580**	1	0.103
家庭年收入	相关系数	0.376**	0.360**	0.355**	0.045	0.103	1

注：** 在 Sig.（双侧）为 0.01 时，相关性是显著的。

2. 相对优质民办学前教育机会差异

上一节的实证结果表明，在户籍制度下，开发区的招生政策造成了不同阶层子女在进入公办园时的机会差异。需要思考的是，如果取消现行的户籍制度，或者改变开发区的招生政策，如采取以住宅远近为招生原则，是否能保证学前教育机会公平性的实现。为回答这个问题，本节结合第五节园际差异的分析结果，一是不再以不同性质的两类幼儿园作为优质学前教育资源和次优学前教育资源的代表主体，二是选取办园质量差别较大的两所民办园，即 E 园和 D 园，分别作为优质、次优学前教育服务主体，考察不同阶层子女在进入这两类幼儿园时是否同样存在机会差异。

首先对两所民办园分级的依据和幼儿家庭背景指标的变化做介绍。选取这两所民办园进行分析的可行性在于：第一，开发区招生计划中明确指出，公办园的招生对象为"开发区户籍生"，民办园的招生范围则是"区内外来务工人员子女"，因此可以假定民办园在招生时不受户籍制度的影响，每个幼儿在申请入读民办园时理应机会均等；第二，基于硬件和软件指标测度、家长满意度差异显著性检验和实地观察的主观感受，有充足的理由认为 D 园和 E 园在办园质量上确实存在显著差异，符合代表开发区学前教育市场上两个不同质量服务等级主体的要求。需要特别指出的是，在假定民办园的招生不受户籍制度这一外部因素影响的基础上，本节将"户籍地"分为"其他省市"、"杭州市其他区县"、"开发区其他学区"和"本幼儿园所属学区"四个等级作为社会资本递增的另一指标，因为通过分析调研数据发现，虽然开发区政府承诺每个当地户籍生都能进入公办园入读，但仍有34名户籍生进入了民办园，占到被调查民办园家长总数的22%，其中29名在E园，占该园被调查幼儿家长总数的48.9%，5名在F园，占该园被调查幼儿家长总数的5.8%，D园则没有本区户籍生。34名进入民办园的户籍生家长在"您孩子未进入离家最近的公办园的主要原因"一题中，有17人选择"离家近的幼儿园质量较差"，12人选择"目前所在幼儿园离家较近"，5人选择"其他"。因此，有理由假定开发区内部分代表优势阶层的户籍生也在与外来人口子女竞争较为优质的民办学前教育资源。

　　其次对关键变量做logistic回归分析。由于上一节的相关性检验已经表明案例调查中包括"户籍地"在内的幼儿家庭背景各因素之间有一定程度的相关性，因此本节采用logistic逐步回归分析方法，根据Score检验与条件参数估计逐步选择模型中显著的自变量。经过六次迭代过程，进入回归模型的自变量有父亲最高学历、母亲最高学历、母亲职业和家庭年收入四个，故模型会出现四个步骤，回归过程及结果如表4-15所示。

表4-15　自变量被选入回归方程的依次顺序与回归结果

步骤	自变量	B	S. E.	Wals	df	Sig.	Exp（B）
步骤1	父亲最高学历	1.9	0.415	20.978	1	0	6.687
	常量	-2.713	0.612	19.689	1	0	0.066
步骤2	父亲最高学历	1.669	0.42	15.814	1	0	5.306
	母亲最高学历	0.787	0.289	7.418	1	0.006	2.196
	常量	-4.419	0.953	21.482	1	0	0.012
步骤3	父亲最高学历	0.938	0.492	3.641	1	0.056	2.555
	母亲最高学历	1.661	0.659	6.358	1	0.012	5.264
	母亲职业	0.866	0.311	7.737	1	0.005	2.377
	常量	-5.726	1.205	22.579	1	0	0.003

续表

步骤	自变量	B	S. E.	Wals	df	Sig.	Exp （B）
步骤 4	父亲最高学历	1. 167	0. 521	5. 018	1	0. 025	3. 212
	母亲最高学历	2. 029	0. 676	9. 014	1	0. 003	7. 608
	母亲职业	0. 987	0. 414	5. 696	1	0. 017	2. 684
	家庭年收入	0. 88	0. 336	6. 837	1	0. 009	2. 41
	常量	− 9. 112	2. 04	19. 943	1	0	0

步骤 1、2、3、4 中被选入回归模型的自变量依次为"父亲最高学历"、"母亲最高学历"、"母亲职业"和"家庭年收入"，步骤 4 中四个自变量的 Wals 值均达 0.05 显著水平，表示四个自变量与因变量之间有显著相关性。回归系数均为接近或大于 1 的正数，表示三个家庭背景指标测量值分数越高越有可能进入优质民办园。logistic 最终回归模型为：

$$kindergarten = -9.112 + 1.167 eduF + 2.029 eduM + 0.987 jobM + 0.88 income$$

"kindergarten"代表入读相对优质民办园的机会；"eduF"代表父亲最高学历；"eduM"代表母亲最高学历；"jobM"代表母亲职业；"income"代表家庭年收入。

为保证估计结果有效，需要对其进行检验。如表 4 – 16 所示，"Hosmer 和 Lemeshow 检验"结果表明显著性概率 p 值均大于 0.05，检验值未达显著水平，表明该回归模型适配度优良。另外，从预测分类正确率交叉情况（见表 4 – 17）来看，根据该回归模型进行分类预测的整体分类正确率为 81.4%。

表 4 – 16　Hosmer 和 Lemeshow 检验

步骤	卡方	df	Sig.
步骤 1	0. 023	1	0. 878
步骤 2	4. 193	6	0. 651
步骤 3	3. 545	6	0. 738
步骤 4	2. 787	8	0. 947

表 4 - 17　预测分类正确率交叉情况

观察			预测值		
			D	E	百分比校正
步骤 1	真实值	D	38	6	86.4
		E	17	36	67.9
	总计百分比（%）				76.3
步骤 2	真实值	D	36	8	81.8
		E	12	41	77.4
	总计百分比（%）				79.4
步骤 3	真实值	D	34	10	77.3
		E	12	41	77.4
	总计百分比（%）				77.3
步骤 4	真实值	D	38	6	86.4
		E	12	41	77.4
	总计百分比（%）				81.4

注：切割值为 0.500，表中第 5、6 列为样本数量，百分比校正的计算为预测值就是真实值的样本占比。

最后对回归结果进行分析。logistic 回归模型表明，对案例中民办园的幼儿来讲，父亲与母亲最高学历、母亲职业和家庭年收入的等级越高，就有更大的可能进入优质民办园，而且户籍因素对幼儿的入园机会差异并没有显著影响。与上一节分析不同阶层进入优质公办园的机会差异相比，虽然排除了户籍制度的影响，但最终的结论却基本一致，即不管有无外部倾斜性政策的影响，优质教育资源总是更多地被优势阶层子女占用，不利于学前教育机会公平性的实现。

结合本书对学前教育差异现状及原因的分析发现，造成案例中学前教育机会不均等的直接原因就是显著的园际差异让不同阶层的幼儿家长被迫参与到择园竞争中，导致弱势群体在争取优质教育资源时始终处于劣势地位，而在造成如此显著园际差异的原因中，政府重公办、轻民办的倾向性投入政策是其中的主要因素。"住户一致"的招生原则看似公平，但在以外来人口为主、经济较为发达的城市开发区内实行这种招生政策实际上还是主要满足了优势阶层的教育需求。因此，政府政策上不合理的倾向性不仅通过园际差异加剧了学前教育机会非均等化的现象，甚至通过政策导向直接将更多的优质公办教育资源流向优势群体。这不仅违背了财政中立的原则，更损害了流动人口及其他弱势群体平等受教育的权利。因此，相对于世界许多国家的以优先保障弱势地区和弱势人群为出发点推行的学前教育普及行动计划，我国一些地区实行的教育政策则恰好相反。

教育供给的产品是教育机会，学校提供教育机会的质量强调供给主体的行为责任、强调满足需求的效益，从这个意义上说，供给质量不包括生源因素。但是供给质量与生源质量都是影响教育质量的因素，这是由人力资本增值的特殊性决定的。人力资本是学生再生产的产品，学生是再生产的主体，学生再生产人力资本的效率不仅取决于学校供给质量的高低，更重要的取决于学生自身的因素，学前教育也是如此。

在小学、初中、高中阶段，人们往往将"教育质量"模糊地等同于"升学率和学习成绩"，而又把"升学率和学习成绩"模糊地等同于"学校供给质量"；因此，具有高升学率和学习成绩的学校可以吸引更多的生源。幼儿园虽然没有"升学率和学习成绩"的显性指标，但是孩子们在幼儿园的表现、素质的提升、升入小学后适应新环境和接受新知识的能力都影响着一个幼儿园的社会口碑及长远发展。而优质幼儿园的生源又多是社会强势群体的子女，从总体上说具有更多的经济资本、文化资本和社会资本。高质量的生源即使在同等供给水平下也可以产生高质量的教育结果，所以高质量的生源可以"倍加和放大"一所幼儿园的供给质量，进而吸引更多的优质生源和资金投入，从而形成良性循环效应。在调查中，一所定位高、收费高的民办园园长坦言：

> 本地租金这么高，而且政府还要求我们扩大办园场地，如果定位不高的话，收费就提不上去，成本不知猴年马月才能收回来。而且现在的家长一般也不太在乎学费多少，如果幼儿园看起来高档、口碑好，只要不是离家太远的话家长一般都会首选这种幼儿园。

基于以上逻辑分析与现实考虑，可以大致推断，在园际差异和阶层差距同时存在的前提下，即使政府实行"一视同仁"的财政投入和教育管理体制，本区的园际差异和学前教育机会不公平的程度也将进一步加大，其循环逻辑为：存在园际差异的情况下，优势阶层进入优质幼儿园的机会更大，反过来优势阶层子女的进入又会提升优质幼儿园的办园质量，从而造成更大的园际差异，而园际差异越大，就越会拉大不同阶层子女享受同质学前教育机会的不均衡程度。

因此，在学前教育资源严重短缺，还需长期依靠社会力量弥补需求空缺的背景下，只有重视民办园的发展、提高民办园的办园质量、缩小民办园与公办园之间的差距，不仅要让不同阶层的儿童享受均等优质的学前教育服务，也要让不同阶层的儿童平均分布到不同类型的幼儿园之中，才能推动整个学前教育事业的均衡发展。

八 研究总结与启示

已有研究和社会现实都表明我国学前教育阶段还存在显著的不公平现象，主要表现为学前教育资源在区域间、城乡间、园际间和群体间的配置不均，以及不同编制、不同体制幼儿园的幼儿教师同工不同酬。这些不公平现象是影响幼儿学前教育公平性的外在因素，而幼儿家庭的社会阶层及个人先天差异则成为内在因素，在两种因素的共同作用下，幼儿接受优质学前教育的机会和代价便不再均等。此外，通过对已有文献的评述和社会现象的解读，认为园际差异是造成县级区域学前教育机会不均等的直接原因。因此，本书选取一座东部沿海发达城市经济技术开发区作为研究区域，对区内六所幼儿园进行深入的案例分析，从学前教育供给主体和需求客体两个视角，量化分析与主观评价两个标准，财政经费投入、硬件设施、软件服务、家长满意度四个维度，全面细致地揭示园际差异状况及其产生原因，在此基础上对园际差异背景下区内学前教育机会公平性进行实证分析。

1. 研究结论

对园际差异现状的调查分析表明，虽然所调研的开发区自 2009 年以来特别重视区内学前教育快速、均衡发展，但园际差异问题仍较为突出。第一，财政投入方面，政府对民办园在生均经费和开办资金等方面的扶持并没有完全遵循对公办园和民办园一视同仁的原则，政策实施过程中不合理之处进一步加剧了两种性质幼儿园间的经费投入差距。第二，硬件设施方面，由于开发区公办园的基础设施实行政府统一招标采购，三所公办园之间在硬件方面没有明显的差异，而且在园所场地、绿化面积、办公环境、卫生条件等方面均明显优于民办园。第三，软件方面，三所公办园在幼教学历与职称两方面的优劣顺序与其开办时间的长短相对应，在园长及教职工的个人能力、工作态度、专业水平等方面均优于民办园，而且民办园之间的软件差异较公办园间的差异更为显著。第四，家长满意度方面，公办园除了在办园特色方面的满意度得分低于民办园中的 D园之外，其他得分均高于民办园，此外，公办园在"总体满意度"上的得分均高于"服务满意度"，而民办园的调查结果则与之相反。通过进一步的显著性检验发现，三所民办园在硬件和软件两个层面上的满意度得分均存在显著差异，但公办园间均不显著。财政投入体制和教育管理体制等外部政策因素是造成不同性质幼儿园间差异巨大的根本因素，而办园理念和师资情况等内部发展因素则是导致相同性质幼儿园间存在差距的根本因素。

对不同阶层幼儿学前教育机会均等性的实证分析表明：第一，在杭州经济技术开发区这种以外来流动人口为主且相对发达的县级区域，户籍情况与家庭背景呈显著相关关系，故利于本地户籍生的招生政策本质上就是利于优势阶层子女，这种招生政策人为地造成了严重的学前教育机会不均等；第二，在排除户籍制度影响的情况下，对不同质量民办园的入园机会差异做进一步分析发现，"父亲最高学历"、"母亲最高学历"、"母亲职业"和"家庭年收入"四个等级因素与进入优质民办园机会之间存在显著的正相关性。综合以上两点说明，不管有无外部倾斜性政策的影响，优质教育资源总是更多地被优势阶层子女占用。对研究结果进行深层分析发现：外部政策因素是不同阶层子女进入不同性质幼儿园机会差异的根本性因素，家庭背景因素则是不同阶层子女进入相同性质幼儿园机会差异的根本性因素。如果将生源看作幼儿园人力资本投入的要素之一，那么园际差异和学前教育机会不公平的程度就会更大，最终形成恶性循环。

2. 推进幼儿教育公平性举措

推进县级区域学前教育事业均衡发展，实现学前教育机会公平，是我国面临的一项长期而艰巨的任务。推进幼儿教育公平性，需要坚持一定原则，采取合适方式。

首先，财政投入遵循"弱势补偿"原则。园际差异和幼儿家庭背景差距是产生学前教育不公平的两大客观条件，只有尽量缩小园际差异及降低家庭背景对幼儿接受学前教育机会的影响程度，才能最大限度地保证学前教育公平性的实现。财政投入是政府在学前教育领域的主要职责，也是其推进学前教育均衡发展，实现教育资源合理配置的主要手段。因此，要消除或降低两个客观条件对学前教育公平性的影响，政府的财政投入必须遵循"弱势补偿"原则：一方面，要更加重视对薄弱学校和民办学前教育力量的扶持，可以不"削峰"，但一定要"填谷"，努力平衡不同性质幼儿园间的办园水平，加大优质教育资源的供给总量，扩大优质学前教育机会的可选择性；另一方面，要加大对弱势群体子女的入园补助，并逐步取消"住户一致"等本身具有不公平倾向的公办园入读条件限制，可以尝试采用"教育券"的方式提高幼儿家庭对幼儿园的自主选择权。

其次，推进学前教育管理体制的转变。学前教育管理体制不合理是造成本区公办园特色不明显、民办园发展质量参差不齐的重要原因之一。为此，需要加快转变和完善学前教育管理体制。一方面，为了体现社会的公平与正义，保证每个孩子的健康发展和成长，政府应对市场提供的学前教育产品和服务设置一个最低标准或者准入条件，同时也要定期对其收费标准进行审核，以提升和保证民办园的学前教育供给质量与收费水平相一致；另一方面，照看服务、教养服务和个性服务是当前学前教育总需求的三个不同层次，在不同的社会需求和不同的供给成本条件下，只有按照"不同需求、差异供给"的思路，才能保证学前教育供给效益的最大化和供给的可持续性，所以政府应该在制定最低标准的基础上，给予幼儿园在课程特色、服务时间、装修设计等方面更大的自主权，鼓励幼儿园提供基于需求的教育服务。此外，依据区内幼儿园发展现状，应该将软件投入和硬件投入分别作为对公办园和民办园财政投入的重点方面，加快实现不同编制幼儿教师同工同酬，并不断完善编制人员的进入与退出机制。

最后，重视优质师资的引进与培养。优质师资的合理配置是学前教育优质均衡发展的基本内容，但师资队伍配置不均衡、流动性大已成为影响学前教育优质均衡发展的重大阻碍。因此，政府应建立实施公办园之间以及公办园与民办园之间的教师、园长交流制度，加强制度和行政干预，引导优秀幼儿教师及管理人员在不同发展水平幼儿园间的合理流动。同时，应加大对教师招聘、教师培训、教师管理等环节的指导和监督力度，为幼儿园教师发展创设良好的制度环境。此外，还应提升幼儿园管理者的能力素质，强化内部管理和人本管理理念，建立规范化、科学化的管理体制，通过积极加强教师文化建设，提升教师工作积极性和归属感，为教师发展创设良好的管理和文化环境，避免教师的无序流动和不合理流失。

第五章 高中教育优质资源分配公平性

一 问题背景

2019 年我国高中阶段教育毛入学率为 89.5%，比 2012 年提高 4.5 个百分点。共有在校学生 3994.90 万人，比 2018 年增加 60.23 万人。其中普通高中人数为 2414.31 万人，比上年增加 38.93 万人，增长 1.64%。全国普通高中 1.40 万所，比上年增加 227 所。招生规模也有所增加，招生 839.49 万人，比 2018 年增加 46.79 万人，增长 5.90%。普通高中已经逐步从量的扩张转变为质的提升。从教师质量来看：普通高中教职工 283.37 万人，比上年增加 9.11 万人；专任教师 185.92 万人，比上年增加 4.70 万人，生师比为 14.95∶1，相比 2012 年有很大改善。从办学条件来看，2013 年普通高中共有校舍建筑面积比上年增长 2582.51 万平方米，达到 56788.56 万平方米。普通高中设施设备配备达标的学校比例也有所好转：体育运动场（馆）面积达标学校比例为 91.62%，体育器械配备达标学校比例为 94.20%，理科实验仪器为 93.84%、美术器械为 93.31%、音乐器械配备为 93.20%。① 从财政经费投入来看，高中教育经费连年增长，从 2010 年的 1071.78 亿元增长到 2019 年的 7730 亿元，年均增长率为 24.55%，生均教育经费平均增长率则达到 15.74%。

党的十九大报告提出，推动产业结构优化升级，走高质量发展之路，这是关系国民经济全局紧迫而重大的战略任务。人力资本具有外部性，能够有效降低产品的生产成本，提高研发部门的效率，从而使发展中国家不断进入更高级的产业，实现经济增长和产业结构的升级。"十二五"规划提出，我国将在未来 5 年内从人力资源大国转变为人力资源强国，而劳动生产率与教育质量具有正相关关系，提高新增劳动力平均受教育

---

① 资料来源于《2019 年全国教育事业发展统计公报》。

年限，提升教育质量是提高劳动生产率、转变经济发展方式，实现转型升级的有效方式。普及高中阶段教育，进而提高高等教育的质量，对为社会输入源源不断的人力资源具有重大的作用。

高中阶段是学生个性形成、自主发展的关键时期，对提高国民素质和培养创新人才具有特殊意义。高中教育作为连接基础教育和高等教育的关键环节，在整个教育系统运行中都有着重大影响。高中教育发展经历了一个从精英到大众再到普及的过程。高中教育自1802年在法国诞生，最初都是实施精英教育。其课程设置定位为学术性，为学生进入高等教育所必需的最低水平知识、思维方式和技能等提供准备。此时的高中教育主要是面对统治阶层、贵族阶级的。第二次世界大战以后，许多国家相继进入高中扩大和普及阶段，基础性和普及化成为高中教育的重要特性。

我国的高中教育也是逐渐由精英体系向全民教育方向发展的。自1993年发布《中国教育改革和发展纲要》，我国就开始逐步规划推行高中阶段教育的普及工作。党的十六大确立全面建设小康社会的宏伟目标，并明确指出基本普及高中阶段教育，形成学习型社会，促进人的全面发展，并提出实现共同富裕的重要标准和内容。《国家中长期教育改革和发展规划纲要（2010—2020年）》提出应加快普及高中阶段教育，2015年毛入学率达到87%，而到2020年，满足初中毕业生接受高中阶段教育需求，毛入学率已经达到90%。新增劳动力平均受教育年限从12.4年提高到13.5年；主要劳动年龄人口平均受教育年限从9.5年提高到11.2年，其中受过高等教育的比例达到20%，具有高等教育文化程度的人数比2009年翻一番。截至2021年我国高中阶段教育毛入学率约为91.4%，超过了2020年达到90%以上的规划目标。

随着我国经济社会的发展，人们对高中教育的要求已经不再局限于普及化，而是追求更优质的教育资源，"择校热"现象背后就反映了人们教育消费的能力、对优质教育需求的增强与我国优质教育投入不足、分配不均的矛盾。优质教育区别于普通教育，它是教育要素综合优化的高质量、高效率、高效益的教育。为了满足广大人民对优质教育的需求，优质教育成为了现代教育发展的共同价值取向。它是一种以教育品质为根本、以内涵发展为主题、以人人终身享受优质教育为目标、以追求教育质量最优化和教育效果最大化为标志，着眼于提升学习者的学习品质、生活质量和生命质量，以及有效地促进教育与人的持续发展的一种现代教育理念与模式体系（李季，2004）。1994 年国家提出"全国重点建设 1000 所左右实验性、示范性的高中"，许多"重点高中"也开始扩大招生规模。但是优先发展重点高中的过程中，其与普通学校之间的差距日益增大，优质教育发展不均衡问题日益凸显。以 2008 年为例，全国有初中毕业生 1867.95 万人，该年普通高中共招生 837.01 万人，普通高中的入学率为 44.81%；同年，全国有普通高中毕业生 836.06 万人，普通高等教育本专科共招生 607.66 万人，高等教育入学率为 72.68%。[①] 每年中考前后，重点高中招生是学生家长乃至全社会关心的热门话题，重点高中因其优质的教育质量吸引优秀人才，门庭若市，相比之下，一些薄弱高中却无人问津，办学举步维艰。由此引发的生源、教学质量、学校声誉循环机制使得校际差异愈加明显。此外，普通高中教育资源的不足，致使高中出现择校和高收费现象，引发社会的强烈不满。高中教育公平因此成为教育公平的瓶颈。随着普通高中的普及，教育公平的焦点逐渐从起点公平转向教育过程公平和结果公平，现代教育公平需要优质教育质量、优质教学作为保障。玛丽·乔伊·皮戈齐（2005）关于入学始终应该优先于教育质量的看法并非最为恰当。优质教育系统中的学习者，从中得到的明显多于被置于资源相对匮乏的一般教育系统中的学习者，教育系统提供的服务是极其重要的，使每个人有受教育权的承诺必须以促进优质教育为前提。

我国高中教育在历经了 1985 年《中共中央关于教育体制改革的决定》的颁布实施后，被逐步分流为普通高中学校和职业高中学校。1995 年全国普通高中教育工作会议又将高中分为升学预备教育、侧重就业预备教育高中、综合高中和特色高中等四种办学模式。至此，我国的普通高中教育在办学、培养模式及办学体制等层面已逐步形成了多样化格局，但在水平和质量方面仍未达到理想境界，普通高中人才培养还存在教育教学方式单一、学校缺乏活力和特色、应试倾向严重等亟须解决的问题，无法满足社会和学生的多样化需求。为此，《国家中长期教育改革和发展

[①]　数据来自《2008 年全国教育事业发展统计公报》。

规划纲要（2010—2020 年)》提出，要在 2020 年普及高中阶段教育，推进培养模式多样化，满足不同潜质学生的个性发展需求，改变普通高中千校一面、同质化等问题。2012 年 7 月，教育部发布了《关于推动普通高中多样化发展的若干意见》，将普通高中多样化发展推至我国教育创新最活跃的领域。

二　调研地区介绍和调研方法

1. 调研地区介绍

浙江省以其弯流曲折的钱塘江而得名，素有"鱼米之乡""丝绸之府"之称，其教育随历代文化的发展而积淀，故有教育强省之名。近年来，浙江省的教育改革与发展，与经济社会发展一样充满生机和活力。高等教育突破重大瓶颈，实现了大众化，高中阶段教育普及水平超过江苏，民办教育发展快速，学校自主面对市场，新的改革举措频频出现。2010 年浙江首次提出将鼓励各地创造条件，进一步减小择校生招生比例，降低高中择校收费标准，同时在绍兴开展取消择校费的试点工作。至 2014 年，绍兴、宁波、杭州等地相继取消公办普通高中择校费，"三限"政策全面停止。此外，2014 年 4 月浙江"省普通高中特色示范学校"取代"省重点中学"的评选、2014 年 9 月浙江省作为高考教育改革试点省公布的高考改革方案将素质教育推向了又一个新的历史阶段。这是进一步扩大优质教育供给，促进教育多样化、特色化发展的又一新举措。然而取消择校费后，其教育供给短缺、教育资源配置不均衡的根源是否能够得到根本性解决，示范高中的建设是否能够扩大优质教育资源的辐射范围，提高优质教育覆盖率，我们不得而知。所以本书通过对杭州市主城区 9 所不同层次的普通高中教育资源配置情况进行详细调查和对比分析，找到杭州高中校际差异所在，以及产生差异的根本原因，为教育资源配置不均衡寻找突破口。

2. 调研方法

本书以杭州市普通高中为研究对象，通过对杭州市教育局高中教育处、若干位高中教师以及学生与家长的访谈，定性了解杭州市高中教育服务提供的整体情况、样本学校的具体情况及存在的问题，并选择杭州市主城区 4 所省一级重点高中、3 所省二级重点高中与 2 所省三级重点高中 150 位教师、200 位学生家长、250 位学生作为调查研究对象，定量分析杭州市普通高中教育服务提供的校际差异，利用文献分析法、访谈法等方法评估其显著差异，并对教育服务提供校际差异进行具体分析，进而为高中教育均衡发展提供可借鉴依据。在样本选择上，本书采用随机抽样的方式，一共发放了 625 份问卷，样本分布于杭州市主城区 4 所省一级重点高中、3 所省二级重点高中与 2 所省三级重点高中 155 位教师、220 位学生家长、250 位学生，回收有效问卷600 份，其中 150 份教师问卷、200 份家长问卷、250 份学生问卷。具体样本分布见表 5 - 1。

表 5 - 1　调查问卷样本分布

单位：份

学校/对象	教师	家长	学生
杭州第二中学	18	23	28
杭州高级中学	19	24	28
杭州第四中学下沙校区	15	22	27
杭州师范大学附属中学	17	21	26
杭州市源清中学	18	22	28
杭州第七中学	15	23	29
杭州市西湖高级中学	16	23	28
杭州市夏衍中学	17	20	27
杭州市长征中学	15	22	29

三　调研地区高中教育服务提供现状

1. 杭州市高中教育发展总体情况

至 2013 年末，杭州普通高中共 70 所，在校学生 11.57 万人，专任老师 9069 人。由于国家大力发展职业教育，杭州市普通高中数量逐年减少，从 2010 年的 75 所减少到 2013 年的 70 所，在校人数由 11.81 万人降至 11.57 万人。普通高中的规模虽然一直在缩小，但高中教育的质量与日俱增，2012 年专任教师人数同比增长 2.14%，至 2013 年杭州市共有专任教师 9069 名，优质高中覆盖率高达 82.7%。[①]

目前我国的教育管理体制已形成义务教育由区级管理、高中教育由市级管理、高等教育由省级管理的基本格局。杭州高中教育主要由杭州市教育局进行统一管理。近几年，杭州市高中教育主要呈现以下两大特征。

第一，杭州市高中教育逐渐从规模的扩张转变为教育质量的提升。从普通高中数量变化中我们可以发现，如图 5-1 所示，1997~2012 年，普通高中的数量经历了先增后减的动态发展过程。1997~2001 年，普通高中增加了 18.84%，由 69 所增加到 82 所。2002~2007 年数量保持基本平稳，但从 2007 年后，普通高中逐年减少，至 2012 年已减少到 70 所。普通高中数量下降一方面与国家大力倡导中等职业院校建设有关，2005 年教育部《关于加快发展中等职业教育的意见》中指出，近年来，我国高中阶段教育有了很大的发展，但是在发展过程中，出现了普通高中教育和中等职业教育发展"一条腿长、一条腿短"的不协调现象，另一方面则受杭州市整合高中资源，着力发展优质高中教育的政策导向所影响。在高中教育规模扩张停滞的同时，高中教育的质量在逐步提升。2011 年全市优质高中教育覆盖率已达到 82.7%，比 2004 年提高了 5.1 个百分点（见表 5-2）。

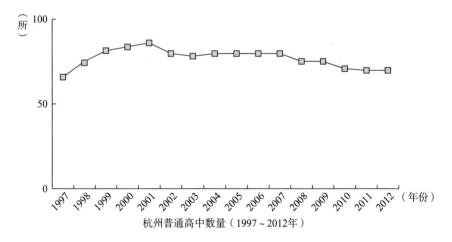

杭州普通高中数量（1997~2012年）

---

① 资料来源于《杭州统计年鉴（2013）》。

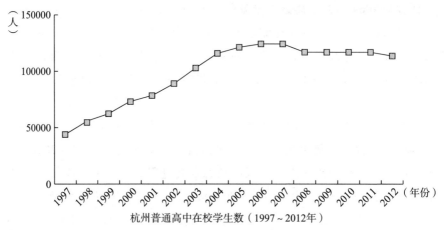

杭州普通高中在校学生数（1997～2012年）

图 5 - 1　1997～2012 年杭州市普通高中数量及在校学生数

资料来源：1998～2013 年《杭州统计年鉴》。

表 5 - 2　2004～2011 年杭州市优质高中教育覆盖率

单位：%

项目	2004 年	2005 年	2006 年	2007 年	2008 年	2009 年	2010 年	2011 年
优质高中教育覆盖率	77.6	77.3	76.9	77.1	76.6	78.5	81.2	82.7

资料来源：作者调查整理。

　　第二，为了提升素质教育质量，普通高中课程设置凸显特色化、多样化。由 2014 年浙江省高考改革文理不分科的目标导向及"省普通高中特色示范学校"的建设评价体系保驾护航，以全面提高学生基本素质为根本目标的素质教育再掀千层浪，各校纷纷开发特色选修课，采用走班的模式开设各类特色选修课。目前，杭州第二中学、杭州高级中学、杭州师范大学附属中学、杭州第十四中学以其综合实力及优质的特色选修课被评为省一级普通高中特色示范学校，杭州市西湖高级中学、杭州第七中学、杭州市长征中学则被评为省二级普通高中特色示范学校，其中杭州市长征中学为原浙江省三级重点高中。此外，学校的教育理念也有了重大进步，以人为本、注重学生个性化发展的教育理念正在学生、教师、学校间蔓延加强。高中教育的发展与教育服务有着密不可分的关系。

　　2. 杭州市高中教育服务提供现状

　　近几年，杭州市公共教育服务更注重服务质量的提升，高中更注重提供优质的教育服务，并且倡导个体都受到相同质量的公共服务，高中教育资源更加均衡。这两大特点主要体现在高中教育硬件服务与软件服务上。

首先考察高中教育硬件服务。从高中教育硬件服务来看，普通高中办学条件明显改善，普通中学生均校舍面积由 2003 年的 10.25 平方米逐年提高到 2008 年的 16.48 平方米。除此之外，学校的危房改造、教学器材的完善、体育活动场所的改善、校园网建设、教职工办公条件的改善和电化教育的普及，都体现了高中教育硬件服务质量的提升。尤其是教育教学环节中信息化程度的加深、因时代发展而日益渗透的科技手段，使学生学习和教师授课更加方便、快捷。[①] 表 5-3 反映了 2003~2008 年杭州市普通中学的生均拥有校舍面积。

表 5-3　2003~2008 年杭州市普通中学的生均拥有校舍面积

单位：平方米

项目	2003 年	2004 年	2005 年	2006 年	2007 年	2008 年
生均拥有校舍面积	10.25	13.23	14.43	15.69	14.47	16.48

资料来源：作者调查整理。

其次考察高中教育软件服务。

第一，课程设置。课程是办学育人的载体，它是教育的核心。长期以来，我国教育课程被刻上应试教育的烙印，学科课程长期处于绝对主导地位导致课程结构失衡，而《国家中长期教育改革和发展规划纲要(2010—2020 年)》提出的把促进人的全面发展、适应社会需要作为衡量教育的根本标准无疑打破了人们对教育课程的传统观念。在促进人的全面发展的要求下，高中教育多样化发展如火如荼地展开，特色高中建设蔚然成风。而特色高中的建设，实际上是依托课程改革来突破的，所以其核心是发展特色课程。黄晓玲（2015）认为特色课程是从具有特色的课程体系发展形成的课程文化，它融合了学校独有的办学理念，并带动其他课程，逐步形成科学的课程体系和实施环境，进而塑造成学校的特色课程文化。特色课程的形成可以由不同学校类型、特殊的生源所决定，也可由学校学科优势、独有资源所决定。石鸥（2012）也认为特色课程是在本校的办学理念下形成的，但他认为特色课程通常以地域和学校资

---

① 信息来源于对各校老师、学生的微访问。

源作为依托，需要经过长期的课程实践形成独特整体风格的课程、课程实施或者课程方案。特色课程具有独特性、优质性、选择性、多样性、稳定性和动态性相结合的特征（石鸥，2012）。袁再旺（2012）强调特色课程应具备教育性、科学性、发展性，能够有效融合进学校课程体系中，并能通过进一步实施成为精品课程。特色课程应在思想性、规范性、目标性、实效性、发展性以及社会性上形成独有的优势。

浙江省采用以评促建的方式，在教育部鼓励普通高中特色办学、探索区域高中多样化发展的政策精神下，于2011年颁布了《浙江省普通高中特色示范学校建设标准（试行）》，该文件以创建特色课程为主要内容，并拟定评估省普通高中特色示范学校标准，特色示范高中评比就此展开。2014年4月，浙江省教育厅公布了首批32所省一级特色示范普通高中名单，示范高中有公办的也有民办的，有传统名校也有过去默默无闻的学校。这些学校都走在全省深化课程改革的前列，坚持内涵发展之路，积极探索，勇于改革。其中，杭州市主城区的学校有杭州外国语学校、杭州高级中学、杭州第二中学、杭州第十四中学、杭州师范大学附属中学、杭州第七中学、杭州绿城育华学校，其中杭州绿城育华学校为民办学校。

然而，通过对样本学生的微访谈也了解到，由于课程改革和特色示范学校建设评估，高中课程有所改变，特色选修课有所增加，但其缺乏系统的学习成果考察标准、专业的教师教授课程，学生对特色选修课的态度较为随意。特色课程多流于形式，且大部分学校特色选修课只在高一年级开展，随着年级升高，特色课程内容逐渐减少。特色选修课非但没有帮助学生培养对应试学科以外内容的兴趣、促进学生全面发展，反而在传统固定的高考制度下，加重了学生的课业负担，增加了学习压力。

第二，师资力量。教师是实施优质教育最根本、最关键的环节，是推进课程改革的直接动力，教师专业发展是推行素质教育的保证，优质教育有赖于教师专业化的发展。美国在《国家为培养21世纪教师做准备》的报告中指出，美国的成功取决于教育高质量，而取得教育高质量的关键在于建立一支高素质、高水准的师资队伍。

学校高质量教育服务的形成，有多种因素，其中关键因素有三个，即学校现代化管理水平、教师队伍素质、教学过程优化程度。教师是实施优质教育最根本、最关键的环节。1997～2011年，杭州市专任教师以平均每年6.92%的速度增长，2005年前一直以10%以上的幅度增长，近几年增幅有所回落，稳定在1%左右。2013年，杭州市普通高中共有9069名专任教师，这些专任老师中达到规定学历的比例高达99.04%，比2003年的90.97%增加了8.07个百分比，专任老师在学历上有了巨大的提升。师生比也有所缓解，每位教师负担学生的数量由2003年的13.81名，降到2010年的11.61名（见图5-2），虽然与美国等国家1：6～1：10的师生比尚且有些距离，但随着时间的推移，正在逐步接近中。

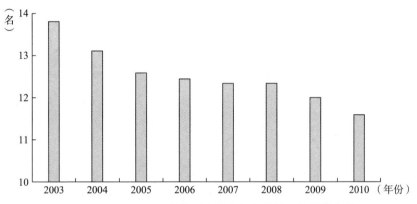

图5-2　2003～2010年杭州市高中每名教职工负担学生数

资料来源：2004～2011年《杭州统计年鉴》。

同时，杭州市也非常注重对优质教师的选拔和培养，2003年首次开展考核确认享受教授级待遇的中高级教师，最终9人获评，截至2012年，杭州市中学有879名教师拥有高级职称。2014年浙江省第十一批特级教师推荐人选58名。杭州市教育局也非常注重教师的交流互助、城乡教育资源的均衡发展。2005年直属学校教职工全面实行人事聘用合同制，教师资格认定面向社会人员全面开展。组织骨干校长进行异地培训，举办首届6城市中学校长论坛。健全开放式教师培训体系，建立教师继续教育电子登记制度，开发教师培训远程网络资源，组织特级教师赴澳大利亚、新西兰考察，组织下乡支教活动，开展第九届青年教师基本技能竞赛，启动全市新一轮农村教师全员培训。杭州市加快城乡基础教育均衡发展步伐，大力推进城乡基础教育均衡发展的杭州模式——城乡学校结对互助共同体。

第三，校园文化。校园文化是一种独特的教育资源，它在学校多年的历史积淀、过滤、升华和淬炼下逐渐形成，它一旦形成，便形成一股强大的精神力量，以示范、熏陶、暗示、启迪等方式帮助学生建立积极向上的人生观、价值观，形成良师益友型的师生关系，进而培养出卓越的人才。它具有任何一种教育形式无法代替的功能。它是一种稀缺的资源，具有长期路径依赖性。

自1986年沈辉首次发表关于校园文化的论文《校园文化浅析》《校园文化的特征、功能与建设》两篇文章之后，学界对校园文化的兴趣逐渐升温，同时，校园文化建设也在各校开展实施。对校园文化的研究多从校园文化内涵、特点、作用、现状、问题与对策等方面进行，不断丰富其理论框架。对校园文化内涵的理解，各有侧重点：有把校园文化理解为社会文化通过学校来反映和传播的文化现象；有把校园文化看作除了科研、教学以外的一切活动；也有认为校园文化是以学生为核心，以具有校园特色的行为方式及社团、讲座等文化设施和活动为表征的精神环境。但目前，很多对校园文化的研究都是针对高校的校园文化，对中小学校园文化的研究较少。本书所指的高中校园文化是广义的校园文化，即经过长期历史沉淀形成的，校内师生共同创造、共享的校园文化氛围与精神环境。它包括学校的历史文化、人文精神和办学理念。

办学理念和校友文化是校园文化的重要体现，尤其是办学理念，它是一所学校的灵魂所在，体现着学校的基本思想和核心价值观，它指引着学校教育行为、学校建设的根本方向。周德义（2014）认为，办学理念应从学校整体发展出发，随着社会动态变化，为学校文化建设指明方向。杜云英、谷信茹（2007）指出办学理念的缺失是我国中小学办学的普遍现象，办学理念的缺失主要体现在没有明确的办学理念，或者只是隐性存在，没有明文提出，又或者是把办学思想、办学目标当成了办学理念，同时，办学理念的缺失也表现为存在办学理念，但大多是口号式、名不副实、执行不力的办学理念。本书以此为角度审视杭州市普通高中提出的办学理念，发现在笔者调查的九所杭州市普通高中里，除了杭州第二中学以外，普遍存在办学理念缺失的现象。例如杭州高级中学、杭州师范大学附属中学提出的"科学与人文并重、规范与个性共存"的办学理念，属于口号式的办学理念，这并不是针对本校的具体情况所提出的。杭州第四中学下沙校区、杭州市西湖高级中学、杭州市夏衍中学只提到办学思想、办学宗旨，并未明确提出办学理念，而杭州市源清中学、杭州第七中学、杭州市长征中学尚未有办学理念。

　　然而，笔者从教育局了解到的情况与实地调研和发放调查问卷得到的结果有所出入。笔者对杭州市主城区 9 所普通高中，150 位教师、250 名学生的调查询问中，95.6% 的教师及 96.9% 的学生认为重点高中和非重点高中的校际差异非常大，同时，不同级重点高中之间的校际差异也非常大，即使同级重点高中之间，差异也很明显（见图 5 - 3）。在访问中，也有很多学生认为同级之间位于前列与位于后列的重点高中差距也非常大。例如同为省一级重点高中的杭州第二中学、杭州高级中学与杭州师范大学附属中学、杭州市长河高级中学的校际差异就很大。

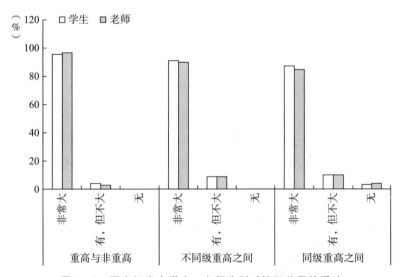

图 5 - 3　调查问卷中学生、老师分别对校际差异的看法

四　高中教育资源校际公平性评估

1. 总体差异

　　本书对高中教育服务校际差异的调查主要是对杭州市除萧山、余杭外的主城区九所普通高中进行调查。杭州市除萧山、余杭外的主城区招生的普通高中有 28 所，其中市教育局直属公办普通高中 15 所，属省一级重点高中9所，分别是杭州高级中学、杭州第二中学、杭州第四中学下沙校区、杭州师范大学附属中学、杭州第十四中学风起校区、浙江大学附属中学、杭州学军中学、杭州市长河高级中学、杭州第十四中学康桥校区。省二级重点普高6所，分别是杭州第七中学、杭州第九中学、杭州第十一中学、杭州市源清中学、杭州第二中学东河校区、杭州第四中学。市教育局直管民办学校1所为省三级重点杭州绿城育华学校。各区属公办普通高中5所，其中杭州市西湖高级中学为省二级重点普通高中，杭州市长征中学、杭州市夏衍中学为省三级重点普通高中，杭州市艮山中学、杭州市保俶塔实验学校为省特色高中。其余7所为区管民办普通高中。2014年4月，浙江省教育厅公布了首批省一级普通高中特色示范学校（杭州地区共有6所学校），其中面向市区招生的有：杭州高级中学、杭州第二中学、杭州第七中学、杭州师范大学附属中学、杭州第十四中学、杭州绿城育华学校。

从各区学校分布来看，各个区学校数量分布均匀，除了滨江由于地理位置等因素学校数量只有2个以外，其他各区的普通高中数量差别不大（见图5-4）。除了滨江以外，各区各级省重点学校与非重点学校数量基本相同（见表5-4）。

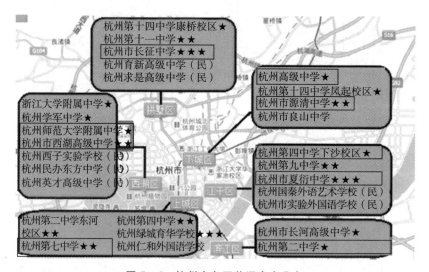

图5-4　杭州市各区普通高中分布

资料来源：作者整理。

表5－4　杭州市各区普通高中数量

单位：所

城区	学校数量	省一级重点	省二级重点	省三级重点	非重点
上城区	5	0	3	1	1
下城区	4	2	1	0	1
西湖区	7	3	1	0	3
拱墅区	5	1	1	1	2
江干区	5	1	1	1	2
滨江区	2	2			

资料来源：作者调查整理。

杭州市高中教育服务差异主要体现在重点高中与非重点高中之间、同一级重点高中之间、不同级重点高中之间的学校差异上。教育服务差异主要来自教育资源配置不均衡引起的教育服务质量的差异。教育资源配置的不均衡主要体现在人力资源、物力资源、财力资源以及保证人力、物力、财力资源发挥作用的政策、制度、环境等条件方面。人力资源是指包含在人体内的一种生产能力，是表现在劳动力身上的、以劳动者数量和质量表示的资源。根据笔者的调查研究，发现校际人力资源配置的不均衡主要体现在师资力量（包括校长）、生源等方面。物力资源差异则指校舍面积、教学实验设备、图书资料等基本办学条件方面的不同。财力资源则主要指以国家为主向教育提供的教育经费。主要涉及地方财政对普通高中教育的经费投入，普通高中教育事业费、基建费、公用经费以及学校经费来源渠道等方面。而保证人力、物力、财力资源发挥作用的政策、制度、环境的校际差异则更多地在国家政策倾斜、学校发展历史、文化积淀等方面产生差异。

2. 具体差异

本书对杭州市主城区9所普通高中（其中省一级重点高中4所——杭州第二中学、杭州高级中学、杭州第四中学下沙校区、杭州师范大学附属中学，省二级重点高中3所——杭州市源清中学、杭州第七中学、杭州市西湖高级中学，省三级重点高中2所——杭州市夏衍中学、杭州市长征中学）进行详细的调查研究分析，发现高中教育服务校际差异主要体现在以下几个方面。

首先，在师资力量方面。美国《国家为培养21世纪教师做准备》的报告曾指出："美国的成功取决于更高的教育质量——取得成功的关键是建立一支与此任务相适应的专业队伍，即一支经过良好教育的师资队伍。"这份报告着重阐述的是"经过良好教育的师资队伍"和"更高的教育质量"之间的关系。叶澜（2012）教授曾经说过："没有教师生命质量的提升，就很难有高质量的教育；没有教师精神的解放，就很难有学生精神的解放；没有教师的主动发展，就很难有学生的主动发展；没有教师的教育创造，就很难有学生的创造精神。"应该说，叶教授的这番话指出，教师的专业发展对学生的影响非常大。教师专业发展是指"教师在整个专业生涯中，通过终身专业训练，获得专业知识技能，实施专业自主，表现专业道德，并逐步提高自身从教素质，成为一个良好的教育专业工作者的成长过程"。

在对杭州市主城区9所普通高中的150位教师、250名学生、200位家长问卷调查中发现，普遍认为师资力量是所有因素中校际差异最大的（见表5-5）。此外，笔者还对9所学校就教师人数、生师比、高级教师占比、教师中研究生学历人数四维指标进行调查，结果如表5-6所示。

表5-5 校际差异最主要因素调查

单位：人

对象	历史文化	办学理念、管理方法	师资力量	校园学风	办学条件
学生	25	35	93	46	51
家长	15	24	83	38	40
教师	13	17	54	23	43

资料来源：作者调查整理。

表5-6 样本高中师资力量调查

学校等级	学校	教师人数（人）	生师比	高级教师占比	教师中研究生学历人数（人）
省一级重点高中	杭州第二中学	200	10:1	46.23%	10（1）
	杭州高级中学	175	10.3:1	40%	0
	杭州第四中学下沙校区	196	10.2:1	60.00%	45
	杭州师范大学附属中学	230	9.6:1	43.48%	0

学校等级	学校	教师人数（人）	生师比	高级教师占比	教师中研究生学历人数（人）
省二级重点高中	杭州市源清中学	148	12.2∶1	34%	10
	杭州第七中学	192	10∶1	37.50%	0
	杭州市西湖高级中学	100	10∶1	38%	17
省三级重点高中	杭州市夏衍中学	97	10.4∶1	32%	2
	杭州市长征中学	121	13∶1	34.71%	0

资料来源：作者调查整理。

从表 5-6 中我们可以发现，省各级重点高中间在生师比方面差距不大，除了杭州市源清中学和杭州市长征中学的生师比较大以外，其他 7 所学校生师比大致在 10∶1 左右。然而高级教师占比和研究生学历人数这两个指标，省一级重点高中与省二、三级重点高中相差较大。对于高级教师占比，省一级重点高中比省二、三级重点高中平均高出 10 余个百分点。就研究生学历人数平均值而言，省一级重点几乎是省三级重点的很多倍，此外，同级重点高中间校际差异巨大。杭州第二中学有 10 位硕士研究生学历，1 位博士学历，但杭州师范大学附属中学没有研究生学历教师。

其次，在人文环境方面。古人云："逢生麻中，不扶而直；白沙在涅，与之俱黑。""近朱者赤，近墨者黑。"可见环境对人具有十分重大的影响。过去，学校文化建设始终停留在表层的物质文化建设，受"文化工程"思维定式的困扰，校园文化建设基本上仅是文化环境的建造及文化活动的展示。然而，校园精神文化的营造，绝不能仅仅停留在表面，而应形成独有的办学理念，并将办学理念贯穿于办学的全过程，包括教学活动、教学管理等，使学校的老师、学生都具有积极向上的人生观、价值观，具有人文素养和人文精神，从而培育出全方位发展的卓越人才。人文环境的优劣很难以具体的指标进行衡量，但从学校发展历史来看，校友文化则是它的外在表现。校友文化是指一所学校在长期育人过程中形成的母校和校友、校友和校友之间的价值取向、情感维系、沟通网络、合作交流、服务回馈的精神现象。同时，校友文化是一种以学缘关系为基础的共同体文化，母校和校友各自拥有的资源结构为他们之间进行价值交换提供了潜在可能，而校友这一群体资格则是这种潜在可能向现实转变的中介力量。优良的校友文化是学校长期路径依赖的资源，具有不可替代性，校友不仅仅为学校带来物质的资源，同时也为学生树立了榜样，极大地发挥了榜样作用。一个学校的建校历史、校友文化对学校优良校园文化的形成具有重要的作用。

通过对九所重点高中的调查研究发现（见表 5-5），各级重点学校人文环境参差不齐。调研的 4 所省一级高中，综合排名前三位的学校——杭州第二中学、杭州高级中学、杭州第四中学下沙校区皆具百年建校历史，知名校友中既有郁达夫、陆蠡、徐志摩、丰子恺、柔石、金庸等著名人物，又有当代的院士、享受国务院政府特殊津贴的杰出专家。杭州第二中学校友中有 14 位院士，享受国务院政府特殊津贴的各类专家 60 余人，杭州高级中学拥有 38 位中外院士、学部委员的校友阵容，全国罕见。然而，同为省一级重点高中的浙江师范大学附属中学建校（1969 年）时间既不及百年，知名校友也寥寥无几。这与省二、三级重点高中的情况类似。省二、三级重点高中除了杭州第七中学以外，都不具备优良的历史文化背景和优质的校友资源。杭州市源清中学 1998 年才成立，夏衍中学则 2001 年通过了浙江省 A 级普通高（完）中督导评估，而杭州第七中学是浙江省最早建立的中学之一，曾经培育了茅盾、范文澜、何之泰、华君武、柯召、冯亦代等众多知名学者，但其现代知名校友比较少，无法发挥校友资源优势。

3. 差异显著度分析

经过文献对比，结合当下我国高中教育发展情况、其他各省普通高中实际情况，以及通过对杭州市教育局高中教育处人员的访谈，杭州市主城区 9 所普通高中 150 位教师、200 位家长及 250 名学生问卷发放结果的综合评估，认为高中教育服务校际最显著的差异体现在教师资源方面。更进一步地，在教师资源中，最主要的差异体现在知名教师、校长及其办学理念两大方面。

在教师素质方面。没有教师综合素质的提升，就很难有高质量的教育；没有教师精神的解放，就很难有学生精神的解放。高中阶段学生处于青春期，是人格、人生观、价值观形成的关键时期，而除了父母，教师是最容易对他们产生影响的人。教师的个人思想、见识、学识都潜移默化地感染着学生。优质学校的教师往往有更宽广的眼界、更渊博的学识、更上进的职业规划以及更先进的教育理念。校际教师综合素质方面的差异主要体现在教师受到的培训、教师本身的教育理念以及教师个人的职业规划等三个方面。

就学校对教师的培训而言，全市高中的教师培训情况没有完全开展起来，大多数学校也都没有切实可行的培训机制，但各级重点高中间差异依旧存在。在教师问卷调查部分，关于学校是否对教师进行培训以及培训的频率，省一级重点高中大部分教师都认为有定期培训，但频率不高，而省二、三级重点高中教师多数认为有不定期培训或者没有培训（见图 5 - 5）。

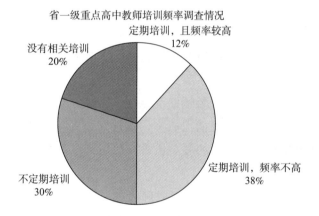

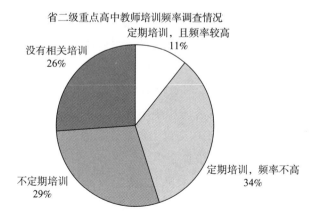

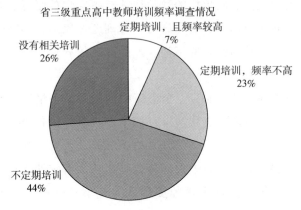

图 5 – 5　省各级高中教师培训频率调查情况

资料来源：作者调查整理。

就教师的职业规划、教学理念而言，从教师的职业规划中可以看出教师的工作状态，积极上进的工作状态可以帮助学生塑造乐观向上的人生观，而教学理念则更多地体现在与学生相处的关系方面。对于教师的职业规划，省一级重点高中老师更希望自己能够努力做好学科研究，争取成为专家型人才，也希望能在职称、荣誉方面更胜一筹。而省二、三级重点高中老师更注重基本的教学质量，他们更愿意教书育人，培养优秀的学生。

在知名教师方面。教育振兴，教师为本。学校教育质量的提升、品牌的铸就、优秀人才的培养，都仰仗一流的师资队伍。社会呼唤高质量的教育，高质量的教育呼唤名师，名师的重要性正在被越来越多的人认识，一流的名师，才能支撑一流的学校、一流的教育。无论是对教师的调研还是国内学者的文献研究，结果都表明学校之间的竞争就是教师队伍的竞争，世界各国教育水平的差距就是教师队伍水平的差距。"特级教师"是国家为了表彰特别优秀的中小学教师而特设的荣誉称号，是邓小平同志 1978 年在全国教育工作会议上倡议设立的，以鼓励广大中小学教师长期从事教育事业，进一步提高中小学教师的社会地位，表彰在中小学教育教学中有"特殊贡献的教师"。特级教师是师德的表率、育人的模范、教学的专家。而不同级省重点高中知名教师人数却有着天壤之别。2013 年及之前，杭州市高中特级教师几乎全部集中在省一级重点高中，9 所样本高中中一共 28 名特级教师，省一级重点高中杭州高级中学、杭州第二中学、杭州师范大学附属中学、杭州第四中学下沙校区包揽了所有名额，分别占了43%、32%、14%、11%，2014年情况有所改善，杭州新增特级教师中杭州市源清中学和杭州市长征中学各占一位（见图5-6、表5-7）。

表5-7　样本高中特级教师人数

单位：人

学校等级	学校	特级教师	2014年新增特级教师	教师中研究生学历人数
省一级重点高中	杭州第二中学	9	2	10（1）
	杭州高级中学	12	2	0
	杭州第四中学下沙校区	3	1	45
	杭州师范大学附属中学	4	1	0
省二级重点高中	杭州市源清中学	0	1	10
	杭州第七中学	0	0	0
	杭州市西湖高级中学	0	0	17
省三级重点高中	杭州市夏衍中学	0	0	2
	杭州市长征中学	0	1	0

资料来源：作者调查整理。

在校长能力方面。在服务型政府背景下，学校是政府提供公共教育服务、履行公共服务职能的主要载体。提供优质且满足人民需求的公共教育服务，是各级政府的责任。而政府要切实履行好这一职责，保障教育服务提供的有效落实，都需要通过学校来实现。政府公共教育服务主要通过学校提供给学生，学校具有中介、桥梁的作用。

学校是公共教育服务的直接提供者，它将政府给予的公共资源转化成专业的教育服务直接提供给学生和家长，与此同时，政府公共教育职能在学校办学过程中有所体现。学校对公共教育服务承担直接责任，政府对其承担最终责任，而其办学行为和行政行为都必须按照公共服务的理念来。人民对政府公共教育服务的满意度取决于学校直接提供的教育服务质量。政府通过制定政策、配置资源、加强监督等多种手段为学校的发展提供制度资源和物质资源以保障学校公共教育服务质量。

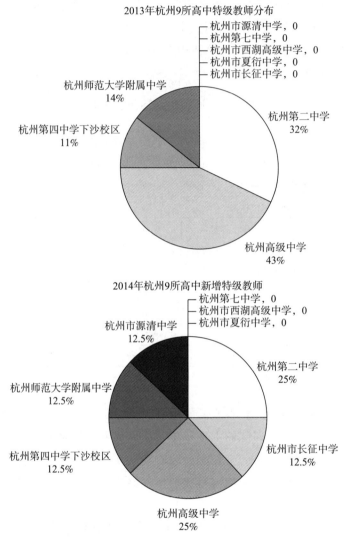

图 5-6　2013 年 9 所高中特级教师及 2014 年新增特级教师分布情况
资料来源：作者调查整理。

　　校长作为学校办学、提供公共教育服务的重要执行人，其工作能力与水平往往决定着一所学校办学水平的高低。政府颁布的公共教育服务政策和举措要通过学校作用服务于学生、家长，而如何将政策高效地落实到学校层面，深入校园各个地方、教育教学的各个环节，关键要靠校长。校长是学校提供公共教育服务、实现内涵发展的第一执行人和责任人。校长是否具有教育专业的能力、拥有先进的办学理念、具备相应的公共服务意识和能力，其所领导的学校、执行的工作能否把政府提供的公共资源转化为优质的公共教育产品，是公共教育服务能否保质保量实现的关键所在。在此意义上，在政府已经履行教育基本职责的前提下，公共教育服务质量由学校公共服务能力所决定。而学校公共服务的质量又由校长作为公共教育服务的执行人的公共服务能力决定。

　　从显性指标来看，我们可以从校长年龄、学历、职称、所获荣誉、为人特点等方面综合考量。在表5-8和表5-9中笔者列出了来自省一级重点、省二级重点及省三级重点共7所重点高中校长的显性指标。

表5-8　各高中校长情况

学校	校长	学位/学历	职称
杭州第二中学	叶翠微	硕士（澳大利亚堪培拉大学教育领导学）	
杭州高级中学	尚可	硕士（浙江大学数学系）	浙江省特级教师
杭州师范大学附属中学	任学宝	硕士	浙江省特级教师
杭州市源清中学	何东涛	硕士（浙江大学心理学）	浙江省特级教师
杭州第七中学	楼平	硕士（澳大利亚堪培拉大学教育领导学）	高级教师
杭州市西湖高级中学	王靖宇	学士	高级教师
杭州第十中学	朱孝敬	学士	高级教师

　　资料来源：作者调查整理。

表5-9　各高中校长成就情况

学校	校长	经历	所获重大荣誉	特色
杭州第二中学	叶翠微	曾任广西壮族自治区北海市教育委员会副主任、北海中学校长兼党总支书记	2006年被《中国教育报》评为"全国十大人气校长"	优秀行政管理者，推崇人性教育，即给学生以人性、给教师以自由、塑学校以品格
杭州高级中学	尚可	曾任浙江大学附属中学校长、杭州第二中学副校长	1. 市首届政府特殊津贴专家 2. 新世纪"131"中青年人才培养计划第一层次人选 3. 国务院政府特殊津贴专家	课程专家，擅长教学教研

续表

学校	校长	经历	所获重大荣誉	特色
杭州师范大学附属中学	任学宝	曾任杭州学军中学党总支书记、教学副校长	1. 浙江省第五届功勋教师 2. 中国教育学会化学教学专业委员会系统先进者	课程专家，擅长教学教研
杭州市源清中学	何东涛	曾任杭州第二中学副校长		教学专家，了解学生心理，善于教育心理学研究
杭州第七中学	楼平	兼任浙江省学校心理学学会会员，杭州市中小学德育工作委员会理事，教育部《教育信息化》理事会理事		教育先进工作者，受社会认可
杭州市西湖高级中学	王靖宇	曾先后担任过政教主任、团委书记、教科室主任、教务主任、校长助理等行政职务		辛勤园丁，专业的教学工作者
杭州第十中学	朱孝敬	曾任杭州第七中学分管教学副校长、杭州长河高级中学副校长		教育系统优秀工作者

资料来源：作者调查整理。

从表 5-9 中我们可以非常直观地看到省一级重点高中的校长综合能力要明显优于省二级和省三级重点高中的校长综合能力。校长学位学历的差距仅在省一、二级与三级之间比较大，省一、二级重点高中的校长均为硕士学位，而省三级重点高中校长则仅本科毕业。校长的职称也显示出了很大的差别，省一级重点高中杭州高级中学、杭州师范大学附属中学和省二级重点高中发展迅速的杭州市源清中学的校长被授予浙江省特级教师荣誉称号，其余的省二、三级重点高中校长职称均为高级教师。此外，显性指标中差异显著的便是校长所获重大荣誉。杭州第二中学校长叶翠微 2006 年被《中国教育报》评为"全国十大人气校长"，杭州高级中学校长尚可是杭州市首届政府特殊津贴专家、国务院政府特殊津贴专家，杭州师范大学附属中学校长任学宝被授予浙江省第五届功勋教师，这些荣誉都代表着教育事业最高奖项。而其余的省二、三级重点中学校长在这方面就略逊一筹。

此外，高中服务中有较大差异的还有校长的个人特色和办学理念。

例如，杭州第二中学校长叶翠微出身于教师家庭，毕业后一直担任行政工作，曾任广西壮族自治区北海市教育委员会副主任、北海中学校长兼党总支书记，2000～2014年，任浙江省杭州市第二中学校长。他是一位优秀的行政管理者，拥有先进的办学理念。叶翠微推崇"人性教育"，尊重学生的天性，为此，他在杭州第二中学给了学生充分的自由。他注重给教师以自由，他格外在乎的是，教师是否有效调动了学生的思维，是否使学生的认知状态、心智状态发生了真实的变化。他重视塑学校以品格，倡导学校应该有一种精神：民主、人道、创造。这样的办学理念也在该校学生的调查问卷中有体现，在回收杭州第二中学的28份学生问卷中，有13份认为在学校学习感到自由轻松，学习很愉快。

五　研究结论与启示

本节分别从政府和学校的角度，对减小教育服务校际差异，促进教育均衡发展提出建议。就政府而言，一方面运用治理的精神和理念变革公共教育服务机制，把部分权力交给学校，在政府监督下，由学校根据学生具体情况办学。另一方面，积极提供校际交流平台，促进学校间的经验学习借鉴，互促互进。就学校自身而言，应积极搭建教师培训平台，大力开发人力资源，同时从物质文化、制度文化、精神文化、校友文化四个方面建设校园文化，打造具有丰厚文化底蕴的特色名校。

1. 政府应运用治理的精神和理念变革公共教育服务体制

为了提高公共教育管理绩效，满足公共教育服务多样化的需求，政府应运用治理的精神和理念来变革公共教育服务体制，更少管理、更多治理已经成为世界各国公共教育服务体制改革的重要导向。而更少管理、更多治理意味着公共教育治理权力的多中心化、公共教育服务供给主体的多元化以及服务结构的多样化。更少管理、更多治理意味着更多地将权力下放给学校，在校长负责制下，给予学校更多的自由，发挥学校自主办学的优势，使得学校能够结合自身特色，在充分了解学生的前提下，创建特色校园文化，促进学生自由全面地发展。当然，公共教育治理权力的多中心化并不表示政府对公共教育责任的弱化。在委托代理模式下，政府接受公民的委托或授权，行使权力以保证公民利益的实现，政府应对公民负责。所以，政府应将满足人民群众优质公共教育服务、多样化公共教育需求作为一项基本职责，对各学校、教育机构、非政府组织加以规范和引导，增强教育质量监督、认证职能，最大限度地帮助学校发展，进而减小教育服务校际差异。

2. 发展共同体，实现区域联动

为促进校际协作，重点帮扶薄弱学校，促进教育均衡发展，应倡导学校共同体的发展，整合优质教育资源，实现其交流及共享，最大限度地减小公共教育服务的校际差异。各校发挥自身优势，在办学基础条件、管理策略、师资队伍建设等方面，互相学习借鉴，帮扶合作。安排较为薄弱的学校领导在重点高中跟岗学习先进的管理理念、管理措施，并结合自身学校的实际，建立科学的管理体系。同时，注重教研交流，积极开展校际联合备课、学科校际研修，并倡导骨干引领，鼓励优秀教师将其特色教学经验方法与薄弱学校教师分享，促进教学质量的共同提高。

3. 搭建培训平台，促进教师专业成长

就学校自身而言，人力资源的开发对学校人力资源水准提高具有重要作用，而人力资源的开发主要还是搭建培训平台，完善培训体系。培训体系以岗位培训为主，主要还是针对教师的教学能力进行培训，辅之以先进教学理念的传递、教学手段的更新。在对教师教学能力培训过程中，应注重学生对教师教学质量的反馈，根据学生的需求和意见，结合教师教学演练的表现，提升教师的教学能力。同时，应重视教师的继续教育工作，鼓励教师参加继续教育。学校应尽力为教师提供终身学习和继续深造的机会，开发人力资源。在经费有限的情况下，重点培养知名教师，例如学科带头人和骨干教师，由其再带动普通教师发展，使得学校整体师资水平更上一层楼。此外，学校可以采取优惠政策引进优秀教师，例如在职称晋升、工资待遇、家属安置、工作条件等方面给予引进人才优惠政策，以提升教师总体教学水平。

4. 推进校园文化建设，打造特色学校

随着浙江省特色示范高中评估进程的推进，以学生为本的办学思想应深入学校办学、管理等各个方面。相对较薄弱的学校应从本校情况出发，在办学条件、师资力量较薄弱的情况下，以校园文化作为突破口，积极创建特色学校。校园文化是一个有机体系，它对学校发展的推动作用主要表现在物质文化作用、精神文化作用和制度文化作用三个方面。物质文化作用是通过教室、图书室、实验室、绿化环境等物质形态，从外观上渗透学校的校园文化、办学理念，通过它塑造学校形象，进而推动学校发展。精神文化则是由各种无形的意识形态方面的因素构成，包括人生观、价值观、道德观等，它可以通过表层物质文化体现，又受到制度文化的调控和制约，但当其形成一定水平后，又对物质和制度文化具有一定反作用。学校管理者应在分析师生物质文化水平的基础上，通过制度文化调控，最后形成专有的精神文化。校园文化建设是一个系统工程，发挥好作为基础的物质文化作用、作为纽带的制度文化作用及作为灵魂的精神文化作用，三者互相影响、互相促进，共同建设具有特色的校园文化。同时，学校有必要建设与发展针对各自学校的校友文化，采用全面、综合呈现校友文化的整体程式。学校凭借自身组织的力量，从全局的角度整合全校各方面资源，适时拓展校友活动，改进校友活动方式、丰富校友活动内容、发挥校友的榜样作用，从而促进学生优良学风、优质道德素养的形成，进而形成无可替代的校园文化，提高学校竞争力，缩小教育服务提供的校际差异。

第六章 高等教育优质资源享有公平性

一 研究背景与问题

改革开放以来我国教育事业不断发展，取得举世瞩目的成就，随着我国对教育重视程度的提高，义务教育基本普及，高中教育普及率也逐步提高，相比之下，高等教育是更为稀缺的教育资源，是否获得高等教育以及获得何种质量的高等教育对个体日后的职业地位和社会地位具有重要塑造作用。教育部数据显示，2014 年全国高考录取率为 74.33%，部分省市高考录取率甚至高达 90%，表明我国高等教育已经从早期的精英教育转向大众教育，这意味着，对大部分家庭来说，让孩子接受高等教育已经不是一个梦。然而，在重点大学中，农村出身大学生比例在逐年下降，特别是近年来考入清华大学、北京大学的学生中，农村出身的只占 15%，其他一些重点大学比如浙江大学和中国农业大学的农村学生比例也低于 30%，这与 20 世纪 80 年代几乎所有高校农村学生占大多数（甚至部分高校农村学生占比达 80% 以上）的现象形成鲜明对比。

我国自古以来就有通过教育实现"寒门出贵子""鲤鱼跃龙门"的希冀。长期以来人们一直将教育视为促进社会流动的重要通道，社会底层的群体可以通过教育实现自身社会地位的向上跨越。社会流动性相关研究也证实，公平的教育是激发社会活力的重要动力，有助于促进社会流动，实现社会公平（李春玲，2010；吴克明等，2013）。在高考录取率越来越高、高等教育质量分层越发深化的背景下，社会不再看重一个人有没有接受高等教育，而是看重接受什么样的高等教育。因为 Deng 和 Treiman（1997），Boccanfuso et al.（2015）等研究表明，高等教育优质程度显著影响高等教育接受者的就业能力和就业质量，Liliy et al.（2015）等研究进一步指出，高等教育质量还会显著影响年轻人未来的生活品质。那么在我国高等教育日益普及的今天，不同社会群体享有优质高等教育机会的分布是否公平？不公平程度有多大？造成享有机会不公平的因素有哪些？以及我国优质教育资源分配是否存在马太效应？这些问题不仅对我国高等教育改革方向选择非常重要，而且对提高社会流动性改变社会阶层固化也具有重要意义。

教育公平一直是社会热点问题，也是社会科学研究的重要方面，而高等教育公平问题近几年受到越来越广泛的关注。自 20 世纪 90 年代起，针对社会经济发展对人才要求形势的变化，我国高等教育进行多次改革，其中最重要、影响最深远的莫过于高校扩招改革。高校扩招促进我国高等教育迅速发展，直接效果之一是高等教育机会的爆发式增加，越来越多的学生特别是农村学生能够接受高等教育。以录取率或者招录比为指标的研究表明，大学扩招以来我国高等教育入学机会总体不公平程度正在逐渐缩小（杨东平，2006；孙百才，2009）。一些研究表明，Raftery 和 Hout（1993）提出的"最大化维持不平等"（MMI）假设在我国表现出较强的有效性（谢作栩等，2009；陈晓宇，2012；王伟宜，2013；李春玲，2010）。根据西方发达国家相关经验，随着高等教育发展阶段的不断跃升，高等教育"质"的不平等理应得到更多重视（Lucas，2001）。

近年来，高等教育质量差异对个体的影响在我国已经逐渐显现，获得何种质量的高等教育将对个体未来的职业地位和社会地位产生深远影响。然而，国内关于教育公平的已有研究多数集中在义务教育阶段，对高等教育公平的研究相对较少，尽管有一些文献研究了高等教育公平性，但又都是利用入学率等指标对高等教育机会总体公平进行描述性测度，对高等教育存在的质量差异重视不足。本书综合教育经济学理论、教育公平理论和社会学理论等多学科理论知识，通过定量分析和定性分析方法，以浙江省高校为例对不同质量高等教育机会的分配及其决定因素进行深入探讨，识别哪些群体获得了优质高等教育机会，了解家庭经济资本、家庭文化资本和社会阶层在其中扮演何种角色，以及高中阶段教育对优质高等教育机会获得的影响。本书研究不仅丰富了该领域的实证研究成果，也从理论层面突出了高等教育机会获得中质量差异因素的重要性。此外，作为中、东部较发达地区的代表，对浙江省优质高等教育机会分配及其影响因素的研究有助于我们对中、东部高等教育现状有更为深入的了解，所揭示的问题及针对性的建议对中、东部省市高等教育改革有一定借鉴意义。

二　文献综述

公平是人们不懈追求的一种理想，只能不断地接近公平而无法实现绝对的公平，而社会不公平程度的缩小则是一个经济社会进步的体现。教育公平之所以受到越来越多的关注，原因在于"教育公平是最具起点意义的公平"，它是促进社会流动的关键动力。随着社会经济发展，我国教育事业取得巨大进步，教育公平特别是高等教育公平吸引社会大众越来越多的关注。大学扩招以来，我国高等教育资源供给成倍增长，越来越多的学生特别是农村等弱势群体出身的子女能够进入高等院校，高等教育机会总体公平有所改善。但与此同时，以往人们忽视的一个问题在近几年开始凸显：高等教育质量差异对个体的影响——该现象突出表现为社会不再看重一个人有没有接受高等教育，而是看重接受什么样的高等教育。英国学者厄尔·霍珀（Earl Hopper）曾指出，尽管受教育程度一致，但若就读高校质量层次不同，个体未来的职业发展也会存在很大差异。Deng 和 Treiman（1997），Boccanfuso et al.（2015）等研究表明，高等教育优质程度显著影响高等教育接受者的就业能力和就业质量，Liliy et al.（2015）等研究进一步指出，高等教育质量还会显著影响年轻人未来的生活品质，获得何种质量的高等教育将对个体未来的职业地位和社会地位产生深远影响。不同质量高等教育机会特别是优质高等教育机会分配的公平性在国外已经引起学者关注，许多学者在理论和实证上对其进行研究，相较之下国内关于高等教育机会质量差异的相关研究尚处于起步阶段。

1. 高等教育与社会流动

长期以来人们一直将教育视为促进社会流动的重要通道，社会底层的群体可以通过教育实现自身社会地位的向上跨越。Deng 和 Treiman（1997）将教育视为现代社会流动的动力机制。社会流动性相关实证研究表明，教育公平是激发社会活力的重要动力，有助于促进社会流动，实现社会公平（郭丛斌等，2007；陈琳等，2012）。我国自古以来就有通过教育实现"寒门出贵子""鲤鱼跃龙门"的希冀。然而，许多经验研究表明人们的这种希冀并没有成为现实。布迪厄在对法国两种不同教育体系的研究中指出,教育并未如人所愿发挥促进社会流动的作用,相反,一些体制性安排延续了教育不平等,加剧社会分层的固化,因此他将教育视为阶级再生产的机制。[①] Blau 和 Duncan(1978)也认为,教育机会获得是实现社会经济地位再生产以及代际间传递的重要机制,是家庭优势地位继承和传递的重要途径。李春玲(2010)通过实证研究进一步指出,教育机会的分配结构和特征在很大程度上决定了社会分层结构和社会不平等的形态。在文化资本以及"惯习"推力作用下,教育体系作为一种场域机制强化社会不平等(骆徽,2012)。

Blau 和 Duncan 在 1967 年指出,教育在优势代际传递中的关键作用取决于教育机会获得的平等与否(选择效应),也取决于教育的经济价值(符号效应)。就符号效应而言,Carnevale et al.(2011)研究发现,1999 年美国大学毕业生终身收入比高中毕业生高 75%,2009 年进一步扩大为 84%。Heckman 和 li(2004)研究发现,我国大学收入回报率自 20 世纪八九十年代以来显著提升,Wang et al.(2014)使用 CHIP 数据研究发现,四年制大学累计回报率从 1988 年的 24.4% 增长到 1995 年的 42%,2002 年甚至高达 165.1%。教育的这种符号效应可以通过人力资本理论得到很好的解释,受教育程度越高、受教育质量越高,个体获得的知识水平、技能以及自身才智增加值越高,这种人力资本的增值在激烈的职业竞争和社会竞争中转化为竞争优势,凭此获得更高的工资水平、更优越的社会地位。Blanden et al.(2007)建立人力资本模型和教育回报模型研究教育对收入地位代际传递的影响,发现教育的解释力在 10% 以上。考虑到不同质量高等教育的异质性,陈琳(2011)使用断点回归设计的科学方法分别考察接受专科层次、二批本科层次和一批本科层次高等教育对收入的影响,发现控制个体能力和家庭背景等因素的影响,接受优质高等教育的收入回报更高,以二本教育为参照,接受一本教育的学生可以在未来毕业后获得 51.1% 的收入提升。就选择效应而言,于蒙(2013)从消费主义文化的视角分析高等教育入学机会公平对社会流动

---

① 〔法〕皮埃尔·布迪厄:《资本的形式》,载薛晓源、曹荣湘编《全球化与文化资本》,社会科学文献出版社,2005,第 3~22 页。

性的影响，发现在消费主义的影响下，高等教育促进社会流动和公平正义的作用受到弱化。在消费主义文化中，高等教育作为个体身份和地位象征的商品，对高等教育的消费是一种炫耀性消费，它最终会导致教育体制的层次分化，扩大教育不平等，进而固化社会分层。吴克明等（2013）从人力资本理论、筛选假设理论和劳动力市场分割理论等视角考察高等教育对社会流动的作用，发现高等教育机会不均等和大学生供过于求对社会流动产生不利影响。

2. 高等教育扩张与优质高等教育机会不平等

无论从何种角度考察，高等教育机会不平等都对社会流动产生重要影响。实际上，无论在何种社会，都不可避免地产生教育机会阶层差距，但若社会的教育机制使得绝大多数人能够平等地享有教育机会，那么教育就可以积极地发挥促进社会流动的作用。在我国，是否接受高等教育以及接受什么层次的高等教育既是对十几年接受基础教育和中等教育成果的检验，也是塑造一个人日后职业地位和社会地位的基石。在过去的20多年里，我国高等教育大规模扩招，高等教育机会成倍增加，而这一扩张过程中高等教育机会不公是否得以改善吸引越来越多学者的关注。Peterson和Woessmann（2007）曾指出，高等教育大众化未必是为了促进社会流动或者改善收入分配，平均主义的结果是偶然造就的。国外学者对高等教育规模扩张和教育公平之间的联系有丰富研究，其研究方法和研究成果对我国高等教育公平的研究有重要借鉴意义和参考价值。

关于教育规模扩张和教育机会公平的关系有两个重要假设。

其一，Raftery等人提出的最大化维持不平等（MMI）假设，其核心是教育规模的扩张未必导致教育机会的均等化，只有在优势群体对某一水平的教育需要得到满足，之后增加的该水平教育机会才能起到改善不平等的效应。[1] 这一假设得到部分国家和地区的经验证明。Ayalon和Shavit（2004）使用欧洲社会调查数据（ESS）对24个国家的教育扩张是否改善社会阶层之间的教育机会不平等进行分析，他们发现教育扩张增强了高等教育机会不平等。因为相比劣势阶层的子女，特权阶层子女更容易在教育

---

[1]　Adrian E. Raftery, Michael Hout, "Maximally Maintained Inequality: Expansion, Reform, and Opportunity in Irish Education, 1921 - 75", *Sociology of Education* 66 (1993): pp. 41 - 62.

扩张中受益，文化和物质资源优势使得特权阶层子女更容易获得新的教育机会。不少学者对我国高等教育机会分配的实证研究表明，尽管大学扩招增加了高等教育资源供给，但教育机会在城乡、不同区域和不同群体间分配不公的现象仍然显著存在（王伟宜，2010；赵叶珠等，2011）。

其二，Lucas 在 2001 年提出有效地维持不平等（EMI）假设。MMI假设的一个不足是侧重于教育机会"量"的不平等而忽视"质"的不平等。随着高等教育规模的不断扩大，教育机会"质"的不平等理应得到重视。"即使社会优势群体对高等教育机会的需要得到满足，不平等还将在高等教育中以更有效的方式维持"（Lucas，2001），EMI 假设可以表现为优势群体在优质高等教育中"非法"占有比例。该假设同样获得国内外许多经验研究的支持（Lucas，2001；Ayalon 和 Shavit，2004；谢作栩等，2009；陈晓宇，2012；王伟宜，2013）。我国学者李春玲（2010）采用 logit 模型检验 MMI 假设和 EMI 假设在我国的有效性，发现大学扩招并没有缩小高等教育机会在阶层、民族和性别方面的不平等程度，反而导致城乡之间高等教育机会不平等的上升；而高等教育体系内部质量分层与教育机会不平等存在关联性，即高质量的高校教育机会不平等要大于低质量的高校教育机会不平等。王伟宜（2013）对我国十大阶层高等教育入学机会获得的研究也发现，社会分层与高校分层存在一定"对应关系"，即每个阶层所获得的高等教育资源与其所处的社会阶层有很大正相关性。实证研究表明，MMI 假设和 EMI 假设在我国都表现出一定的有效性。

3. 高等教育机会分配的影响因素

Mare（1981）认为，高等教育机会结构不平等在很大程度上是由不同群体属性（阶层、经济水平、种族和性别等）在社会结构上的差异引致的教育机会获取能力差异。1977 年我国恢复高考后，技术选拔代替了以往的社会选择，在很大程度上促进了高等教育社会结构的开放性（刘精明，2004；杨东平，2006），但是这种开放性带来的结果未必促进高等教育机会均等化分配。宫留记（2010）指出在教育场域中，不同阶层的"惯习"与"资本"共同影响教育机会的获得、教育结果的塑造，所处社会地位的不平等将导致社会底层出身的学生在高等教育机会竞争中不容易成功，因为他们大多被剥夺了"在主导文化及能力获得方面的系统训练的机会"。我国学者杨东平（2006）研究指出，我国不同阶层之间享有高等教育机会的差距正在凸显，具有文化资本、社会资本、经济资本优势的阶层子女获得越来越多的高等教育机会。一些研究还表明即使在高等教育机会供给扩大的情况下家庭背景等因素对教育获得的影响也未必减弱。Duncan（1965，1967），Featherman 和 Hauser（1978）等人根据最高受教育年限构建线性模型分析美国的教育分层，发现 20 世纪前半叶教育机会的迅速扩大并没有降低家庭背景等因素对教育获得的影响。李春玲（2003）对 1940～2001 年教育获得与家庭背景关系的研究发现，1980 年以后教育机会供给与不平等程度共同扩大，家庭文化资本、经济资本和政治资本对教育机会获得的影响越来越大。

文化资本方面，Reay et al.（2010）的研究发现，个体早期的教育生活背景能够根本性地影响个体对高等教育的选择，该研究认为高等教育入学机会不平等实际上是社会阶级不平等在高等教育领域的复制。刘精明（2006）研究发现，接受良好教育的体力劳动者子代在获取高等教育机会中具有优势，并且在教育机会扩张中这一优势进一步扩大。文东茅（2005）考察父亲受教育年限对学生高中学业成就的影响，发现随着父亲受教育程度增加，子女高考成绩无论是在原始组还是标准组都得到显著提高。与父亲受教育程度的影响相比，母亲受教育程度对子女高等教育机会获取的作用更大一些（王晓云，2013），因为母亲是子女的主要直接抚养人，几乎承担 2/3 的照料任务（Monna 和 Gauthier，2008）。近年来，一些学者关注家庭教育期望对子女获得高等教育机会的影响，他们认为教育作为家庭优势地位再生产的中介，个人获得的教育质量和教育水平会受到家庭背景的强烈影响，父辈教育期望正是通过家庭背景发挥对子女学业表现的影响。研究表明亚裔美国移民取得更高教育水平源于他们受到更多的教育期望，既包括父辈的，也有自身的（Hao 和 Bonstead-Bruns，1998；Goyette 和 Xie，1999）。一方面父母受教育程度越高，可以为子女提供的高等教育信息和资源越多，进而提高了子女的教育期望（Teachman 和 Paasch，1998），另一方面子女感受到的教育期望可以看作一种"动机资源"，对学业成就发挥最重要影响（Marjoribanks，2003）。许多国内外相关研究证实期望较高的学生常常在标准化考试中取得较好成绩，获得更多的学校受教育年限（Zhan，2006；Yamamoto 和 Holloway，2010；王甫勤、时怡雯，2014）。

经济资本方面，Blanden（2004）实证考察了家庭经济收入与教育的关系，发现父（母）代的教育经历及其产生的教育收益（即经济收入）在一定程度上决定了子代的教育选择。我国一些学者也得到类似研究结论，唐卫民和姜育兄（2010）发现低收入家庭子女更多集中于公办普本和高职院校，李文利（2006）则发现重点高校中来自较高收入群体的学生比例明显占优。许多学者研究认为不同家庭在经济收入方面的差异在很大程度上导致对子女教育支出的差距，进而实现这种差异的再生产（梁晨等，2012；吴愈晓，2013）。最近几十年我国大学生均学杂费迅速增长，增速超过农村家庭人均可支配收入的增长速度，远超世界其他国家统计数据，由此带来的大学生贫困问题越发突出。根据王延中（2012）研究，自1989年高等教育收费开始至2011年，大学学费增长25倍以上，培养一个大学生平均需要一个城镇居民4.2年的纯收入、农民13.6年的纯收入。李文长（2007）认为高等教育作为一种高消费品，一般家庭由于不愿承担高消费品全部成本，在市场机制下的高等教育有效需求减少，家庭根据价格对教育做出经济决策（不上大学或者选择一些教育年限短、经济便宜的教育层次）是"根本性判断错误"。他认为政府应采取措施替代或者影响家庭教育决策，在贫困人群因贫困难以接受高等教育时，政府采取对学生直接资助的补偿手段，保证成本分担实施，促进高等教育公平发展。

布迪厄将社会资本视为实际的或潜在的资源的集合体，它所具有的内在不平等性是影响高等教育公平的基本机制，特别是在信息不对称情况下，具有社会资本优势的个体也将在高等教育机会竞争中占据优势（郝朝晖、阿不力克木·艾则孜，2013）。最典型的是城乡二元结构引致的不平等，刘宏伟等（2013）发现城乡二元结构引致的社会资本不平衡扩大了城乡学生接受高等教育机会的差距，并且在大学扩招之后城乡高等教育入学机会的差距有所恶化，特别是重点高校农村学生比例明显下降（杨东平，2006）。蒋国河（2007）认为城乡制度性因素的教育政策偏向和城乡基础教育资源配置的长期不均两个因素导致了这种城乡差异。

4. 简要评述

公平问题是现代国家文明进程躲不开、避不过、必须高度重视予以解决的重要命题。教育公平尤其是高等教育公平一直是社会关注热点问题。西方发达国家在 20 世纪下半叶开始了高等教育大众化历程，高等教育资源供给成倍增加，我国在 1999 年开始的大学扩招也推进高等教育进入大众化阶段。在高等教育机会扩张过程中，越来越多的学生特别是家庭背景弱势的子女获得高等教育机会，高等教育机会分配结构发生重大变化。然而，越来越多的学者注意到，高等教育机会"量"的扩张容易掩盖教育机会"质"的不平等（王伟宜，2011）。国外学者对高等教育机会公平的研究取得的丰硕成果，无论是在理论上还是在实证上都对我国高等教育机会公平领域的研究有重要借鉴意义和参考价值。

综述国内外相关文献，本书认为，与国外相关研究相比，国内目前在高等教育机会公平领域的研究尚有以下不足。首先，在研究对象上，国内对高等教育机会研究的重点主要集中在总体的不平等分析上，对高等教育机会分配"质"的不平等重视不足。随着高等教育不断发展，特别是高考录取率的不断提高，教育机会"质"的不平等理应得到更多的重视。其次，在研究内容上，多数研究忽略了大学以前受教育阶段对学生获得高等教育机会的影响。在现行单一的高等教育招生录取体制下，高中学校类型在很大程度上决定了学生是否能够获得高等教育机会以及获得何种质量的教育机会。再次，在研究范围上，许多研究忽视了不同区域高等教育发展差异。我国东部发达地区高等教育普及程度较高，甚至部分地区已经进入"普及阶段"，但目前尚未有该阶段高等教育机会公平特征方面的研究。最后，在方法上，已有国内研究使用的方法大部分是简单的单变量描述性分析，这种分析容易掩盖不同因素之间的联系，不能准确反映获得高等教育机会的决定因素。

总之，国内外相关研究成果及其不足为本书提供了很好的切入点，相当程度上启发了本书研究方法和研究内容的选择。

三　调研地区高等教育提供

1. 浙江省内大学以前各教育阶段发展介绍

之所以选择浙江省进行调研：一是浙江虽地处发达地区，但省内高等院校层次结构和全国一样，所以分析优质高等教育享有机会群体分布特征能够有一定代表性；二是浙江考生报考省外高校积极性相对较低，所以通过高校大一新生调查研究浙江省内不同社会群体享有优质高等教育机会公平性不会产生较大偏误。

浙江虽然相比相邻的江苏、上海等地高等教育整体水平较低，但在过去 10 多年中，对包括高等教育在内的各级教育发展非常重视，投入也非常大。经过 10 多年的努力，浙江省教育事业取得巨大进步，教育体系逐步完善。表 6 - 1 列出 2012～2014 年浙江高等教育前各级教育普及情况，从中看出浙江省义务教育阶段入学率近年来一直稳定在 99.99% 的高水平，初中毕业升入高中比例达到 98.5%，高中阶段毛入学率也逐步提高，从 2012 年的 93.8% 提高到 2014 年的 98.7%。全省学前三年到高中段整体的教育普及率也在稳步提升，由 2012 年的 97.9% 提高到 2014年的 98.4%。各级教育入学率都非常高，特别是高中毛入学率超出全国近 10 个百分点。

表 6 - 1　2012～2014 年浙江省高等教育前各级教育普及情况

单位：%

项目	2014 年	2013 年	2012 年
义务教育入学率	99.99	99.99	99.99
全省学前三年到高中段的 15 年教育普及率	98.4	98.4	97.9
初中毕业生升学率（高中段）	98.5	98.5	98.29
高中段教育毛入学率	98.7	94.5	93.8

资料来源：2012～2014 年浙江教育事业发展统计公报。

在促进教育事业快速发展的同时，浙江省不遗余力地推进教育公平。为促进义务教育均衡协调发展，浙江省各级政府不断加大教育财政投入力度，特别是加大对农村支持力度。推进教育资源向经济落后地区、农村以及相对薄弱学校倾斜配置，力求教育的城乡、区域、校际差距不断缩小。① 针对农村地区存在的师资薄弱现象，浙江省分别实施农村中小学教师素质提升工程和"领雁工程"，建立和完善县域内公办学校校长、教师合理交流机制，推进学校师资均等化配置。还致力于构建区域优质

---

① 参见《浙江省教育厅关于印发浙江省教育事业发展"十二五"规划的通知》，浙江省教育厅网站，http://www.zjedu.gov.cn/news/20300.html，最后检索期：2016 年 5 月 18 日。

教育资源共享辐射机制，突破优质教育资源城乡流动瓶颈，力争到 2020 年全省全面实现教育现代化、义务教育公共服务均等化，教育的校际、城乡以及区域差距明显缩小。①

2. 浙江省高等院校质量层次结构

随着高等教育前各级教育发展水平逐步提高，浙江高等教育门槛也逐渐降低，2013 年浙江高等教育毛入学率已由 2012 年的 49.5% 提高到 2013 年的 51.7%，2014 年又进一步提升至 54.0%，根据《浙江省高等教育"十二五"发展规划（2011—2015 年)》，2015 年浙江高等教育毛入学率将达到 56%。按照 Trow（1973）提出的高等教育发展三阶段理论，浙江高等教育 2013 年就已进入普及化阶段。从 2012～2014 年高考录取率看，浙江高等教育录取率已经超过 85%。这一数据说明，"众人过独木桥"的现象至少在浙江已经成为历史，只要愿意接受高等教育，从高中教育升入高等教育在浙江基本能够实现。但与高等教育总体快速发展形势不同，优质高等教育在浙江依然非常稀缺。截止到 2014 年，浙江共有高等院校 108 所，其中大学 15 所、学院 21 所、独立学院 22 所、高职（高专）50 所（见表 6－2）。类似我国高等教育资源分配情况，浙江高等教育服务质量和全国一样存在明显分层现象。在浙江，15 所大学中，1 所 985 大学，5 所省重点建设大学，9 所一般性省属大学。21 所学院和 22 所独立学院中，区位差异也影响着高等教育服务质量。

表 6－2　2012～2014 年浙江省高等教育招生情况

项目	2014 年	2013 年	2012 年
浙江高等教育结构概况	全省高等院校 108 所，其中大学 15 所、学院 21 所、独立学院 22 所、高职（高专）50 所	全省高等院校 106 所，其中大学 15 所、学院 20 所、独立学院 22 所、高职（高专）49 所	全省高等院校 105 所，其中大学 13 所、学院 21 所、独立学院 22 所、高职（高专）49 所
普通高考录取率	85.8%	85.9%	85.4%
高等教育毛入学率	54.0%	51.7%	49.5%

① 参见《浙江省人民政府关于深入推进义务教育高水平均衡发展的实施意见》，浙江省教育厅网站，http://www.zjedu.gov.cn/news/23721.html，最后检索日期：2016 年 5 月 18 日。

续表

项目		2014 年	2013 年	2012 年
招生情况	本专科招生	28.43 万人	28.34 万人	28.08 万人
	其中：部属院校	0.61 万人	0.62 万人	0.61 万人
		2.15%	2.19%	2.17%
	地方院校	27.82 万人	27.71 万人	27.47 万人
		97.85%	97.81%	97.83%
	其中：本科院校	15.28	15.17	15.32
		53.75%	53.53%	54.56%
	高职、高专	13.15 万人	13.17 万人	12.76 万人
		46.25%	46.47%	45.44%

资料来源：2012~2014 年浙江教育事业发展统计公报。

表 6 - 2 对浙江 2012~2014 年高等教育结构及录取情况做了归纳总结。超过 85% 的高考录取率表明绝大部分愿意进入高校深造的学生都能够获得高等教育的机会，但是这些教育机会绝大部分质量层次较低，优质的高等教育机会特别是重点大学的教育机会十分稀少。2012~2014 年部属重点大学在浙招生比例仅占 2% 多一点，多数教育机会由地方院校提供，而就教育质量而言，地方院校相比部属重点大学差距明显。从高校教育层次来看，低层次高等教育（高职、高专）提供的教育机会占比超过 46% 左右。由此可以看出，浙江省高等教育机会的供给本身就存在滋生不公平的潜在可能，稀少的优质高等教育机会必定引起更加激烈的竞争，较高的总体录取率掩盖教育机会结构上的不合理和教育机会质量上的不平等。

四　高等教育机会分配总体特征

1. 问卷设计及相关情况介绍

调查问卷主要涉及三个方面问题：一是学生基本情况；二是学生就读高校情况；三是学生家庭背景相关情况。其中，学生基本情况主要了解学生性别、民族、籍贯以及高中阶段就读等基本信息。为考察优质高等教育享有机会方面是否存在教育中的马太效应，调查问卷设置了有关大一新生高中阶段所读学校类型问题，其中高中阶段学校类型划分为中职、普通高中、私立高中和重点高中。

学生就读高校情况主要了解学生就读高校质量层级、就读专业以及就读相关费用等信息。为了区别不同层级高等教育服务质量差异，本章将浙江108所高等院校分为四个层级，即985院校、省属重点建设院校、一般本科院校和高职（高专）。在此基础上根据中国校友会网公布的大学排行榜、独立学院排行榜以及民办大学排行榜、全国高职高专院校排行榜将每个层级中各院校提供高等教育服务质量区别开来。① 然后采用分层随机抽样方法对不同质量层级高校大一新生进行问卷调查。

学生家庭背景主要了解学生家庭户籍所在地、家庭所处社会阶层、家庭文化资本、家庭经济资本等信息。具体来说，家庭户籍方面，调查问卷选项设定为大中城市（地级及以上城市）、县级城市、城市户口建制镇（省级政府设镇）、集镇（乡政府所在地或乡村集市所在地）和农村等五个层次，但在下文实证分析中将户籍调整为与浙江省2010年人口普查同一口径，下文将对此进行详细阐述。在家庭社会阶层特征刻画上，本书参照陆学艺（2002）主编的《当代中国社会阶层研究报告》中提出的以职业为核心要素的阶层划分方法，结合浙江省2010年人口普查数据40~49岁年龄段的就业人口分布情况，根据学生家庭父母职业将学生家庭划分为国家和社会管理者、企业负责人、专业技术人员、办事人员、商业服务业人员、农民和产业工人七个社会阶层。② 其中，企业负责人包括人口普查中的私营企业主和经理人员，商业服务人员包括从事商业服务业人员和个体工商户，农民包括农、林、牧、副、渔业从业人员。此外，在后续实证分析中，学生家庭社会群体特征刻画也借鉴了谢作栩等（2009）社会阶层划分方法，即划分为优势阶层、中间阶层和基础阶层。家庭文化资本方面，以父母受教育程度作为家庭文化资本的代理变量，根据受教育程度将家庭文化

---

① 浙江省高等院校分类主要参考艾瑞深中国校友会网编制完成的《2015中国大学评价研究报告》，人民网，http：www.edu.people.com.cn/n/2015/0324/c1053－26743449.html，最后检索日期：2016年5月18日。

② 在浙江人口普查数据中"其他"项比例小且无明确归类含义，故本书不对其分析。本书使用数据来自浙江省2010年人口普查数据库中40~49岁就业人口数据，该年龄段就业数据能够更好地拟合在校生父母的真实就业情况，因为2014年大一新生的年龄结构基本在18~22岁，所以40~49岁基本上涵盖了这个年龄段学生的父母。

资本划分为小学及以下、初中、高中（中专）、大专及以上四个层次。家庭经济资本方面，以家庭人均收入作为家庭经济资本的代理变量，参考国家统计局浙江调查总队公布的浙江居民收入情况，将学生家庭划分为低收入组（家庭人均年收入在 5000 元以下）、中低收入组（家庭人均年收入 5000～10000 元）、中等收入组（家庭人均年收入 10000～30000 元）、中高收入组（家庭人均年收入 30000～100000 元）和高收入组（家庭人均年收入 100000 元以上）。①

2014 年 9～10 月课题组对浙江省不同质量层级高校中浙江省户籍的大一新生进行问卷调查。调查共发放问卷 1650 份，回收 1350 份，问卷回收率 81.82%。剔除无效样本后，得到最终有效样本 1223 份，有效率达 90.59%。在 1223 份有效问卷中，高职院校 459 份、省属普通本科院校 268 份、省属重点院校 341 份、部属院校 155 份，样本高校结构基本符合浙江高等教育院校层次结构。

2. 浙江省高等教育机会分配阶层差异

在大学扩招政策推动下浙江省高等教育迅速发展，高等教育规模成倍增长，超过 85% 的高考录取率表明"众人过独木桥"的现象在浙江已经一去不复返。那么浙江省高等教育扩张是否使社会各阶层、群体同等受益，是否促进高等教育机会不平等的缩小？对该问题的研究不仅有助于我们全面、深入了解浙江省高等教育现状，也为下文研究浙江省优质高等教育机会分配特征提供一定意义的参照坐标。

本章主要采用阶层辈出率方法研究浙江省高等教育入学机会阶层分布差异。辈出率指标是研究教育机会阶层分布的重要方法，其基本含义是某阶层子女在高校学生中的比例与该阶层人口在整个社会人口中所占比例的比值。如果计算的阶层辈出率大于 1，表明该阶层子女在高等教育机会竞争中处于优势，反之则表明该阶层子女在接受高等教育机会竞争中处于劣势地位（胡荣和张义祯，2007）。

表 6-3 列出了浙江省高等教育入学机会在七大阶层中的分布及辈出率。可以看出农民和产业工人两个阶层的辈出率小于 1，说明农民、产

---

① 收入分组主要参考国家统计局浙江调查总队 2012～2014 年公布的浙江居民收入情况。如 2014 年浙江全体居民人均可支配收入为 32658 元，农村常住居民人均可支配收入为 19373 元。

业工人的子女在高等教育入学机会的竞争中处于劣势地位，特别是占人口 48.35% 的产业工人阶层辈出率最低仅为 0.37，说明该阶层子女有相当比例未能接受高等教育。国家和社会管理者阶层辈出率最高为 9.12，是产业工人阶层辈出率的近 25 倍、农民阶层的 9 倍多，说明国家和社会管理者阶层子女在高等教育入学机会的竞争中处于绝对优势地位。其他阶层辈出率均大于 1，说明其子女在高等教育入学机会竞争中处于相对优势地位。

表 6 - 3   浙江省高等教育入学机会总体分布及阶层辈出率

项目	国家和社会管理者	企业负责人	专业技术人员	办事人员	商业服务业人员	农民	产业工人
2010 年浙江人口普查数据（人）	3128	37322	53529	49175	193776	125006	432594
各阶层就业人口比	0.35%	4.17%	5.98%	5.50%	21.66%	13.97%	48.35%
样本阶层在校生数（人）	39	156	152	84	360	170	221
样本各阶层比重	3.19%	12.76%	12.43%	6.87%	29.44%	13.90%	18.07%
阶层辈出率	9.12	3.06	2.08	1.25	1.36	0.99	0.37

资料来源：作者根据调查问卷数据计算得到。

从表 6 - 3 可以看出，不同阶层子女的入学机会差异明显，社会优势阶层子女在高等教育入学机会竞争中处于优势地位，说明随着高等教育规模的扩大，浙江省高等教育入学机会的阶层不平等依旧显著存在，在一定程度上证实了 MMI 的理论假设。导致这一结果的原因十分复杂，其中被大众广泛认可的一个观点是，高等教育作为一种稀缺资源引起社会各阶层激烈竞争，在"一考定终身"的现行招考录取制度下，中上阶层子女拥有的家庭文化资本和家庭经济资本优势将转化为竞争优势，最终取得相较于较低阶层子女更高的高等教育获得机会。蒋国河（2008）曾指出家庭资本正是通过优势递进效应影响基础阶段学业成绩从而影响高考成绩。本章将在下文具体分析家庭文化资本和家庭经济资本等因素对高等教育入学机会阶层差异的影响。

3. 家庭背景因素对高等教育机会阶层差异的影响

借鉴谢作栩等（2009）使用的社会阶层划分方法，我们将七大阶层进一步整合为优势阶层、中间阶层和基础阶层，分析家庭文化资本、家庭经济资本和家庭城乡属性等因素对各阶层辈出率的影响。其中，优势阶层包括国家和社会管理者、企业负责人两个阶层，中间阶层包括专业技术人员、办事人员和商业服务业人员三个阶层，基础阶层包括农民和产业工人阶层。

（1）家庭文化资本

本节以父亲和母亲学历层次作为家庭文化资本的代理变量，分析其对阶层辈出率的影响。从表6-4可以看出父母学历层次对阶层辈出率的影响有以下特征。

第一，父亲学历层次和母亲学历层次对阶层辈出率的影响趋势具有一致性，随着父亲或者母亲学历层次提升，总体上，优势阶层和中间阶层辈出率也不断提高。以优势阶层辈出率为例，父亲是大专及以上学历的阶层辈出率是小学及以下学历辈出率的4.76倍、是初中学历辈出率的4.15倍，母亲是大专及以上学历的阶层辈出率是小学及以下学历辈出率的4.21倍、是初中学历辈出率的2.49倍。

第二，无论父亲或者母亲学历层次如何，优势阶层的辈出率都大于中间阶层，较低阶层的辈出率都小于中间阶层，说明优势阶层子女获得高等教育入学机会大于中间阶层，较低阶层子女获得高等教育入学机会小于中间阶层。同时，阶层辈出率标准差总体上随着学历层次的提高越来越大，即阶层间辈出率差异越来越大，说明随父母学历层次提高，浙江省高等教育入学机会的阶层差异总体上越来越大。

（2）家庭经济资本

以家庭人均年收入作为家庭经济资本的代理变量，分析其对阶层辈出率的影响。从表6-5可以看出家庭经济资本对各阶层辈出率的影响有以下特征。

第一，随着收入水平的提高，不同阶层辈出率呈现不同的变化特征，优势阶层和中间阶层辈出率总体呈上升趋势，较低阶层呈下降趋势，说明家庭收入水平越高，优势阶层和中间阶层子女总体上获得的高等教育入学机会相对越高，而较低阶层子女获得的高等教育入学机会相对越低。

表6-4 父/母亲学历层次与阶层辈出率

父亲学历层次

社会阶层	社会就业人口各阶层比重	小学及以下		初中		高中或中专		大专及以上	
		样本各阶层比重	阶层辈出率	样本各阶层比重	阶层辈出率	样本各阶层比重	阶层辈出率	样本各阶层比重	阶层辈出率
优势阶层	4.52%	8.68%	1.92	9.93%	2.2	18.44%	4.08	41.32%	9.14
中间阶层	33.13%	36.99%	1.12	51.08%	1.54	52.13%	1.57	50.30%	1.52
较低阶层	62.34%	54.34%	0.87	38.99%	0.63	29.43%	0.47	8.38%	0.13
标准差	—	—	0.45	—	0.64	—	1.51	—	3.96

母亲学历层次

社会阶层	社会就业人口各阶层比重	小学及以下		初中		高中或中专		大专及以上	
		样本各阶层比重	阶层辈出率	样本各阶层比重	阶层辈出率	样本各阶层比重	阶层辈出率	样本各阶层比重	阶层辈出率
优势阶层	4.52%	8.85%	1.96	14.96%	3.31	13.33%	2.95	37.29%	8.25
中间阶层	33.13%	43.66%	1.32	48.59%	1.47	55.90%	1.69	51.69%	1.56
较低阶层	62.34%	47.49%	0.76	36.44%	0.58	25.64%	0.41	11.02%	0.18
标准差	—	—	0.49	—	1.14	—	1.04	—	3.52

资料来源：作者根据调查问卷数据计算得到。

表6-5　家庭人均收入与阶层辈出率

		优势阶层	中间阶层	较低阶层	标准差	极差
收入分组	社会就业人口各阶层比重	4.52%	33.13%	62.34%	–	–
低收入组	样本各阶层比重	10.55%	34.17%	55.28%	–	–
	阶层辈出率	2.33	1.03	0.89	0.65	2.62
中低收入组	样本各阶层比重	8.33%	43.14%	48.53%	–	–
	阶层辈出率	1.84	1.3	0.78	0.43	2.36
中等收入组	样本各阶层比重	11.18%	47.73%	41.09%	–	–
	阶层辈出率	2.47	1.44	0.66	0.74	3.74
中高收入组	样本各阶层比重	19.94%	60.11%	19.94%	–	–
	阶层辈出率	4.41	1.81	0.32	1.69	13.78
高收入组	样本各阶层比重	36.84%	51.13%	12.03%	–	–
	阶层辈出率	8.15	1.54	0.19	3.48	42.89

资料来源：作者根据调查问卷数据计算得到。

第二，无论在哪个收入组，优势阶层的辈出率都大于中间阶层，较低阶层的辈出率都小于中间阶层，说明家庭收入水平的提高没有改变各阶层子女在高等教育入学机会中的竞争形势，阶层地位越高，其子女获得的高等教育入学机会越多。进一步从各收入组的阶层辈出率标准差和极差来看，中低收入组数值最低。随家庭收入水平的提高，阶层辈出率标准差和极差越来越大，说明家庭收入水平越高，高等教育入学机会的阶层差异越大。

本书研究结论与唐卫民、姜育兄（2010）和李文利（2006）的结论相似，不同经济资本背景的家庭对子女教育支出存在差距，这种差距常常体现在高等教育机会竞争中。大学扩招带来高等教育资源供给增加，但是最近几十年我国大学生均学杂费迅速增长，增速超过农村家庭人均可支配收入的增长速度，这又在很大程度上限制了经济资本弱势群体子女上大学的机会。基于市场机制的高等教育决策无形中推动了教育机会分配不平等的扩大，除非政府采取措施替代或者影响家庭教育决策。

（3）家庭城乡户籍[①]

表6-6列出城乡各阶层辈出率及其标准差，从中可以看出以下几点。

---

① 此处城乡户籍使用问卷调查相关信息，与下文中计量模型使用城乡户籍有细微差别，不同之处将在下文说明。

第一，由不同社会阶层辈出率的城乡比较可以看出，优势阶层和中间阶层的辈出率在农村最小、大城市最大，而较低阶层的辈出率农村最大、大城市最小，说明优势阶层和中间阶层子女越是在城市特别是大城市获得的高等教育入学机会相对越多，较低阶层子女越是在农村获得的高等教育入学机会相对越多。

表 6 - 6　城乡差别与阶层辈出率

		优势阶层	中间阶层	较低阶层	标准差	极差
区域	社会就业人口各阶层比重	4.52%	33.13%	62.34%	—	—
大城市	样本各阶层比重	25.39%	57.51%	17.10%	—	—
	阶层辈出率	5.62	1.74	0.27	2.54	2.25
县城	样本各阶层比重	19.30%	54.89%	25.81%	—	—
	阶层辈出率	4.27	1.66	0.41	2.11	1.61
农村	样本各阶层比重	10.94%	42.16%	46.91%	—	—
	阶层辈出率	2.42	1.27	0.75	1.48	0.7

资料来源：作者根据调查问卷数据计算得到。

第二，无论在农村还是在城市，社会各阶层的辈出率与其阶层所处位置正相关，阶层地位越高，其阶层辈出率越高，其子女获得的高等教育入学机会越多。此外，大城市、县城和乡村的辈出率标准差分别为2.54、2.11 和 1.48，同时大城市优势阶层与较低阶层辈出率的极差高达2.25，远高于县城和农村，说明大城市高等教育入学机会阶层分布的两极分化形势更严峻、高等教育入学机会分布不平等程度更高。

五　优质高等教育享有机会影响因素

1. 优质高等教育享有机会公平性描述性分析

在优质高等教育享有机会公平性分析中，本书采用"扩展辈出率"指标和"结构辈出率"指标描述浙江不同质量高等教育享有机会分布差异。本书所采用的扩展辈出率含义是，属于某一类型家庭背景学生比重占同一社会全体人口统计中这一类型背景人口比重，其计算公式为：扩展辈出率 = 样本中某类型家庭背景子女比重/同一社会全体人口统计中该类型家庭背景人口比重。扩展辈出率等于 1，表明该类型家庭背景子女某种质量层次高等教育享有机会与该社会平均水平一致；扩展辈出率大于1，则表明该类型家庭背景子女在某种质量层次高等教育享有机会上处于优势地位，反之则表明该类型家庭背景子女在某种质量层次高等教育享有机会上处于劣势地位。由于浙江2010年人口普查数据没有人口收入信息，本书引入陈晓宇（2012）提出的"结构辈出率"刻画家庭经济背景不同的学生享有优质高等教育机会。结构辈出率是指某出身背景的学生在某类高校子样本中比重与该背景学生在样本总体中比重的比值。

表6-7至表6-10基于调查数据报告了以层次刻画的不同质量高等教育享有机会在不同类型背景家庭的分布，以及不同背景家庭辈出率情况。可以看出总体上不同背景家庭的子女进入高等院校的机会差异明显，享有部属院校所提供的优质高等教育机会更多倾向于城市，倾向于国家和社会管理者与企业负责人阶层、高收入组，以及父母受教育程度高背景家庭的子女。而享有高职院校提供的高等教育机会则更多分布于农村、农民和产业工人阶层、中低或低收入组、父母受教育程度较低背景家庭的子女。具体地说，表6-7显示，父母至少一方属于国家和社会管理者的家庭，其阶层辈出率在高职院校中最低为3.75，而在部属院校中最高达16.61。对于父母为农民或产业工人的家庭，其阶层辈出率无论在哪一层次高等院校，总体上都显著低于前一组背景家庭。这说明农民和产业工人背景家庭的子女在不同质量高等教育机会享有上总体较低，而国家和社会管理者等背景家庭的优势阶层子女则普遍拥有相对较高机会，且这种优势随着高等教育优质程度提高更加突出。对比不同背景家庭阶层辈出率可以看出，在浙江，优质高等教育享有机会存在明显的阶层分化现象，越是优势背景家庭，子女享有优质高等教育机会越高。这一实证发现在某种程度上验证了Lucas（2001）提出的EMI假设，即高等教育质量分层与家庭的背景分层相匹配，处于社会上层的家庭子女有更多机会享有优质高等教育，而处于社会低下阶层子女则更多进入低层级的高等教育。这种教育分层在一定程度上也是我国社会阶层固化和流动性下降的一个重要原因。此外，从享有不同质量高等教育各阶层辈出率标准差看，越是优质高等教育，阶层辈出率差异会越大。这说明至少在浙江，处于较低社会阶层家庭，子女获得优质高等教育机会要比获得高等教育机会更小。

表6-7 不同质量高等教育享有机会的职业阶层差异及辈出率

	项目	管理者[c]	企业负责人	专业技术人员	办事人员	商业服务业人员	农民	产业工人	合计
职业类型家庭占比[b]		0.0035	0.0417	0.0598	0.055	0.2166	0.1397	0.4835	1
教育层次	部属院校	0.0581	0.129	0.0839	0.0839	0.3742	0.0774	0.1742	1
	省属重点院校	0.0557	0.1232	0.1848	0.0674	0.2669	0.0968	0.1642	1
	普通本科院校	0.0188	0.1504	0.1617	0.0752	0.3083	0.0902	0.1617	1
	高职高专	0.0131	0.1179	0.0721	0.059	0.2795	0.2205	0.2052	1
合计		0.0319	0.1276	0.1243	0.0687	0.2944	0.139	0.1807	1
辈出率	部属院校	16.61	3.09	1.40	1.53	1.73	0.55	0.36	5.37[a]
	省属重点院校	15.94	2.95	3.09	1.23	1.23	0.69	0.34	5.12[a]
	普通本科院校	5.38	3.61	2.70	1.37	1.42	0.65	0.33	1.67[a]
	高职高专	3.75	2.83	1.20	1.07	1.29	1.58	0.42	1.06[a]

注：[a]标注的是不同职业辈出率之间标准差，[b]标注的是2010年普查数据，[c]标注的是国家和社会管理者，和前文一致。

资料来源：作者根据调查问卷数据和2010年浙江人口普查数据计算得到。

表6-8 不同质量高等教育享有机会的户籍家庭分布及辈出率

	项目	城镇户籍家庭	农业户籍家庭
2010年浙江人口普查中户籍家庭分布		0.59	0.41
高校类型	部属院校	0.74	0.26
	省属重点院校	0.61	0.39
	普通本科院校	0.56	0.44
	高职高专	0.44	0.56
辈出率	部属院校	1.24	0.65
	省属重点院校	1.03	0.95
	普通本科院校	0.94	1.09
	高职高专	0.74	1.38

资料来源：作者根据调查问卷数据计算得到。

表6-9 父亲或母亲受教育程度不同家庭的分布及辈出率

项目	小学及以下	初中	高中或中专	大专及以上	合计
父亲不同受教育程度家庭占比[b]	0.25	0.52	0.15	0.08	1

续表

	项目	小学及以下	初中	高中或中专	大专及以上	合计
高校类型	部属院校	0.15	0.36	0.27	0.23	1
	省属重点院校	0.16	0.43	0.24	0.16	1
	普通本科院校	0.14	0.45	0.27	0.14	1
	高职高专	0.22	0.50	0.19	0.09	1
辈出率	部属院校	0.61/0.83[c]	0.69/0.83	1.73/1.71	2.78/3.8	0.89/1.27[a]
	省属重点院校	0.67/0.70[c]	0.83/0.95	1.56/1.52	2.01/2.39	0.55/0.65[a]
	普通本科院校	0.57/0.70[c]	0.88/1.05	1.74/1.51	1.70/1.57	0.51/0.36[a]
	高职高专	0.91/0.85[c]	0.97/1.13	1.24/1.04	1.04/0.91	0.12/0.11[a]

注：[a]标注的是父亲/母亲不同受教育程度家庭辈出率标准差，[b]标注的是2010年浙江人口普查数据，[c]标注的斜线左边为父亲受教育程度不同家庭辈出率，右边为母亲受教育程度不同家庭辈出率。

资料来源：作者根据调查问卷数据计算得到。

表6-10　不同质量高等教育享有机会在不同收入家庭组的分布及辈出率

	项目	低收入组	中低收入组	中等收入组	中高收入组	高收入组	标准差
各收入组家庭占比[b]		0.16	0.17	0.27	0.29	0.11	
高校类型	部属院校	0.06	0.13	0.24	0.39	0.18	
	省属重点院校	0.16	0.14	0.22	0.36	0.12	
	普通本科院校	0.14	0.17	0.33	0.25	0.12	
	高职高专	0.21	0.20	0.28	0.23	0.07	
辈出率	部属院校	0.40	0.77	0.88	1.33	1.66	0.44
	省属重点院校	0.96	0.84	0.82	1.24	1.11	0.16
	普通本科院校	0.88	0.99	1.21	0.85	1.07	0.13
	高职高专	1.30	1.20	1.04	0.80	0.66	0.24

注：[b]标注的是2010年浙江人口普查数据。

资料来源：作者根据调查问卷数据计算得到。

表6-8报告了不同户籍背景家庭子女享有各层次高等教育公平情况[①]，

[①]　户籍方面，为了与人口普查数据统计口径一致，我们将问卷中的城区、镇区合并为城镇，包括城区和镇区。城区与镇区范围划分详见《统计上划分城乡的规定》，国家统计联网直报门户，http://lwzb.stats.gov.cn/pub/lwzb/ekp/jcbjzs/tjjczs/201707/t20170717-3850.html。同时，根据统计资料浙江全省分年龄、性别、职业种类的就业人口40~49岁年龄段统计数字。

从中看出，城镇背景家庭子女享有部属院校和省属重点院校提供高等教育机会显著大于农村背景家庭子女，城镇家庭在部属院校和省属重点院校的辈出率大于1，而农村家庭在省属普通本科院校和高职高专的辈出率大于1。城乡背景家庭子女享有优质高等教育机会差异与职业背景家庭间差异基本一致。

表6-9报告了不同文化资本家庭子女享有优质高等教育机会公平情况，从中看出，在四类高校中，父亲受教育程度越高，总体上其子女接受优质高等教育机会越高。以部属院校和省属重点院校为例，父亲学历为小学及以下的家庭，在两类院校的辈出率均在0.6左右，随着父亲受教育程度提高，辈出率也不断上升，当父亲学历为大专及以上时，辈出率均在2以上。从不同文化资本家庭在各层次高等院校辈出率标准差看，高校质量越高，辈出率标准差越大，在部属院校的辈出率标准差为0.89，远大于省属重点院校的0.55和省属普通本科院校的0.51，是高职高专院校辈出率标准差的7.42倍。这说明高等教育越优质，享有的机会在文化资本不同的家庭间分布越不均等。母亲受教育程度效应与父亲受教育程度效应相似，在除高职高专院校之外的其他三个层次院校，辈出率均随母亲受教育程度提高而上升。但从辈出率标准差看，母亲受教育程度对子女获得优质高等教育机会的影响总体上大于父亲，对部属院校而言，子女获得高等教育的机会在母亲受教育程度不同家庭间分化程度更大。

最后考察不同收入家庭子女享有优质高等教育机会公平情况，表6-10报告了调查分析结果。从中看出，部属院校和省属重点院校的中高收入和高收入家庭组结构辈出率均大于1，其他收入家庭组结构辈出率小于1，高职高专院校中则呈现完全相反的情况，中等收入、中低收入和低收入家庭组结构辈出率大于1，其他收入家庭组小于1。结构辈出率差异说明，部属院校和省属重点院校提供的相对优质教育更多被配置给中高收入和高收入家庭组，而高职高专院校提供的高等教育机会则更多面向收入水平相对较低的家庭组。此外，与职业分层、父母受教育程度分层相比，不同收入家庭组之间结构辈出率标准差要小很多，部属院校结构辈出率标准差最高也仅有0.44，这表明家庭收入水平不是影响优质高等教育享有机会分配不公平的最重要因素。

2. 优质高等教育享有机会群体分布不公平影响因素

调查数据的统计分析说明，浙江省内的优质高等教育享有机会群体分布明显不公平，相对优势群体较相对弱势群体有更高机会享有优质高等教育。那么造成享有机会不公平的因素是什么？这一问题比刻画不公平更为重要，因为这是高等教育改革方向选择的重要依据。为了揭示享有机会不公平背后原因，本书利用 logistic 模型对其影响因素进行分析，为了能够将各种可能因素纳入同一个模型进行比较，实证分析构建了二元 logistic 模型和序次 logistic 模型。其中，二元 logistic 模型可以识别并比较影响子女接受各层次质量高等教育机会的显著因素，序次 logistic 模型可以进行边界分析，剖析哪些因素会影响子女享有更高质量高等教育。通过这两个模型能够得到各个变量与子女获得不同质量高等教育机会之间更为确切的关系，从而对当前优质高等教育享有机会分配不公做出更有力的分析。

首先，构造实证分析的二元 logistic 模型：

$$logitP_i = \ln \frac{P_i}{1 - P_i} = \alpha_i + \sum_j \beta_j X_{ij} \qquad (6-1)$$

$P(y = 1/X)$ 简记为 P，P_i 表示第 i 个人享有某种质量高等教育的概率，$logitP_i$ 可视为因变量，X_{ij} 表示自变量，即影响子女享有某种质量高等教育的群体特征变量，包括家庭经济收入特征变量、父母职业特征变量、家庭文化资本特征变量、户籍特征变量以及高中就读学校特征变量[①]。β_j 表示各自变量回归系数。本书采用四组 logistic 模型，分别考察群体特征变量对高职高专院校、省属普通本科院校、省属重点院校和部属院校四层次高等教育享有机会的影响。在二元 logistic 模型基础上，继续构造序次 logistic 模型：

$$logit[P_i(y \geqslant k \mid X)] = \ln \frac{P_i(y \geqslant k \mid X)}{1 - P_i(y \geqslant k \mid X)} = \mu_i + \sum_j \eta_j X_{ij} \qquad (6-2)$$

---

① 考虑自变量选择已经涵盖了相当丰富的群体特征变量，模型1就没有再考虑控制变量。这种选择可能会使模型估计存在遗漏变量偏误，不过其影响不会太大，因为在我国，高等学校招生主要依据分数，学生选择高等学校也是受到分数门槛的限制，所以无论是个人偏好、专业类型还是性别等因素，均对接受某种高等教育影响不大。

式（6-2），其中 $k=1$、2、3、4，分别表示高职高专院校、省属普通本科院校、省属重点院校和部属院校。模型2是一个累积比数模型（cumulative odds model），表示在自变量 X 的情况下，子女享有第 k 种及以上质量高等教育的概率。自变量含义与式（6-1）相同。

其次，利用调查数据对式（6-1）进行估计，表6-11总结了估计结果，其中模型1至模型4因变量分别为四种质量高等教育享有机会。总体上看，四个模型中 LR chi2（21）的数值均在123及以上，且 Prob > chi2 的数值均为0，说明模型整体显著性较高，R^2 显示四个模型都有较好的拟合度，表明自变量对子女享有某种质量高等教育机会具有一定解释力。

对享有高职高专教育机会而言，模型1估计结果显示，高中就读学校类型和父母职业类型对子女享有高职高专教育机会大部分都具有显著影响，而家庭收入和父母受教育程度影响则不显著。其中，高中就读学校类型对子女接受高职高专教育的影响是负的，表明享有的高中教育质量越高，其后进入高职高专院校接受高职高专教育概率越小。相对于职高学校，曾就读普通高中、私立高中和重点高中的学生，接受高职高专教育的相对概率分别下降约3.95个、3.84个和5.71个百分点，其中就读重点高中的学生接受高职高专教育概率仅为就读职高学生的0.33倍。从职业类型看，专业技术人员、国家和社会管理者等职业对子女接受高职高专教育相对概率没有显著性影响，有影响的职业类型为农民、办事人员、商业服务业人员和企业负责人，其中，父母职业是农民的，其子女接受高职高专教育的可能性是产业工人子女的4.46倍，商业服务业人员的子女获得高职高专教育的可能性是产业工人子女的3.20倍，办事人员的子女获得高职高专教育的可能性是产业工人子女的4.52倍，企业负责人的子女获得高职高专教育的可能性则是产业工人子女的4.10倍。由此可以看出，高职高专院校教育机会的不平等在很大程度上是以父母职业定义的社会阶层差异引致的。

对省属普通本科院校而言，模型2估计结果显示，只有高中就读学校类型对接受省属普通本科院校教育机会产生显著影响，就读普通高中的学生获得省属普通本科院校教育机会的概率最高。就省属重点院校而言，模型3估计结果显示，除高中就读学校类型对接受省属重点院校教

表6-11　享有某种质量高等教育机会影响估计

	模型 1			模型 2			模型 3			模型 4		
	β	Exp（β）	P＞|z|	β	Exp（β）	P＞|z|	β	Exp（β）	P＞|z|	β	Exp（β）	P＞|z|
高中类型（以职高学校为参照组）												
普通高中	-3.95	0.42	0.00	3.14	23.18	0.00	3.39	29.78	0.00	16.06	9.42	0.99
私立高中	-3.84	0.42	0.00	2.79	16.28	0.00	3.25	25.68	0.00	16.84	20.52	0.99
重点高中	-5.71	0.33	0.00	3.01	20.38	0.00	4.07	58.70	0.00	17.19	29.28	0.99
户籍（以农业户籍为参照组）												
城镇	0.07	0.93	0.68	-0.28	0.76	0.08	0.01	1.01	0.94	0.53	1.70	0.02
家庭收入（以低收入组为参照组）												
中低收入	0.08	1.08	0.77	0.05	1.05	0.86	-0.27	0.76	0.28	0.57	1.76	0.18
中等收入	-0.14	0.87	0.58	0.23	1.25	0.34	-0.41	0.66	0.07	0.71	2.04	0.06
中高收入	-0.28	0.75	0.26	-0.42	0.66	0.09	0.11	1.12	0.62	1.06	2.89	0.01
高收入	-0.30	0.74	0.36	-0.23	0.80	0.44	-0.23	0.80	0.42	1.33	3.80	0.00
职业类型（家长职业——以产业工人阶层为参照组）												
农民	1.49	4.46	0.01	-0.68	0.51	0.15	-0.71	0.49	0.11	0.44	1.56	0.55
商业服务业人员	1.16	3.20	0.04	-0.22	0.80	0.62	-0.85	0.43	0.04	0.62	1.85	0.36
办事人员	1.51	4.52	0.01	-0.23	0.79	0.64	-0.86	0.42	0.07	0.07	1.07	0.92
专业技术人员	0.62	1.86	0.30	0.05	1.05	0.91	-0.17	0.85	0.70	-0.56	0.57	0.44
企业负责人	1.41	4.10	0.02	-0.05	0.95	0.91	-0.80	0.45	0.07	-0.13	0.88	0.86
国家和社会管理者	1.10	3.00	0.14	-0.89	0.41	0.17	-0.15	0.86	0.78	0.11	1.11	0.89

续表

	模型 1			模型 2			模型 3			模型 4		
	β	Exp (β)	P > | z |	β	Exp (β)	P > | z |	β	Exp (β)	P > | z |	β	Exp (β)	P > | z |
父亲受教育程度（以小学及以下学历组为参照组）												
初中	0.09	1.10	0.68	0.29	1.33	0.20	−0.11	0.90	0.59	−0.36	0.69	0.21
高中/中专	−0.14	0.87	0.59	0.43	1.54	0.09	−0.14	0.87	0.56	−0.27	0.77	0.41
大专及以上	−0.02	0.98	0.96	0.47	1.60	0.16	−0.28	0.76	0.36	−0.23	0.80	0.58
母亲受教育程度（以小学及以下学历组为参照组）												
初中	−0.03	0.97	0.89	0.04	1.05	0.81	0.00	1.00	0.99	0.00	1.00	0.99
高中/中专	−0.32	0.73	0.24	0.03	1.03	0.90	0.06	1.07	0.78	0.34	1.41	0.27
大专及以上	−0.37	0.69	0.33	−0.30	0.74	0.39	0.06	1.06	0.85	0.62	1.85	0.11
_cons	2.48	11.98	0.00	−3.90	0.02	0.00	−3.51	0.03	0.00	−19.77	0.00	0.99
样本量（份）	1217			1217			1217			1217		
LR chi2 (21)	594.1			123.0			193.5			154.2		
Prob > chi2	0.00			0.00			0.00			0.00		
Pseudo R²	0.37			0.10			0.13			0.17		

育的机会产生显著影响外，部分家庭收入变量和父母职业类型变量也表现出显著影响。就读重点高中的学生获得省属重点院校教育机会的概率最大。家庭收入因素对子女获得省属重点院校教育机会的影响是负的，但仅限于中等收入组家庭，说明收入因素在一定程度影响省属重点院校教育机会的获得，但这种影响不是线性的。和收入变量一样，父母职业类型对子女接受省属重点院校教育机会影响也是非线性的，其中父母职业类型既不处于最好层次也不处于最低层次的商业服务业人员、企业负责人和办事人员三类职业对子女接受省属重点院校教育有显著影响。就部属院校而言，模型4估计结果表明，城乡户籍和家庭收入因素的影响大部分都非常显著，但与其他三种高等教育享有机会不同，高中就读学校类型在这里并没有表现出显著影响。出现这一结果可能与两个因素有关：一是本书样本量分布，在所抽样的1223份有效问卷中，部属院校学生仅占12%；二是与抽样的部属院校数量有关，本书选择的浙江省，部属院校只有浙江大学。两方面因素可能使自变量的影响差异无法有效体现，当然这仅是一种猜测，本书将在后续研究中将抽样对象扩大到全国，检验上述猜测是否正确。从户籍和收入分组看，与农业户籍家庭子女相比，城镇户籍家庭子女享有部属院校教育的概率要高出70%，中高收入组和高收入组家庭子女获得部属院校教育机会的概率分别是低收入组家庭子女的2.89倍和3.80倍。

最后，利用调查数据对式（6－2）进行估计，这时因变量为子女享有不同质量高等教育机会，是一个序次变量。为了准确识别不同群体特征家庭子女享有某种高等教育机会影响因素，序次logistic模型估计采用逐步增加群体特征变量方式，通过优势比较，判断某一群体特征变量的重要性，表6－12报告了具体估计结果。① 首先看模型5到模型9的整体估计效果，各模型Prob > chi2都非常小，在逐步加入影响因素过程中对数似然估计的绝对值逐步变小，同时卡方检验的LR chi2值不断变大，

---

① 在进行模型（6－2）估计时，为了考察不断增加自变量是否会产生多重共线性问题，对表6－12中的模型8和模型9分别进行序次逻辑回归的共线性检验，结果显示，最大的VIF仅为2.47，远小于10，所以不必担心存在多重共线性。此外，审稿专家指出，模型是否需要考虑内生性问题，这一点本书在选择估计方法时也考虑过，但本书所选受访对象仅为大一新生，其享有某种质量高等教育不可能反向影响高中就读学校类型以及群体特征变量，所以不可能存在内生性问题。

表 6 - 12　影响享有更优质高等教育机会的序次 logistic 模型估计

	模型 5		模型 6		模型 7		模型 8		模型 9	
	Coef.	优势比	Coef.	优势比	Coef.	优势比	Coef.	优势比	Coef.	优势比
普通高中	4.14***	62.80	4.08***	59.15	4.04***	56.83	4.09***	59.74	4.10***	60.34
私立高中	4.21***	67.36	4.18***	65.37	4.12***	61.56	4.25***	70.11	4.24***	69.41
重点高中	5.44***	230.44	5.36***	212.72	5.31***	202.35	5.40***	221.41	5.38***	217.02
城镇户籍			0.37***	1.45	0.29*	1.34	0.33**	1.39	0.24**	1.27
中低收入组					0.06	1.06	0.06	1.06	0.05	1.05
中等收入组					0.12	1.13	0.15	1.16	0.15	1.16
中高收入组					0.49**	1.63	0.57***	1.77	0.57***	1.77
高收入组					0.58**	1.79	0.72***	2.05	0.69***	1.99
农民							-0.55**	0.58	-0.56**	0.57
商业服务业人员							-0.38*	0.68	-0.38*	0.68
办事人员							-0.66**	0.52	-0.76***	0.47
专业技术人员							-0.45*	0.64	-0.47*	0.63
企业负责人							-0.76***	0.47	-0.80***	0.45
国家和社会管理者							-0.05	0.95	-0.27	0.76
父亲 初中									-0.19	0.83
高中或中专									-0.08	0.92
大专及以上									-0.14	0.87

续表

		模型 5		模型 6		模型 7		模型 8		模型 9	
		Coef.	优势比	Coef.	优势比	Coef.	优势比	Coef.	优势比	Coef.	优势比
母亲	初中									0.00	1.00
	高中或中专									0.24	1.27
	大专及以上									0.53*	1.70
/cut1		3.45		3.59		3.75		3.48		3.36	
/cut2		4.73		4.88		5.05		4.80		4.68	
/cut3		6.54		6.70		6.89		6.66		6.55	
样本量（份）		1217		1217		1217		1217		1217	
LR chi2		584.87		594.78		609.28		626.74		634.07	
Prob > chi2		0.00		0.00		0.00		0.00		0.00	
Pseudo R^2		0.18		0.19		0.19		0.20		0.20	

注：***、**、*分别表示在1%、5%和10%水平上显著。

说明模型具有较高的显著性和较好的拟合效果。随着群体特征变量加入，Pseudo R^2 也不断变大，说明随着模型新变量不断加入，模型对因变量变化的整体解释力不断上升。

在表 6 - 12 的所有模型中，子女就读高中学校的类型变量（以中职学校作为参照组）始终与因变量保持较强的显著相关性，说明高中就读学校类型对子女享有更优质教育机会的影响都非常显著，而且随着高中教育质量提高，这种影响越大。这一实证结果与模型 4 有点差异，在模型 4 中，高中阶段教育质量对是否享有部属院校教育机会影响不显著。模型 4 的结果主要与部属院校的样本量太少有关，这种影响在序次 logistic 模型中就会很小，因为序次 logistic 模型是对总体样本进行分析，这一定程度上淡化了部属院校样本量过小可能产生的估计偏误。从模型 5 至模型 9 的优势比看到，子女就读私立高中后来享有更优质高等教育机会的概率平均约是就读普通高中的 1 倍，子女就读重点高中后来享有更优质高等教育机会的概率平均约是就读普通高中子女的 3.63 倍。这一结论进一步证实表 6 - 11 模型 1 至模型 3 的估计结果，即我国优质教育享有机会存在明显的马太效应。优质高中教育会显著影响优质高等教育享有机会，如果按照逆向推理，优质高中教育享有机会又受到优质初中教育机会享有程度影响，优质初中教育享有机会又受到优质小学、优质幼儿园教育机会享有程度影响。正是因为这一逻辑关系，为了不让孩子输在起跑线上，择校、排队、找关系、学区房等这些自然成为我国存在的一种普遍现象。

模型 6 是在模型 5 基础上加入了户籍这个群体特征变量，从中看出，家庭户籍对子女获得更优质高等教育机会的影响高度显著。与农村家庭相比，城镇家庭子女获得更优质高等教育可能性至少高出 0.27 倍。随着其他群体特征变量加入，户籍变量的显著程度虽然整体呈下降趋势，但依然是显著的。模型 7 又进一步加入家庭所属收入组这个群体特征变量，相比较低收入组，中等收入组和中低收入组家庭子女享有更优质高等教育机会并没有发生显著变化，但随着收入水平进一步上升，家庭收入对子女能否享有更优质高等教育影响开始变得显著。中高收入组家庭子女接受更优质高等教育的可能性至少是低收入组子女的 1.63 倍，至少是中低收入组家庭子女的 1.53 倍。高收入组家庭子女接受更优质高等教育的可能性至少是低收入组家庭子女的 1.79 倍，至少是中低收入组家庭子女的 1.68 倍。这一实证结果说明，收入对优质高等教育群体分布公平性影响存在门槛效应，在某一门槛以下，收入的影响并不显著，只有收入达到一定高度，收入才会发挥作用。这一实证结论与现实情况基本一致。

模型 8 又在模型 7 基础上加入父母职业类型所代表的群体特征变量，实证结果表明，相比较产业工人阶层，除了父母职业是国家和社会管理者的家庭，其他阶层家庭对子女获得更优质高等教育机会的影响都是显著的，即使在加入父母受教育程度等群体特征变量后，这种影响也没有发生显著变化，说明社会阶层这个群体特征变量对子女获得更优质高等教育影响是稳定的。不过值得注意的是，社会阶层变量的影响是负向的，即产业工人家庭的子女相比之下更可能获得更优质高等教育。出现这一结果，本书还没有找到令人信服的解释。模型 9 加入父母受教育程度这个群体特征变量，估计结果表明，只有母亲受教育程度为大专及以上层次时，母亲受教育程度对其子女能否享有更优质高等教育才产生显著影响。

六　研究结果与启示

对不同质量高等教育享有机会的描述性分析和计量分析表明，在高等教育普及阶段的浙江，各层次质量高等教育享有机会具有与全国总体一致的分布特征和不公平表现。从分布特征看，总体上，优质高等教育享有机会在户籍、社会阶层、收入组和父母受教育程度之间分布存在显著差异，表现为优质高等教育享有机会更多倾向于城镇户籍家庭、社会优势阶层、父母受过良好教育家庭和高收入组家庭，相比较，农村户籍家庭、父母从事低层次职业家庭、父母受教育程度较低家庭以及位于较低收入组家庭的子女接受的高等教育层次相对较低。这一实证发现说明我国社会分层与高等教育质量分层具有很强关联性，这种关联性既说明我国优质高等教育资源在不同群体间分布是不公平的，又说明优质高等教育质量享有机会分层可能会反向固化社会阶层，成为我国社会阶层分化日趋严重的重要原因。当然，这一推断还需要进一步证据。不过，如果将本书实证发现与郭丛斌和闵维方（2007）、陈琳和袁志刚（2012）

有关是否接受高等教育会影响收入代际流动的观点结合在一起，上述推断还是非常直接的，即优质高等教育的不公平分布进一步降低了社会阶层之间的流动性，固化了优势社会阶层的代际传递。

优质高等教育对收入流动和阶层流动的显著影响，促使每个家庭穷尽所能为子女创造享有优质高等教育的机会，本书研究很好地解释了我国现实情况。在我国，无论是城镇家庭还是农村家庭，无论是殷实家庭还是贫困家庭，无论父母受教育程度高低，所有家庭将子女教育视为最为重要的事情，只要子女愿意读书能够读书，就要供子女读大学读好大学。然而，尽管我国高等教育自改革开放以来有了令人瞩目的发展，但优质高等教育依然非常稀缺，所以竞争就成了必然。为了能让子女进入好大学接受优质高等教育，社会中的优势阶层利用了各种手段，包括对公共政策制定的影响等。那么家庭所处阶层的优势程度真的会决定子女享有更优质高等教育的机会吗？正如陈晓宇（2012）研究所指出的，从结果看，我国高等教育资源分配的确存在群体间差异，但这种差异并不一定说明我国优质高等教育资源分配存在不公平现象，关键看优质高等教育享有机会群体差异产生的原因和机制。本书利用 logistic 模型对不同社会阶层家庭子女享有更优质高等教育机会决定因素所做的计量分析表明，至少在浙江，高等教育资源分配上的群体差异的确表现出严重的不公平。具体表现在如下两个方面：第一，是否接受优质高中教育显著影响优质高等教育的享有机会，优质高中教育的影响几乎不受社会阶层其他群体特征变量所影响，这说明我国优质教育资源分布具有很强的惯性特征；第二，尽管户籍、家庭收入、社会阶层和父母受教育程度等群体特征变量对能否享有优质高等教育机会的影响不是非常稳定，但低收入家庭、父母低教育程度家庭、农村家庭以及父母从事低层次职业家庭的子女更高比例流向普通本科院校和高职（高专），而高收入家庭、高学历父母家庭、父母是国家和社会管理者以及城镇家庭子女更高比例流向部属院校和省属重点院校，这种差异在社会阶层的两端表现非常明显，说明我国优质高等教育资源分配并不是完全按需分配。

享有更优质高等教育机会决定因素分析表明，我国高等教育在不同社会群体间存在与社会分层一样的质量分层。这一结论证明了李春玲（2010）所提出的观点，即教育机会的分配形态在很大程度上取决于社会分层的基本特征。基于机会公平的通常理解，具有接受高等教育能力的人应能平等获得高等教育机会，不因性别、种族、社会地位等非需要因素而有所差异。我们可以将这一机会公平延展到优质高等教育，因为在高等教育大众化的今天，享受高等教育机会已经不是阻碍群体分化的关键，关键因素已经转向享受优质高等教育机会。优势社会群体通过对优质高等教育机会的占优，不仅将教育机会不公平向教育质量延伸，而且进一步固化了阶层间教育差距，并将其在代际间传递。这也说明，在我国，底层家庭通过培养子女进入大学实现"鲤鱼跃龙门"和改变家庭命运的梦想变得更加困难。

上述研究结论对我国正在进行的高等教育改革有重要启发意义。众所周知，我国的教育，无论是小学、中学，还是大学，都备受诟病，但这种诟病更多在教育内容、教育方法等方面，虽然也有关注教育质量分层，但主要集中于教育资源配置方面，很少将其与社会阶层分化问题联系在一起。同时，在我国，高等教育的指挥棒作用一直备受社会批评，但这种批评也只是将其与应试教育联系在一起。实际上，我国高等教育指挥棒作用不仅于此，它也是我国普遍出现的幼儿教育择园、中小学教育择校、高中教育追求精英化、职业教育难以发展的重要原因。由于优质高等教育的享有机会很大程度上取决于学生所接受的幼儿教育、中小学教育和高中教育，因此为了能够获得更好的高等教育，不让子女输在起跑线上成了家庭教育决策的重要考量。在这样一个自上而下贯通的教育优质资源享有机会面前，各种分化社会阶层的工具就应运而生，学区房、关系、金钱、社会地位等就成了优质教育资源分享机会分配的重要工具。对于这些问题，我国教育改革者也一直在努力，试图通过公平幼儿教育和中小学教育资源配置予以化解，但效果不是很明显。究其原因在于没有从根本上厘清问题产生的机理。上述这些问题，根本不是本级教育资源配置问题，因为教育资源配置公平，即使在西方发达国家也不可能真正实现，而是家庭在子女教育上所要追求的最终目标——优质高等教育资源。我国高等教育改革必须打破高等教育质量与高等教育层级的高度关联性，推行高等教育的分类而非分层体系重构。同时改变公共教育资源配置，消除人为产生的优质高等教育资源过分集中问题，真正遵循"以促进公平公正为价值取向"的教育改革原则。

第七章 公共住院服务受益归宿

一　背景与问题

20 世纪 90 年代以来，降低健康不平等、消除决定健康水平的社会经济因素、使弱势群体健康得到持续改善，一直是许多国家公共健康政策和公共健康战略核心目标。为实现这一目标，各国政府加大公共健康投入，目的一方面在于提高公共健康服务覆盖面和弱势群体可及性，另一方面减少弱势群体公共健康服务私人负担。然而 World Bank（2004），Gafar（2006）等研究认为，增加投入与平等分享之间并没有必然联系，关键要看谁从公共健康服务中获益。Davoodi et al.（2010）基于 56 个国家 1960~2000 年数据研究发现，整体上，各国公共健康支出收益于低收入群体的目标较差，初级健康护理收益不成比例地流向了中等收入群体，这在转型经济国家更为显著。Wagstaff et al.（2014）使用普通入户调查工具和一套共同归责假定对 69 个国家和地区的研究也发现，平均和中位集中指数都显示政府公共健康支出是顺高收入群体的，而在几乎所有亚洲国家，政府健康支出总体上显著顺高收入群体。这些证据表明，尽管各国政府意识到公共健康政策促进健康公平的必要性，但解决健康不平等决定因素分配努力并没有取得太大成功，健康不平等依然很突出。由于健康不平等会强化其他领域不公平，这些不公平结合在一起形成了国家发展的闸门（World Bank，2006），威胁着社会稳定。如何通过公共健康支出受益公正配置矫正健康不平等，对国家发展和社会稳定意义重大。

在我国，政府过去 20 多年也一直将医疗卫生体制改革作为一项重要民生工程，并将改善健康服务公平性和可及性、使人人享有基本医疗健康服务、实现健康平等，作为这项民生工程的重要目标。尤其是 2009 年我国政府启动新一轮医改后，政府投入医疗卫生力度明显加大。2009~2014 年，政府医疗卫生累计投入约为 4.09 万亿元，年均增长达 24.8%。

在全社会卫生总费用中，政府投入所占比重也由 2008 年的 24.7% 上升到 2014 年的 29.9%。我国医疗卫生体制实行属地管理，所以医疗卫生服务基本上由地方财政提供。但尽管如此，在这场由中央政府主导的医药卫生体制改革中，中央政府通过增加转移支付激励地方政府参与改革的情况非常明显。2008~2014 年，中央对地方的医疗卫生转移支付增长了近 3.64 倍，而同期总的转移支付仅增长 2.48 倍，教育转移支付和社会保障转移支付增长分别仅为 2.56 倍和 2.32 倍。大规模财政投入显著改善了我国医疗卫生条件和医疗保障能力。2015 年城乡居民基本医保财政补助标准由 2008 年的人均 80 元提到 380 元，2014 年职工医保、城镇居民医保和新农合政策范围内的住院费支付比例分别提高到 80%、70% 和 75%，大病基本医保支付比例超过 50%，80% 居民能在 15 分钟到达最近医疗点。看病难看病贵问题虽然依然存在，但程度明显缓解。伴随着医疗条件和卫生环境改善，我国居民人均预期寿命也继续上升，2015 年较 2010 年居民人均预期寿命提高了 1 岁，孕产妇死亡率由 2008 年的 34.2/10 万下降至 2014 年的 21.7/10 万，婴儿死亡率由 2008 年的 14.9‰ 下降到 2014 年的 8.9‰。

然而，在我国医疗条件和医疗保障能力整体改善同时，公共健康资源配置不公现象依然很明显。赵海利（2012）基于浙江的研究表明，公共健康支出主要受益者都是高收入地区居民。解垩（2009）以及齐良书和李子奈（2011）基于中国健康和营养调查数据（CHNS）对我国居民医疗服务利用现象的研究显示，标准化后的医疗服务利用表现出明显亲高收入群体特征。Zhou et al.（2011）基于我国 2003 年和 2008 年国家健康服务调查数据（NHSS）对农村地区住院服务利用不公平所做的研究同样发现，尽管有着相同住院服务需求，但高收入群体较低收入群体却使用了更多住院服务，收入是这种现象的主要决定因素。Liu et al.（2014）基于我国西部 10 省 2005 年调查数据对健康服务利用不平等现象研究时也获得相似发现。除了公共健康资源配置和医疗服务利用上存在亲高收入群体现象，居民健康服务自付情况也明显不利于穷人。Doorslaer et al.（2007）在研究 14 个亚洲国家和地区健康服务灾难性支出情况时发现，在所有 14 个国家中，我国健康服务自付偏向穷人程度排名第三。严重偏向低收入群体的灾难性健康服务支出使我国贫困率和贫困深度更加严重（Doorslaer et al.，2006）。王晶（2008）基于八个农业县调查数据的研究也发现，医疗服务自付筹资存在严重垂直不公平和水平不公平。

上述研究说明，我国离人人享有平等医疗服务的目标还相去甚远。然而上述研究对我国医改指导意义有限，因为至少有三个方面问题。一是数据比较滞后，上述研究都是使用 2009 年新医改之前数据。而我国自 2009 年启动的新一轮医改，无论在财政投入上，还是在医疗服务社会性管制上，抑或在医疗保障方面都有很大变化。这些变化是否改进了我国公共医疗服务可及性，使我国公共医疗服务受益分配更加公平，需要基于 2009 年新医改前后入户调查数据的比较分析做出评估。二是对我国公共健康支出受益分配研究主要针对健康支出地区配置公平性、医疗服务利用公平性或者健康服务融资公平性，尽管王翌秋（2011）等利用入户调查数据分析新农合受益分配情况，但仅是针对一项改革和农民群体，很少有研究在资源配置公平分析基础上进一步分析公共健康服务受益公正分配问题。不仅如此，已有研究很少讨论公共健康支出收益分配结构变化的内在机理，所以无法评估公共健康政策变化的影响。三是已有研究仅讨论公共健康资源配置公平性，没有关注公共健康资源配置对收入分配影响。健康服务部分成本由政府通过公共健康支出予以补偿，所以降低了健康服务使用者私人支出，变相等于增加了健康服务使用者收入，从而使公共健康支出成为社会不平等的一个重要矫正机制或诱因。例如，Spadaro et al.（2013）基于西班牙公共健康支出的研究发现，如果将西班牙公共健康支出看作居民可支配收入的一部分，其在减少贫困和不公平方面是非常有效的。所以 Aaberge et al.（2010）曾强调，忽视公共服务的分配影响，将使收入分配的跨国和人群间比较存在偏误，同时也会误导减贫和减少不公平的公共政策。针对上述三方面问题，本书将基于北京大学中国社会科学调查中心 2008 年、2010 年和 2012 年入户调查数据（CFPS），利用归责假设和受益归宿方法，对我国公共医疗服务受益归宿及收入分配效应进行测度，并利用集中指数和优势检验，对我国公共医疗服务收益分配公正性进行评估。

二　文献基础与研究方法

作为健康平等的重要实现手段，公共医疗服务是否发挥了应有作用，最重要最常用的评估依据就是公共医疗服务受益分配是否公正。然而，作为一种事后评价，测度个人或家庭从公共医疗服务中所获收益并不是一件容易事。因为个人或家庭从公共服务中所获收益需要通过家庭支付意愿识别，即 Aaron 和 McGuire（1970）提出基于需求的公共服务受益评价原则。然而，尽管 Deacon 和 Shapiro（1975），Gramlich 和 Rubinfeld（1982），Rubinfeld et al.（1987）等提出了各种识别机制，但在具体应用上，因各种限制却很少被使用①。为了避免直接度量遭遇的困境，一种基于会计账户的受益归宿方法被提了出来。这种方法不是基于个人或家庭对公共服务需求，而是基于个人或家庭公共服务实际使用。这种方法可以用式（7 - 1）予以描述，其中 e 为公共服务财政投入，u_j 为第 j 个人或家庭公共服务使用量，b_j 即为第 j 个人或家庭从公共服务中所获收益。依据式（7 - 1）实施公共服务受益分析包括三步：第一步核定个人或家庭公共服务使用量 u_j；第二步用公共服务支出除以所有个人或家庭公共服务使用量获得公共服务单位使用价值；第三步用公共服务单位使用价值乘以个人或家庭使用量获得个人或家庭从公共服务中所获收益 b_j。在此基础上，基于式（7 - 2）测度不同收入群体享有公共服务受益份额，其中，q 为第 q 收入分组，s_q 为第 q 收入分组所获公共服务受益份额。

$$b_j = (e / \sum u_j) \times u_j \qquad\qquad (7 - 1)$$

① 这种方法被后来的 van de Walle（1998）称为行为分析方法（behavioural approach）。运用这种方法需要有个人或家庭需求函数信息，所以研究难度内生于评价过程（Cornes，1995）。不仅如此，Spadaro et al.（2013）还认为，这种方法容易因内生性问题产生估计偏误。参见 Dominique van de Walle, "Assessing the Welfare Impacts of Public Spending", *World Development* 26（1998）: pp. 365 - 379；Richard Cornes, "Measuring the Distributional Impact of Public Goods", in *Public Spending and the Poor: Theory and Evidence*, edited by Dominique Van de Walle and Kimberly Nead, Published by John Hopkins University Press in 1995, Baltimore and London。

$$s_q = \sum_{j \in q} b_j / e \qquad (7-2)$$

通过比较每个收入分组 s_q 和该分组人口份额或收入份额，就可获得公共服务受益分配偏向。也可使用式（7-3）或者式（7-4）计算出集中指数 CI 对公共服务受益分配做出评估，其中 r_q 和 B_q 分别为第 q 收入分组收入累积百分比和公共服务受益累积百分比，q 从 1 到 n，R_j 为第 j 个人或家庭在收入从低到高排序中所处分数秩次，$\bar{b}$ 为所有个人或家庭公共服务受益均值，cov 为加权协方差。

$$CI = (r_1 B_2 - r_2 B_1) + \cdots + (r_{q-1} B_q - r_q B_{q-1}) + \cdots + (r_{n-1} B_n - r_n B_{n-1}) \qquad (7-3)$$

$$CI = \frac{2}{\bar{b}} cov(b_j, R_j) \qquad (7-4)$$

上述基于会计账户信息的受益分析方法将公共服务供给与需求有机联系在一起，提供了政府在公共服务上资源配置效率和公平信息（Davioodi et al.，2003）。Demery（2000）和 Younger（2003）曾对这种方法早期运用做过较为详细评述，O'Donnell et al.（2007）提供了利用这种方法执行公共健康服务受益分配公平性分析的各种工具使用说明。上述文献在评述这种方法时也指出，受益归宿方法除了用成本取代受益掩盖公共服务用户需求差异，还存在不能度量公共政策变化产生的受益分配影响，没有区分个人或家庭之间对公共服务的需求差异，基于实际使用的分析没有考虑公共服务对未使用者的价值，没有考虑个人或家庭为使用公共服务支付的成本，等等。为了克服标准受益归宿方法缺陷，后续研究从不同方面进行了完善。Lanjouw 和 Ravallion（1999）针对平均受益归宿潜在缺陷，利用回归方法研究公共服务边际受益归宿，发现随着公共服务供给水平提高，低收入组从变化的收益中所获份额较高收入组更高。Warr et al.（2015）认为，只考察边际受益依然可能获得欺骗性结论，所以在前者基础上，他们将平均受益和边际受益结合在一起，利用式（7-5）获得社会中第 q 收入分组公共服务使用率比率（odds of participation rate），其中 $U = \sum_{j=1}^{m} c_j / m$ 和 $U_q = \sum_{j \in q} c_j / k$ 分别表示公共服务平均使用率和第 q 收入分组平均使用率，m 和 k 分别为总人口和第 q 收入分组人口数，t 为时间，如果 $u_j > 0$，$c_j = 1$，否则 $c_j = 0$。

$$c_q = (U_{q,t} - U_{q,t-1}) / (U_t - U_{t-1}) \qquad (7-5)$$

不过利用式（7-5）测度的并非是真正的边际受益归宿，因为式（7-5）没有控制住公共支出规模以外其他变量影响。所以需要在式（7-5）基础上，基于个人调查数据建立 logit 方程式（7-6），X 为控制变量，系数 β_q 即为改进的第 q 收入分组边际受益归宿。[①]

$$u_{jq} = \alpha_{jq} + \beta_q U_q + \gamma_q X_{jq} + \zeta_{jq} \qquad (7-6)$$

针对受益归宿方法没有考虑个人间需要差异[②]，Doorslaer et al.（2000）等使用个人公共医疗服务需求间接标准化方法。该方法认为，在医疗服务上，个人之间因身体原因会对医疗服务有不同需求，这种基于身体差异形成的医疗服务使用差异不应该被看成医疗服务受益分配不公平，基于实际使用信息测度公共医疗服务受益分配时必须要剔除这种影响。[③] 为此，基于计量分析的标准化方法被提出。该方法将影响公共医疗服务使用的因素分为两大类，即需要类 $need_{hj}$ 和非需要类 $noneed_{sj}$，其中需要类因素包括健康水平、年龄、性别等 h 个因素，非需要类因素包括收入、教育、职业、医疗保险等 s 个因素。在此基础上，首先对式（7-7）做回归分析，获得 $\hat{\phi}_h$ 和 $\hat{\varphi}_s$，接着再利用式（7-8）获得预期需要 $\hat{u}_j$；

$$u_j = \alpha + \sum_h \phi_h need_{hj} + \sum_s \varphi_s noneed_{sj} + \psi_j \qquad (7-7)$$

$$\hat{u}_j = \hat{\alpha} + \sum_h \hat{\phi}_h need_{hj} + \sum_s \hat{\varphi}_s noneed_{sj}^{av} \qquad (7-8)$$

---

① 无论是平均受益归宿还是边际受益归宿，大部分是使用截面数据或时间序列数据，但横截分析无法克服地区间异质性，时间序列分析无法克服不同时期分位点变化的影响。所以有些研究将这一方法扩展到面板数据以克服上述两个问题，例如 Ajwad and Wodon（2007）等，参见 Mohamed Ihsan Ajwad, Quentin Wodon, "Do Local Governments Maximize Access Rates to Public Services Across Areas? A Test Based on Marginal Benefit Incidence Analysis", *The Quarterly Review of Economics and Finance* 47（2007）：pp. 242 - 260。

② Fleurbaey and Schokkaert（2011）研究指出，除了需要引致差异，偏好不同也会引致差异，和前者一样，由偏好引致的差异也不应被视为不平等。参见 Marc Fleurbaey, Erik Schokkaert, "Equity in Health and Health Care", *Handbook of Health Economics* 2（2011）：pp. 1003 - 1092。

③ 在标准化过程中，针对个人之间需要差异在部门间不易观察这个问题，Bagod'Uva, Jones and Van Doorslaer（2009）利用面板模型将不可观察异质性的时间不变部分纳入标准化程序。具体参见 Teresa Bagod'Uva, Andrew M. Jones, Eddy van Doorslaer, "Measurement of Horizontal Inequity in Health Care Utilisation Using European Panel Data", *Journal of Health Economics* 28（2009）：pp. 280 - 289。

其中 $noneed_s^{av}$ 为非需要类变量样本均值，最后利用式 $u_j - \hat{u}_j + \bar{u}$ 获得标准化后的个人公共医疗服务使用量，其中 $\bar{u}$ 为所有个人医疗服务使用均值。不过基于式（7-8），Aaberge et al.（2010）提出另一种标准化方法。该方法首先将所有个人按照性别和年龄标准分成不同组，然后将年龄位于 18~50 岁的男性组 r 作为参照组，利用式 $nu_d = \hat{u}_d / \hat{u}_r$ 获得 d 组医疗服务等价需要水平，其中 $\hat{u}_d$ 和 $\hat{u}_r$ 分别为 d 组和 r 组中所有个体 $\hat{u}_j$ 中位值，在此基础上可以获得每个个人标准化后的使用水平。

　　然而，利用入户调查数据实施上述标准化过程在统计上将面临较大挑战，因为对医疗服务而言，个人首先需要做出使用还是不使用决策，在确定使用基础上，还需要做出使用多少的决策。而在测度公共医疗服务受益归宿时，在受益归宿分析框架下，首先就是需要确定个人标准化后的使用水平，而在上述标准化过程中必然涉及这两个决策过程。如果不考虑这两个决策过程，势必产生内生性和样本自选择问题。为了消除其中的内生性，包括设计随机试验、工具变量估计等方法被广泛使用。而解决样本在公共医疗服务使用上的自选择问题，Small 和 Rosen（1981）使用了分离选择框架。后续有关医疗服务使用行为的研究基本上都是使用这一框架，例如 Gundgaard（2006）就曾使用这一框架标准化丹麦居民健康服务使用。黄枫和甘犁（2010），刘国恩、蔡春光和李林（2011）等也是使用这一框架研究我国老年人医疗服务使用。分离选择框架就是将医疗使用决策分成两个阶段，即将式（7-7）分成两个部分，第一部分用式（7-9）刻画是否选择使用医疗服务，其中 c_j^* 是潜变量，如果 $c_j^* > 0$，就选择使用医疗服务，即 $c_j = 1$，否则 $c_j = 0$。在假定 v 服从正态分布或逻辑分布时，就有

$$p\left(c_j = 1 \mid \sum_j^{need}, \sum_j^{noneed} \right) p\left(v_j > -\left(\sum_s \eta_s noneed_{sj} \right) \Big| \sum_j^{need}, \sum_j^{noneed} \right),$$

其中，$\sum_j^{need}$ 为需要类矢量集，$\sum_j^{noneed}$ 为非需要类矢量集。第二部分就是针对医疗服务使用特征，对式（7-7）施加一个限制条件，即式（7-10）。假设 u_j 服从参数为 λ_j 的泊松分布，则为了保证 λ_j 非负，设定 u_j 的条件期望函数为 $E\left(u_j \mid x_j \right) = \exp\left(x_j' \beta \right)$，其中 x_j 为需要类和非需要类矢量集，β 为式（7-10）中的待估系数 $(h+s) \times 1$ 阶行列式，其元素为 $\sigma_1, \cdots, \sigma_h$ 和 $\omega_1, \cdots, \omega_s$。在假设样本为独立同分布情况下，对式

（7－10）采用极大似然估计可获得 $\widehat{\sigma_1}, \cdots, \widehat{\sigma_h}$ 和 $\widehat{\omega_1}, \cdots, \widehat{\omega_s}$ 一致估计量。

$$c_j^* = \sum_h \eta_h need_{hj} + \sum_s \rho_s noneed_{sj} + \upsilon_j \qquad (7-9)$$

$$u_j = \sum_h \sigma_h need_{hj} + \sum_s \omega_s noneed_{sj} + \xi_j c_j = 1 \qquad (7-10)$$

针对标准受益归宿方法只认为使用者才是受益者的情况，Spadaro et al.（2013）认为，这种实际消费方法会导致公共支出再分配效应的系统高估。为了克服这一局限，他们引入了保险价值方法（insurance value approach）。该方法认为，政府向民众提供的公共医疗服务，对所有居民而言，就像政府为每个居民买了一份保险，在需要医疗服务时候，可以相对较低价格获得公共医疗服务。既然具有保险功能，那么对未使用者来说，尽管未使用，但公共医疗服务的保险价值还是存在的。公共医疗服务价值就应该等于其使用公共医疗服务可能性乘以公共医疗服务的成本。为此，他们基于式（7－9）和式（7－10）的计量分析和模拟，获得每个个人可能使用数量，然后再利用标准受益归宿方法。针对标准受益归宿方法不考虑私人支付的情况，O'Donnell et al.（2008）等将健康服务融资和健康服务受益结合在一起，引入家庭支付能力概念，以家庭支付作为支付能力比例，分析谁从公共健康服务中所获净收益最高。研究发现，高收入群体的私人支付虽然较高，但获得的健康服务也更多。

三　数据与基本事实

衡量公共健康支出受益归宿，因缺乏个人或家庭详细信息，有关我国问题的研究一直局限于地区层面，尽管我国政府在全国范围内进行了五次国家卫生服务调查，但针对家庭或个人的数据截至2016年都未曾公开。公共支出最终目的是满足人的需要，所以只有基于个人或家庭的受益归宿分析对公共支出问题才具有针对性。目前为数不多的有关我国公共健康支出受益归宿研究文献都是基于入户调查数据，例如，O'Donnell et al.（2007）在比较研究中曾使用我国贵州、黑龙江和香港三个地区入户调查数据分析公共健康服务受益分配。Baeten et al.

（2013）研究我国收入流动性与居民健康关系时使用中国营养和健康调查数据（CHNS）。近年来，包括 CHNS、CHARLS、CGSS、CFPS 等在内的基于个人或家庭入户调查数据库越来越多，调查信息也越来越丰富，这为公共支出受益分析提供了可能。本书使用的数据是由北京大学中国社会科学调查中心发布的中国家庭追踪调查（CFPS）数据。中国家庭追踪调查是一项全国性、大规模和多科性社会跟踪调查项目，2012 年样本覆盖达 25 个省、市和自治区，目标样本规模达 16000 户，调查对象包含家庭中全部家庭成员。相对于目前公开使用的其他入户调查数据库，该数据调查范围相对最广，有关个人健康和医疗服务使用信息相对最丰富。CFPS 包括 2008～2012 年数据，其中 2008～2009 年的调查范围仅包含北京、上海和广东三地，2010～2012 年的调查范围扩大到 25 个省、市和自治区。这个时间段正好包括了 2009 年新医改这个关键时点，所以可以分析新医改后我国公共健康支出受益分配变化。[①] 为了实施年度间比较分析，本书选择这个数据库中的 2008 年、2010 年和 2012 年截面数据进行分析。[②]

　　在基于 CFPS 数据库分析我国公共健康支出受益分配之前，需要做五点说明。一是 CFPS 数据库中并没有区分调查对象所使用的健康服务是公立医院还是私立医院，所以在分析健康服务可及性时，也就未做公私区分。[③] 二是 CFPS 数据库中并没有关于调查对象为使用健康服务时除医疗费用、住院费用外自付的其他费用，所以在计算健康服务私人支付时只考虑个人和家庭使用健康服务时自付的医疗费用和住院费用。三是 CFPS

---

① CFPS 数据库的详细介绍参见 http://www.isss.edu.cn/cfps/About/。

② 在后续公共医疗服务使用决策的计量分析中，本书并没有采取面板数据，而是截面数据，原因主要是面板数据仅包括 2010～2012 年数据，2008～2009 年样本和 2010～2012 年样本有很大差异，如果使用 2010～2012 年面板数据就不能和 2009 年新医改之前做比较。

③ 在我国，2012 年医疗卫生机构总数中，公立医院占医院总数比重为 57.8%，基层医疗机构中公立医院占比为 52.4%，专业医疗机构中公立医院占 99.3%，而就提供的医疗卫生服务情况看，医院诊疗人次中公立医院占 90.1%，住院服务中医院提供占 71.3%、专业机构提供占 4.6%，而在医院提供的住院服务中，公立医院提供占 89.0%。上述比例关系说明公立医院是我国医疗卫生服务的主要提供者，尤其是住院服务。由于 CFPS 数据库没有关于住户家庭成员门诊信息，因此本书所研究的公共健康服务主要就是公共医疗服务中的住院服务，即公立医院提供的住院服务。资料来源于《中国卫生统计年鉴 2012》。

数据库中虽然有家庭支出数据，但支出信息比较复杂，年度之间调查时统计口径也有所不同，所以为便于比较，本书使用家庭人均纯收入作为福利变量，这与大部分研究用家庭或个人支出作为福利变量有所不同。不过这样选择倒可以避免家庭支出变量选择不同对分析结果产生的影响。为了克服通货膨胀影响，选择 2008 年为基期，采用样本所在省、市或自治区通胀指数对样本的家庭人均纯收入进行缩减。四是 CFPS 数据库中有关家庭成员健康及健康服务使用信息分布在家庭问卷、成人问卷和儿童问卷三个部分，在并库时，健康服务使用信息是可以合并处理，但有些信息无法合并处理获得一个家庭综合指标，比如健康，所以在分析时，对于难以合并的家庭信息就选择成人问卷中成人调查信息。五是在公共医疗服务使用中，并不区分年龄差异，同样在计算家庭人均纯收入时也没有采用 Aaberge et al.（2010）等考虑规模因素，赋予所有家庭成员同等权重。

首先考察健康水平在不同收入分组之间是否存在明显差异，表 7 - 1 利用两种方法对此进行了总结。从自评健康（主观）和身体活动受限（客观）程度看，居民健康水平 2010 年较新医改之前的 2008 年有显著提高，2012 年可能源于样本结构变化（农业户籍和城镇户籍样本量 2012 年差别较大）有所下降。从健康主观水平和收入关系看，2008年至 2012 年的三年调查数据整体上显示出，收入水平越高，健康主观水平也相应越高，收入决定健康的作用至少在 10% 水平上显著。但从时间趋势看，收入决定健康的作用有所减弱，2012 年尽管就自评健康而言，最高收入分组健康均值高于最低收入分组健康均值依然显著，但显著水平有所下降，尤其是身体受限程度反映的客观健康水平，不同收入分组之间的均值已没有显著差异。从城乡居民健康均值差异看，户籍因素或居住地因素对健康水平的决定作用除了 2010 年和 2012 年主观自评在 10% 水平上显著，大部分情况不显著。对比说明，2009 年的新医改在缩小不同收入分组健康差距的同时，并没有扩大城乡居民健康差距。就健康平等而言，新医改对弱化健康的收入决定作用是有一定效果的。不过这只是一个粗略结论，因为这里没有控制其他因素影响。

表 7 - 1　与收入和户口相关的健康水平（2008 年、2010 年、2012 年）

五分位	2008 年		2010 年		2012 年	
	主观	客观	主观	客观	主观	客观
最低收入组	3.26 (0.033)	0.950 (0.003)	3.95 (0.016)	0.979 (0.001)	2.97 (0.021)	0.994 (0.001)
2nd	3.51 (0.032)	0.974 (0.002)	4.22 (0.016)	0.990 (0.001)	2.96 (0.021)	0.995 (0.001)
3rd	3.33 (0.034)	0.957 (0.003)	4.33 (0.012)	0.994 (0.001)	2.93 (0.020)	0.991 (0.001)
4th	3.52 (0.034)	0.972 (0.003)	4.39 (0.013)	0.993 (0.001)	3.03 (0.020)	0.988 (0.001)
最高收入组	3.64 (0.030)	0.986 (0.002)	4.48 (0.012)	0.995 (0.001)	3.19 (0.018)	0.995 (0.001)
P 值（最低最高之间）	0.023**	0.039**	0.014**	0.071*	0.067*	0.406
农村	3.54 (0.021)	0.967 (0.002)	4.23 (0.009)	0.988 (0.001)	3.11 (0.013)	0.993 (0.001)
城镇	3.46 (0.018)	0.970 (0.001)	4.36 (0.008)	0.992 (0.001)	2.93 (0.012)	0.991 (0.001)
P 值（城乡之间）	0.108	0.317	0.091*	0.390	0.070*	0.315

注：括号内为标准差。健康水平分为主观和客观，主观和客观分别对应于 CFPS 成人问卷中所设计的有关成人自评健康和活动受限程度的调查，其中主观健康水平，即自评健康被设计为从最好到最坏 5 个等级，其中非常不健康为 5，健康为 1，为便于理解，对 5 个等级做了调整，将健康赋值为 5，最不健康赋值为 1，这样均值越低说明健康水平越低。身体受限程度按照同样方法，将完全需要帮助到无须帮助在 0 到 1 之间均匀赋值，这样均值越高说明健康水平越高。最低最高之间的 P 值是最低和最高两个收入分组健康均值差异显著性水平，城乡之间 P 值是城乡居民健康均值差异显著性水平。在剔除健康变量和收入变量缺失以及收入变量小于 0 的样本，最后 2008 年总样本数为 4976 份，其中农村 2254 份、城镇 2722 份，2010 年总样本数为 31936 份，其中农村 17142 份、城镇 14794 份，2012 年总样本数为 31720 份，其中农村 17625 份、城镇 14095 份。*** 、*** 、* 分别为 1%、5% 和 10% 水平上显著。

资料来源：作者根据 CFPS 数据库数据计算得到。

其次看患病情况是否决定于收入和户籍，表 7 - 2 为根据 CFPS 成人库中所调查的成人 2 周患病和 6 个月患病信息汇总的收入分位情况。城乡居民之间的差异都不显著，说明户籍或居住地不是影响居民患病情况的决定因素，至少不是一个有显著影响的决定因素。与表 7 - 1 一样，除了 2012 年 6 个月患病不同收入组之间差异不显著，无论是 2 周患病还是

6 个月患病，最低收入组和最高收入组之间的差异都非常显著，两组之间患病率差异在 10 个百分点左右。但除了最低收入组，大部分情况下，其他四类收入组之间差异并不明显。这一结论与表 7 - 1 是一样的，最低收入组有平均最低的健康水平和最高的患病概率。

表 7 - 2　与收入和户口相关的患病情况（2008 年、2010 年、2012 年）

单位：%

五分位	2008 年		2010 年		2012 年	
	2 周患病	6 个月患病	2 周患病	6 个月患病	2 周患病	6 个月患病
最低收入组	22 (0.013)	33 (0.015)	34 (0.006)	20 (0.005)	33 (0.009)	10 (0.006)
2nd	13 (0.011)	25 (0.014)	30 (0.007)	15 (0.005)	30 (0.008)	11 (0.006)
3rd	19 (0.013)	26 (0.015)	25 (0.006)	12 (0.005)	29 (0.009)	14 (0.007)
4th	14 (0.013)	23 (0.016)	21 (0.006)	12 (0.004)	28 (0.008)	13 (0.006)
最高收入组	12 (0.011)	20 (0.014)	21 (0.006)	12 (0.005)	24 (0.008)	11 (0.006)
P 值（最低最高之间）	0.008 ***	0.006 ***	0.006 ***	0.008 ***	0.014 **	0.579
农村	15 (0.007)	26 (0.009)	26 (0.004)	13 (0.003)	28 (0.006)	10 (0.004)
城镇	15 (0.007)	23 (0.008)	23 (0.004)	13 (0.003)	29 (0.005)	14 (0.004)
P 值（城乡之间）	0.626	0.127	0.131	0.581	0.463	0.107

注：括号内为标准差。患病情况为该收入分组中患病人数占该收入分组人数的比重。样本数量同表 7 - 1。*** 、*** 、* 分别为 1%、5% 和 10% 水平上显著。表中数据仅包含成人问卷信息，不包含儿童问卷中患病信息。

资料来源：作者根据 CFPS 数据库数据计算得到。

收入除了决定健康水平，还会决定居民患病时采取的处理方法。表 7 - 3 汇总了不同收入分组的患病处理情况。根据表 7 - 3，患病是否立即就医，最低收入组有立即就医倾向的比例明显高出最高收入组。为什么富人患病立即就医倾向较低？这种情况在 CFPS 的调查数据中可以找到答案。在 CFPS 调查数据中有一个问题是没有选择立即就医原因，根据这个数据可以发现，最高收入组中患病不立即就医的原因 68% 是没有时间，19% 是觉得没关系。数据对比表明，高收入群体患病不选择立即就医，不是因为收入，而是忙于工作。这在表 7-3 的第三列可以看得更清楚，有病不看，高收入群体因为收入问题的比例明显小于低收入群体。所以低收入群体和高收入群体都有可能在患病时没选择立即就医，但原因不同。不仅如此，低收入群体患病选择医疗服务提供者因收入因素和高收入群体不同，低收入群体患病选择小医院、小诊所等比例较大，这些医疗卫生机构费用相对较低。尽管大医院、专科性医院大部分是公立医院，但私人负担还是明显高于前者，所以对低收入群体而言，患病时选择去大医院的比例明显偏低，远远低于高收入群体。这和 Chakraborty et al.（2013）在研究印度公共医疗服务使用时发现的情况正好相反。表 7-3 的信息进一步佐证了，在我国，收入不仅决定了健康水平，而且也决定了患病的处理方式。

表 7-3　与收入相关的患病处理信息（平均）

单位：%

五分位	患病立即就医比例[a]	有病不看源于药费太贵比例[b]	患病去大医院比例[c]
最低收入组	39（0.006）	47（0.006）	17（0.005）
2nd	34（0.007）	35（0.007）	25（0.007）
3rd	32（0.006）	24（0.006）	32（0.007）
4th	28（0.007）	21（0.006）	39（0.008）
最高收入组	25（0.006）	13（0.005）	50（0.008）
P 值（最低最高之间）	0.009 ***	0.000 ***	0.002 ***

注：患病立即就医信息仅由 2008 年和 2010 年数据计算得到，有病不看源于药费太贵也是仅由 2008 年和 2010 年数据计算得到，患病去哪里就医的数据包括 2008 年、2010 年和 2012 年的数据。***、***、* 分别为 1%、5% 和 10% 水平上显著。括号内为标准差。数据为该收入分组中有相关活动的人数占该收入分组总人数比重。在 CFPS 统计信息中，对缺失值样本和非正常值样本都予以剔除，[a] 和 [b] 对应的全部样本量都是 36912 份，[c] 对应的全部样本量为 43521 份。数据仅为成人问卷提供的信息。

资料来源：作者根据 CFPS 数据库数据计算得到。

最后考察公共医疗服务可及性和医疗保险覆盖面。就可及性而言，本书选择住户到最近医疗点所需要的时间。表 7-4 总结了不同收入组到最近医疗机构的平均时间，从中看出，2010 年和 2012 年较 2008 年，最低收入组和最高收入组之间差距都明显扩大，最低收入组到达最近医疗机构平均时间在 2010 年和 2012 年较最高收入组均高出 30% 以上。从集中指数看，三年的集中指数都是负的，说明医疗资源空间配置不利于收入较低人群，不利程度在新医改之后 2010 年出现了明显扩大。这说明新医改使医疗服务可及性对低收入群体而言变得更差。从城乡间情况看，新医改也同样扩大了城乡住户医疗服务可及性差异，虽然没有显著改变城镇居民医疗服务可及性，却显著降低了农村居民医疗服务可及性。从城乡内部看，虽然在趋势上和整体情况一样，但整体上，农村内部医疗服务可及性有利于高收入群体的程度明显高于城镇内部。在新医改的推动下，2012 年相较于 2010 年，城镇内部的可及性差异有所缩小，农村内部的可及性差异也有一定程度缩小，但程度很有限。

表 7 - 4　医疗服务可及性 （2008 年、2010 年、2012 年）

单位：分钟

五分位	2008 年	2010 年	2012 年
最低收入组	22.17 （0.648）	35.47 （0.916）	33.29 （0.599）
2nd	18.94 （0.324）	30.26 （0.560）	31.21 （0.644）
3rd	20.18 （0.557）	27.51 （0.515）	28.93 （0.570）
4th	19.41 （0.358）	24.37 （0.446）	24.64 （0.485）
最高收入组	19.29 （0.423）	23.01 （0.473）	23.19 （0.322）
CI （整体）	-0.00718 （0.00525）	-0.09008 （0.00613）	-0.07894 （0.00445）
CI （农村）	-0.02392 （0.00794）	-0.05491 （0.00626）	-0.05425 （0.00533）
CI （城镇）	-0.00246 （0.00637）	-0.03018 （0.01822）	-0.02116 （0.00625）
农村	19.05 （0.308）	33.53 （0.433）	32.06 （0.347）
城镇	20.51 （0.277）	20.85 （0.390）	20.82 （0.216）
P 值 （城乡间）	0.296	0.013**	0.013**

注：括号内为标准差。数据为每个收入组到达最近医疗机构所需时间均值。在 CFPS 数据中，有相当样本所登记的时间为 0 或很小的数据，对于这些不甚合理的样本，在表中所统计的样本中已经将其剔除。剔除标准就是所有到达最近医疗机构时间 ≤5 分钟的样本，剔除后的样本量，2008 年为 1986 份，2010 年为 11804 份，2012 年为 10301 份。P 值为城乡住户到达最近医疗机构时间均值差异显著性水平。CI 为集中指数，由于到达最近医疗机构时间随收入上升而下降，因此 CI 指数为负时表示可及性不利于低收入群体，负值越大说明可及性不利于低收入群体的程度越高。资料来源 CFPS 中的家庭问卷，收入五等分是经调整后的家庭人均纯收入。数据取自家庭问卷。表中 ***、**、* 分别表示在 1%、5%、10% 水平上显著。

资料来源：作者根据 CFPS 数据库数据计算得到。

就医疗保险覆盖面而言，首先看医疗保险是不是将最需要保障的居民保障在内。一般认为，健康水平越差，需要医疗保障的程度在医疗服务公正配置体制下应该越高。从表 7-5 第 5 列和第 6 列看出，就三年平均水平而言，自评健康水平越低，医疗保障的比率越高。这说明我国医疗保障覆盖率，一方面整体水平较高，平均 74.2% 人口都被纳入了医疗保障范围，另一方面符合公正配置要求，给予最需要保障居民更大范围保障。从时间上看，从 2008 年到 2012 年，保障覆盖率还是有所差异。2008 年平均保障覆盖率约为 60.2%，2012 年升至 86.6%，基本上实现了应保尽保目标。两年间显著差异说明，2009 年启动的新医改极大提高了医保覆盖率。健康水平与医保覆盖率关系与不同收入组之间医保覆盖率差异是一致的。2010 年和 2012 年相对于 2008 年，医保覆盖率在不同收入组之间配置更加公平。不过尽管如此，在城镇，医保覆盖率在不同收入组之间的差异还是较为显著的，尤其是 2008 年，城镇最低收入组医保覆盖率仅为 17%，而最高收入组是 64%。2009 年的新医改虽然同时提高了不同收入组的医保覆盖率，并且高收入组的医保覆盖率较低收入组依然更高，但三年对比可以看出，在医保覆盖率提高的过程中，低收入组的改善更为明显。这一情况和 Lanjouw 和 Ravallion（1999）以及 Krusea et al.（2012）等有关公共支出边际受益分配的研究发现是一致的。这一事实也进一步说明，2009 年启动的新医改对提高低收入组医疗保障覆盖率，弱化收入对医保覆盖率决定作用是有积极意义的。

表 7-5　医疗保障覆盖率

单位：%

五分位	2008 年		2010 年		2012 年		自评健康	三年平均
	整体	城镇	整体	城镇	整体	城镇		
最低收入组	79	17	84	79	88	79	不好	81（0.008）
2nd	64	25	81	72	86	81	不太好	76（0.007）
3rd	40	23	80	74	86	85	差不多	74（0.006）
4th	50	39	81	79	86	85	好	72（0.005）
最高收入组	68	64	82	81	87	87	很好	68（0.005）
农村	83（0.008）		87（0.003）		90（0.002）		P（不好很好之间）	0.047**
城镇	41（0.009）		76（0.004）		82（0.003）			

注：为了节省篇幅，收入组医保覆盖率均值省略了标准差。数据为对应收入组居民享有至少一项医疗保障的人口比例。根据 CFPS 数据，医疗保障项目有公费医疗、城镇职工医疗保险、

城镇居民医疗保险、补充医疗保险以及新型农村合作医疗，只要享有其中的一项即为享有医保。括号内为标准差，第5列的 P 值为自评健康水平位于不好和很好两个极端之间差异的显著水平，** 为5%水平上显著。数据仅针对成人问卷，分析对象不是家庭，而是个人，所以这里的收入五等分的收入是经调整后的个人收入。

　　资料来源：作者根据 CFPS 数据库数据计算得到。

　　尽管2009年新医改提高了医保覆盖率，尤其是低收入组的医保覆盖率，但我国不同医保制度保障力度存在较大差异，使得同样被纳入医保范围，但不同群体为获得医疗服务需要的私人支付却有很大不同。从表7-6看出，住户医疗服务家庭自付比例，收入较低家庭明显比收入较高家庭高。不过从三年趋势看，2009年新医改后，内部不公平有所下降，集中指数由2008年的 -0.094 升至2010年的 -0.034 和2012年的 -0.046。从城乡之间差异看，城乡差距尽管比较大，但2009年新医改后有明显缩小。不过新医改对降低住户医疗服务家庭自付作用在城乡之间有明显不同，新医改的作用对农村住户非常明显，由改革前2008年的92%下降到2012年的71%。自付比例只是反映出家庭负担的差异，所以不能从整体上反映医疗服务融资的负担分配。表7-7对医疗服务成本补偿在不同收入组之间分配进行了总结。从表7-7看出，三年中各收入组医疗费家庭自付所占比重，与该收入组人口占比相比，都明显更高。对家庭自付累积分布与洛伦兹曲线和公平线所做的优势检验都说明，前者明显占优家庭收入累积分布和45度公平线。这一结果说明，我国医疗服务成本不成比例地由低收入家庭承担，医疗服务成本分配不仅不公平，而且是严重累退的。不过这一结论是可以理解的，因为前述健康分析已经表明，低收入组相对于高收入组有更低健康水平和更高就医倾向，所以尽管新医改使低收入家庭私人支付比例有所下降，但并没有改变健康服务成本补偿严重偏向低收入家庭的情况。从年度间比较看，最低收入组在家庭自付中所承担比例不仅未减，反而在新医改之后出现明显上升。这一结果从绝对量和负担分配上又说明，我国2009年的新医改并没有真正降低低收入家庭使用健康服务的家庭负担。集中指数很好地说明了这一点。

表7－6　住户医疗服务家庭自付比例（2008 年、2010 年、2012 年）

单位：%

五分位	2008 年	2010 年	2012 年
最低收入组	90（0.009）	75（0.014）	75（0.020）
2nd	83（0.013）	74（0.023）	66（0.023）
3rd	63（0.016）	68（0.019）	56（0.020）
4th	62（0.019）	59（0.023）	51（0.023）
最高收入组	61（0.017）	57（0.026）	50（0.026）
农村	92（0.005）	75（0.008）	71（0.008）
城镇	64（0.009）	64（0.010）	60（0.009）

注：括号内为标准差，数据为不同收入组家庭医疗服务总费用中家庭直接支付的部分，2012 年因 CFPS 中没有总医疗费中家庭直接支付部分的调查信息，自付比例采用总的住院费用中家庭直接支付部分度量。在统计样本中，有关就医信息中大部分是 0 值或缺失值，对于缺失值的就看作 0 值。所以在计算每个收入组住户医疗服务自付比例时只是统计有医疗服务使用情况的住户，数据即为这些住户平均医疗服务自付比例。资料来源于 CFPS 的成人问卷和儿童问卷，通过并库加总成人问卷中的医疗总费用或住院总费用和儿童问卷中的过去一年花在小孩身上的医疗支出，同样方法获得医疗支出中或住院总费用中家庭支付部分。将家庭所有成员总医疗支出加总，将家庭成员总医疗支出中家庭自付部分加总，两者相除获得家庭医疗服务自付比例。

资料来源：作者根据 CFPS 数据库数据计算得到。

表7－7　住户医疗服务费用家庭自付累积分布（2008 年、2010 年、2012 年）

累积百分比	2008 年	2010 年	2012 年
20%	**27.76%** *（2.773）	**51.17%** *（2.331）	**61.957%** *（2.008）
40%	43.33% *（2.978）	**66.36%** *（2.190）	**69.46%** *（1.974）
60%	**66.85%** *（2.668）	**75.88%** *（2.002）	**79.37%** *（1.765）
80%	**84.73%** *（2.115）	83.45% *（1.920）	**90.97%** *（1.381）
占优洛伦兹曲线	＋	＋	＋
占优 45 度线	＋	＋	
CI	－0.123（0.039）	－0.457（0.032）	－0.488（0.026）

注：第 2～5 行括号内为标准差，最后一行括号内为稳健标准误。粗体表示与家庭累积份额相比差异在 5% 水平上显著，*表示与家庭收入累积份额存在 5% 水平上显著差异。第 1 列为按收入从低到高排序家庭累积百分比，第 6 行和第 7 行为优势检验结果，＋表示家庭累积分布占优家庭收入累积分布或 45 度公平线。

资料来源：作者根据 CFPS 数据库数据计算得到。

四 公共医疗服务受益分配

第三部分提供的基础信息只能粗略说明，我国不同收入组存在健康上的不平等，尽管2009年的新医改改善了医疗服务可及性和医保覆盖率，使低收入组在医疗条件改善中获得更大改进，但低收入组在医疗服务成本上却承担了不成比例的负担。不过这还不能说明医疗服务受益分配不公，因为低收入组所承担的医疗费用相对更高，也可能是因为他们有更高的医疗服务使用，后者才与公共医疗服务受益分配有关。本节首先分析家庭医疗服务使用，在此基础上再核定单位医疗服务成本，以此作为单位医疗服务使用收益，最后利用集中指数和优势检验推定我国公共医疗服务受益分配特征。在分析家庭医疗服务使用时，分两步进行，第一步使用实际消费法，第二步考虑个人医疗服务需求差异。CFPS数据没有关于门诊服务的信息，所以本书医疗服务仅包括过去1年住院服务。[①] 为此，首先基于实际消费法利用第二部分式（7-5）计算得到各收入组家庭医疗服务使用信息。表7-8显示，最低收入组无论是平均使用率比率还是边际使用率，都大于1。这说明最低收入组不仅有最高的医疗服务使用率，而且随着时间变化，使用率更高。如果按照成本法核算医疗服务使用受益，最低收入组不仅是医疗服务的最高受益群体，而且也是医疗条件改善的最大受益群体。这也符合新医改要求。

表7-8 不同收入分组医疗服务边际使用率

五分位	AOP_{2008}	AOP_{2010}	AOP_{2012}	$c_{q,2010-2008}$	$c_{q,2012-2010}$
最低收入组	1.32	1.66	2.16	1.80	3.03
2nd	0.85	0.69	0.51	0.62	0.20

---

① 有关医疗服务使用，不同研究差别很大，有的使用看医生次数，有的使用住院次数，还有的使用住院天数，也有使用医疗服务支出。除此之外，基于调查数据的研究还涉及时间问题，有的研究使用的是过去4周，有的使用过去2个月，还有的使用过去1年。本书根据CFPS数据提供的信息，使用过去1年住院天数度量个人医疗服务使用。由于在CFPS数据中，虽然儿童问卷提供了有关家庭中小孩医疗服务使用信息，但仅有两个信息，一是看过几次病，二是是否住过院，并没有提供住院天数。而在成人问卷中仅有住过几次院和住院天数，没有看过几次病，即门诊次数。所以测度家庭医疗服务使用时，并没有使用儿童问卷中的医疗服务使用信息，仅根据成人问卷测度家庭医疗服务使用。

五分位	AOP_{2008}	AOP_{2010}	AOP_{2012}	$c_{q,2010-2008}$	$c_{q,2012-2010}$
3rd	1.03	0.62	0.56	0.45	0.46
4th	0.70	0.70	0.52	0.70	0.22
最高收入组	0.92	0.55	0.48	0.40	0.35

注：第 2～4 列利用文中第二部分计算公式获得的各收入组平均使用率比率，第 5～6 列为第二部分式（7-5）计算得到的各收入组边际使用率。数据仅根据成人问卷和儿童问卷计算得到家庭住院与否，即家庭成员中只要有人住过院，就表示家庭使用了医疗服务。AOP 为平均使用率比率（average odds of participation）。

资料来源：作者根据 CFPS 数据库数据计算得到。

　　然而，从第三部分基础信息中可以看出，最低收入组虽然有相对最高的医疗服务使用率，但也有相对最低的健康水平。后者意味着最低收入组应该较其他收入组有更高的医疗服务需求。而根据第二部分分析，这种因需求差异产生的医疗服务使用上的不平等不应被视为不平等。所以接下来采用第二部分的式（7-7）至式（7-10）消除需求差异形成的医疗服务使用不平等。首先利用式（7-9）至式（7-10）获得待估参数。为了便于利用式（7-8）标准化医疗服务使用，按照式（7-7）至式（7-10）将右手边变量分为需要类和非需要类，其中需要类变量包括过去 6 个月内是否生过病、健康水平、年龄、性别、家庭垃圾处理方式、家庭饮用水、是否抽烟、是否有午睡习惯、是否饮酒以及是否晚睡，非需要类变量包括家庭人均纯收入、是否有医疗保险、受教育程度、到达最近医疗点的时间、居住地以及户籍。其中根据年龄与健康的关系，将年龄分为四个年龄段，即 18～35 岁、36～50 岁、51～65 岁和 66 岁及以上。根据第二部分介绍，医疗服务使用是由两个不同过程所决定的，并且在样本中，大部分家庭医疗服务使用为 0，所以使用两阶段模型和极大似然估计，第一阶段是否住院，采用逻辑回归（logit）估计式（7-9），第二阶段住院天数，采用泊松回归（poisson）估计式（7-10）。通过估计能够获得离散型变量住院服务使用的无条件概率函数。由于在第二阶段估计时，样本方差远大于样本均值，2008～2012 年，样本方差分别为 8.55、9.57 和 7.39，而三年的样本均值分别为 1.18、2.11 和 1.42，因此不能直接利用泊松回归估计式（7-10），需要采用负二项回归。此外，针对样本中大量 0 值的情况，在估计时根据 Vuong 统计量确定是否采用零膨胀负二项回归。表7-9和表7-10分别报告了式(7-9)和式(7-10)的估计结果。由于第一阶段回归中估计并不能反映自变量变化对因变量的边际影响,为了顺便考察不同因素对是否使用住院服务概率产生影响,表7-9报告的是边际效应。

表7-9 住院服务使用决策第一阶段逻辑回归(边际效应)

(2008年、2010年、2012年)

项目	2008年	2010年	2012年
Smonthill	0.0305795 *** (0.00792)	0.0958017 *** (0.00692)	0.1615931 *** (0.01293)
Healthlevel	-0.0824319 *** (0.02763)	-0.128283 *** (0.0193)	-0.2804262 *** (0.04222)
Age2	0.0224735 (0.01554)	-0.0064162 (0.00517)	0.0025558 (0.00976)
Age3	0.0334667 *** (0.01256)	0.0131986 ** (0.00529)	0.0354159 *** (0.00928)
Age4	0.0668815 *** (0.02023)	0.026633 *** (0.00699)	0.1648567 *** (0.01685)
Gender	0.0112951 * (0.00641)	0.0106159 ** (0.00435)	0.0051412 (0.00722)
Garbge	0.0189034 *** (0.00591)	0.0172825 *** (0.00471)	0.0333037 *** (0.00744)
Water	0.0059307 (0.00749)	0.0094865 ** (0.00376)	0.0081332 (0.00668)
Smoke	-0.0069824 (0.00745)	-0.0116464 *** (0.00446)	-0.0027521 (0.00778)
Nap	0.0063748 (0.00568)	0.0074806 ** (0.0034)	0.0110757 * (0.00576)
Wine	-0.0035877 (0.00789)	-0.0062908 (0.00488)	-0.0115693 (0.00813)
Sleep	-0.0073265 (0.00608)	-0.0065287 (0.00411)	-0.02292 *** (0.00653)
Income	-0.0189868 *** (0.0015)	-0.0278813 *** (0.00069)	-0.0527697 *** (0.00119)
Insurance	-0.0060988 (0.00779)	0.0115168 *** (0.00418)	0.0297318 *** (0.00761)

续表

项目	2008 年	2010 年	2012 年
North	−0.0120164 ** (0.00572)	−0.009901 *** (0.00383)	−0.0074797 (0.00636)
Edu	0.0037487 * (0.00207)	0.0037809 ** (0.00168)	0.0067383 ** (0.00268)
Urban	0.0117667 (0.00836)	0.0074217 * (0.00411)	0.0222193 *** (0.00742)
Hostime	0.0004394 (0.00036)	0.0001229 ** (0.00007)	0.0005355 *** (0.00018)
Obs	4362 份	27763 份	15595 份
Wald chi2 (18)	373.97	3596.61	4513.13
Prob > chi2	0.0000	0.0000	0.0000
Pseudo R^2	0.1535	0.2797	0.4724
Log likelihood	−864.12458	−5793.3724	−3854.7593
Correctly classified	94.52%	92.35%	92.48%

注：括号内为稳健标准误。第一列自变量自上而下分别是 6 个月内是否生病（Smonthill），健康状况（Healthlevel），年龄是否在 36 ~ 50 岁（Age2），年龄是否在 51 ~ 65 岁（Age3），年龄是否在 66 岁及以上（Age4），性别（Gender），家庭垃圾处理方式（Garbge），饮用水是否为自来水或矿泉水（Water），是否吸烟（Smoke），是否午睡（Nap），是否喝酒（Wine），是否晚睡（Sleep），家庭人均纯收入（Income），是否有医疗保险（Insurance），家庭是否在北方（North），教育水平（Edu），是否为城市户口（Urban），到达最近医疗机构时间（Hostime），样本数（Obs）。其中 Sleep 标准选择 22：30，如果睡觉时间晚于 22：30，则 Sleep = 1，否则 Sleep = 0。如果样本居住在北京、天津、河北、山西、陕西、辽宁、吉林和黑龙江，North = 1，其他地区，North = 0。Healthlevel 取值为 1 ~ 5，分别对应不好到很好。Edu 取值 1 ~ 7，分别对应小学以下、小学、初中、高中或中专技校、大专或高职、本科和研究生。***、**、* 分别表示在 1%、5%、10% 水平上显著。所有数据仅取自成人问卷和家庭问卷，这里的是否住院没有考虑儿童问卷中家庭小孩使用医疗服务的情况。回归估计的因变量为成人问卷中个人是否住过院。

资料来源：CFPS 数据库。

表 7 − 10　住院服务使用强度回归结果（2008 年、2010 年、2011 年）

项目	2008 年	2010 年	2012 年
Smonthill	0.211861 ** (0.1074736)	0.2868353 *** (0.0436388)	0.7882734 *** (0.0854659)
Healthscore	−0.0085327 (0.3417682)	0.8376683 *** (0.0753369)	−0.4848217 *** (0.0350771)
Age2	1.002693 *** (0.2354306)	0.6052199 *** (0.0662086)	0.1578286 (0.1669179)

续表

项目	2008 年	2010 年	2012 年
Age3	0. 8262557 ***	0. 7212071 ***	0. 1657059
	(0. 1943489)	(0. 0583251)	(0. 1155151)
Age4	0. 9367951 ***	0. 8116305 ***	0. 8047195 ***
	(0. 2051713)	(0. 0611478)	(0. 122089)
Gender	0. 4533425 ***	0. 4425014 ***	0. 3465126 ***
	(0. 1485489)	(0. 0514767)	(0. 0976001)
Garbge	− 0. 119657	− 0. 0554694	0. 2018781 *
	(0. 1509427)	(0. 0514515)	(0. 1110963)
Water	0. 3590444 **	0. 213653 ***	0. 2663768 **
	(0. 1730034)	(0. 0469089)	(0. 1046499)
Smoke	− 0. 2679989	− 0. 1191355 **	− 0. 099671
	(0. 1726311)	(0. 0575887)	(0. 1237555)
Nap	0. 3144697 ***	0. 2159013 ***	0. 2832737 ***
	(0. 1186262)	(0. 0403555)	(0. 0908445)
Wine	− 0. 098489	− 0. 1667064 **	− 0. 2599701 *
	(0. 16576)	(0. 0690214)	(0. 1402949)
Sleep	− 0. 2168817	− 0. 1781463 ***	− 0. 3485266 ***
	(0. 138786)	(0. 0541574)	(0. 1005942)
Income	− 0. 0034339	− 0. 0273902 ***	− 0. 2389112 ***
	(0. 0170513)	(0. 0051378)	(0. 009023)
Insurance	0. 1879529	0. 1043228 **	0. 5309927 ***
	(0. 1523933)	(0. 049563)	(0. 1307502)
North	0. 3006925 **	0. 1259391 **	0. 2738995 **
	(0. 122468)	(0. 0494305)	(0. 118862)
Edu	0. 0113668	0. 09609 ***	− 0. 0428257
	(0. 0390366)	(0. 0187816)	(0. 0344688)
Urban	0. 7526023 ***	0. 3864028 ***	0. 2714599 **
	(0. 1722253)	(0. 0470949)	(0. 1075557)
Hostime	− 0. 0027114	0. 0040137 ***	0. 0057873 *
	(0. 0075445)	(0. 001178)	(0. 0032284)
_cons	2. 665321 ***	1. 962211 ***	1. 777918 ***
	(0. 0639551)	(0. 0226565)	(0. 2494677)
Nonzero/ Zero obs	471/2091 份	2572/20191 份	2775/12819 份
Wald chi2 (18)	3044. 96	16066. 58	1567. 03
Prob > chi2	0. 0000	0. 0000	0. 0000
Log likelihood	− 2033. 995	− 17677. 84	− 17505. 86

项目	2008 年	2010 年	2012 年
Vuong test	6.51　Pr > z = 0.0000	7.21　Pr > z = 0.0000	− 4.13　Pr > z = 1.0000
alpha	0.5142968　0.7919425	0.906784　1.066671	12.26109　13.83358

注：括号内为稳健标准误。第 1 列变量名称及赋值方法同表 7 - 9。最后一行为 alpha 的
95% 置信区间。*** 、** 、* 分别表示在 1% 、5% 、10% 水平上显著。在采用泊松回归时，al-
pha 的 95% 置信区间 2008 年为 (0.51, 0.79)，2010 年为 (0.91, 1.07)，2012 年为 (12.26,
13.83)，都在 5% 显著性水平上拒绝 alpha = 0 原假设，所以应使用负二项回归。而 Vuong 统计量，
2008 年和 2010 年都远大于 1.96，所以应使用零膨胀负二项回归，但 2012 年该统计量为 − 4.13，
远小于 − 1.96，所以拒绝零膨胀负二项回归，应使用标准负二项回归。所以 2008 年和 2010 年的回
归方法是零膨胀负二项回归，而 2012 年采用的是标准负二项回归。其他情况同表 7 - 9。

资料来源：CFPS 数据库。

　　从表 7 - 9 报告的结果看，最后一行显示，模型有相当高的解释力。
此外，尽管大部分变量影响系数都很小，但有部分变量的边际影响却非
常显著。家庭收入在三年中对使用住院服务的概率边际影响都是显著为
负，这一结果与前文表 7 - 3 和表 7 - 8 反映的情况是一致的。这说明，
在我国，家庭收入水平越高，使用住院服务的概率反而越低。过去 6 个
月生过病、健康水平低以及年龄大三个因素对是否使用住院服务边际影
响和理论预期一致，都会增加使用住院服务的概率，而健康水平越高，
越会显著降低住院服务使用概率。对于性别，系数显示女性使用住院服
务的概率明显高于男性。是否有医疗保险（包括新型农村合作医疗），
在 2010 年和 2012 年的估计中显示，将显著增加使用住院服务概率。这
一结论与 Currie 和 Gruber (1996) 发现医疗补助资格放宽增加医疗服务
使用是一致的，也与柴化敏 (2013) 的研究发现一致，后者基于
CHARLS 数据的研究发现，医疗保障明显增加了个体就医行为有。教育
水平和到最近医疗机构时间在大部分估计中都会显著增加使用住院服务
概率。不过在表 7 - 9 中也发现一些难以解释的现象，比如将垃圾倒进垃
圾桶这种较好垃圾处理方式反而会增加使用住院服务概率，有午睡习惯
在一些估计中同样如此，而晚睡和吸烟这种不健康的生活方式却在有些
估计中显示出降低使用住院服务概率。

　　和表 7 - 9 报告的住院服务是否使用决策估计结果比较，尽管第二阶
段回归中样本数量明显较少，但表 7 - 10 报告的结果显示相当多变量影
响依然显著。从表 7 - 10 中可以看到，非需要类变量中，家庭收入水平

对住院服务使用强度的影响同样显著为负，有医疗保险的个人、居住在北方的个人、有城镇户籍的个人，以及离医疗机构较近的个人，在大部分估计中都显示会显著增加住院服务使用。不过和上述变量相比，教育的影响很不稳定。这和教育对是否使用住院服务影响不同。在需要类变量中，身体状况、年龄因素以及性别，基本都会显著增加个人住院服务使用强度。而生活环境和生活方式对住院服务使用强度的影响和对是否使用住院服务影响一样，结果和正常预期很不一致。

通过式（7-9）和式（7-10）估计获得了待估系数，接下来依据式（7-8）标准化住院服务使用。这个标准化过程不是采用消除住院服务使用中基于需要的住院服务使用，而且对未实际使用住院服务的个人，采用 Spadaro et al.（2013）的方法，基于保险价值评价，赋予未实际使用者可能使用的概率和强度。[①] 表7-11归纳了标准化前后个人住院服务使用强度。从表7-11中看出，就实际使用而言，表7-11和表7-8反映的情况一致，集中指数也显示，住院服务使用有利于低收入组。但标准化之后，每个收入组平均使用天数都有所增加。这说明即使低收入组使用了相对更多的住院服务，但依然存在一些低收入者或家庭尽管身体需要，还是因收入等因素未能使用住院服务。其他收入组也是一样情况，只是原因可能不同。对高收入组而言，可能时间因素比收入因素更为重要或者实际使用了但未被 CFPS 调查信息所反映。[②] 标准化之后的医疗服务使用集中指数，都较实际消费法绝对值要小。这说明，如果考虑到住院服务给需要的个人提供了保险价值，我国医疗服务使用偏向低收入组的程度有所下降。就城乡内部差异而言，标准化前后住院服务使用，城市分别为2.12和2.19，农村分别为2.10和2.23，对应集中指数，城市分别为-0.39和-0.35，农村分别为-0.51和-0.39，意味着在城乡内

---

① 对实际消费法存在的问题，有两种处理方法，一种是采用标准化方法消除应该需要部分，另一种是采用保险价值方法赋予未实际使用者对医疗服务的评价，以此作为其从医疗服务中所获保险价值。后一种方法相对更为科学。因为前一种方法认为实际需要部分对医疗服务使用者没有受益，这对未使用者显然是不公平的，因为在未使用者中，可能有和使用者有一样需要的程度，只是源于其他因素没有使用医疗服务。

② 高收入组使用了较少医疗服务，可能与 CFPS 数据调查的信息有限有关。CFPS 所调查对象基本上是普通民众，使用的住院服务基本上是医院提供的，而像印度一样，高收入组可能更倾向于使用高档私人诊所或医疗服务机构。

部，医疗服务使用偏向低收入组程度标准化后有所下降。

表 7 – 11　考虑需求前后公共医疗使用情况比较（住院天数）
（2008 年、2010 年、2012 年）

五分位	2008 年		2010 年		2012 年	
	标准化前	标准化后	标准化前	标准化后	标准化前	标准化后
最低收入组	1. 6718	1. 7898	4. 7320	4. 8421	8. 3806	8. 4538
2nd	0. 7225	0. 8933	1. 0377	1. 2670	1. 0027	1. 7538
3rd	1. 1798	1. 3096	0. 8714	1. 1176	1. 7196	2. 2888
4th	1. 2743	1. 3943	1. 0284	1. 2730	1. 6966	2. 1234
最高收入组	1. 1127	1. 3117	0. 9271	1. 1851	1. 1111	1. 7955
CI	– 0. 0696 (0. 0835)	– 0. 0531 (0. 0733)	– 0. 3956 (0. 0288)	– 0. 3247 (0. 0241)	– 0. 4796 (0. 0179)	– 0. 3396 (0. 0140)

注：括号内为稳健标准差。数据为家庭成员（仅为成人问卷中家庭中的成人）住院天数，根据家庭人均纯收入分组后，每个分组所有家庭平均住院天数。

资料来源：作者根据 CFPS 数据库数据计算得到。

有了标准化前后的住院服务使用信息，在 BIA 框架下就可以进行受益归宿分析了。但在进行受益归宿分析之前，还需要核定单位住院服务成本。由于我国地区间医疗服务质量差异很大，医疗服务条件也是如此，而 CFPS 的调查样本涉及 25 个省（区、市），所以不同地区居民使用医疗服务所获的受益应该有所不同。由于受到数据限制，对住院服务质量的调整，同时采用两个标准，一是使用二级以上医院地区分布数量调整样本所在省、市和自治区住院服务质量，二是使用每千人技术人员数量调整同一个省、市和自治区内部城乡间住院服务质量。① 至于住院服务单位成本，文章根据 2009 年、2011 年和 2013 年《中国卫生统计年鉴》使用医疗机构收入来源中财政补助收入和上级补助收入作为各省、市和自治区政府对医疗机构提供医疗服务的投入，用各省、市和自治区医疗机构的入院人数作为住院服

① 具体调整策略是，每个省、市和自治区二级以上医院数量除以省市自治区面积，获得 25 个省、市、自治区和市每万平方千米二级以上医院数量均值，然后各省份住院服务质量就用该省份每万平方千米二级以上医院数量除以均值。所获得的相对质量指数乘以该省份所有样本住院服务使用强度获得每个样本住院服务使用强度。城乡调整思路是，将城市样本住院服务质量定为 1，用农村每万人技术人员数量除以城市每千人技术人员数量，以此向下调整农村住院服务质量。

务使用人数，再根据医疗机构病人平均住院天数，获得各省、市和自治区住院服务每天的成本，以此作为单位住院服务（每天）公共支出成本。最后根据质量调整系数获得样本所在地区（城市还是农村）单位住院服务公共支出成本。在此基础上，基于 BIA 假设利用式（7 – 11）获得家庭从公共医疗服务中所获净收益，其中 *Net-benefit* 为家庭 *h* 从公共医疗服务中所获净收益，*j* 为成人问卷中家庭 *h* 中成人成员，$fiscost_{unit}$ 为按照上述方法获得的公共医疗服务单位财政成本，也即单位收益，$hosfee_j$ 为家庭 *h* 中的成员 *j* 使用公共医疗服务时家庭自付水平。[①] 由于财政补贴和上级部门补助占医院收入比重较低，因此 *Net-benefit* 有可能为负值。为了避免受益为负，如果 *Net-benefit* 出现负值，就确定家庭的净收益为 0。

$$Net-benefit_h = \sum_{j \in h} (fiscost_{unit} * u_j - hosfee_j) \qquad (7-11)$$

　　根据表 7 – 12 报告的结果，仅就 CFPS 数据库调查的数据，我国家庭之间收入差距是非常明显的，前 20% 收入最低家庭，其收入仅占所有调查家庭收入不到 3%，而且三年中下降速度非常快，从 2008 年的 2.60% 下降到 2012 年的 0.51%。而收入最高 20% 家庭收入基本上稳定在 50% 以上。和收入分配相比，公共医疗服务受益分配明显更加公平，2008 年，尽管收入最高 20% 家庭获得的公共医疗服务受益超过 20%，但整体上，除了第二分组，其他分组家庭所获公共医疗服务受益份额还是大致相当。新医改之后，这种情况有所变化，公共医疗服务受益分配更加倾向于最低收入家庭。新医改后，收入最低 20% 家庭所获受益占到公共医疗服务受益近一半。而收入最高 20% 家庭所获受益占比虽然有所下降，但基本稳定在 20% 左右。新医改带来的是中间收入家庭的不公平，2010 年和 2012 年，中间 60% 家庭从公共医疗服务中所获受益占全部收益只有约 30%。从优势检验结果看，公共医疗服务受益分配集中指数在三年中都占优洛伦兹曲线，但 45 度线的相对优势检验却显示，2008 年后者占优

---

① 在采用保险价值方法计算未实际使用医疗服务家庭受益时，会因没有同时考虑这些家庭的家庭自付而高估这些家庭的受益水平。为了避免这种情况，对于未实际使用公共医疗服务家庭，式（7 – 11）中的 $hosfee_j$ 被计算为（所在收入组所有实际使用医疗服务家庭的家庭支付总和/所在收入组所有实际使用家庭使用的医疗服务总数）×*j* 估计得到的可能使用强度。

集中曲线，2010 年和 2012 年，集中曲线占优 45 度线。这说明 2009 年的新医改使我国公共医疗服务受益分配不仅累进，而且公正，只是 2012 年和 2010 年相比，公正程度有所下降。K 指数更加直观地显示了这一现象。为了能够区别保险价值法和实际使用法对医疗服务受益分配的影响，图 7-1 和图 7-2 描述了两种方法下医疗服务受益分配集中情况。从图 7-1 和图 7-2 中看出，虽然有所差异，但差异不是很大。从上文的对比分析中可以看出，我国 2009 年的新医改在没有太多伤害高收入家庭公共医疗服务受益情况下，的确提高了低收入家庭公共医疗服务受益，但中间 60% 家庭，尤其是次低收入家庭的状况不仅始终没有得到改善，反而在新医改后变得更糟糕。

表 7-12　标准化后公共医疗服务受益归宿（2008 年、2010 年、2012 年）

累积份额	2008 年			2010 年			2012 年		
	Income	Benefit	Net-benefit	Income	Benefit	Net-benefit	Income	Benefit	Net-benefit
20%	**2.60%**	20.66% *	18.32% *	**1.33%**	**46.55%** *	**45.06%** *	**0.51%**	51.45% *	48.09% *
	(0.17)	(3.87)	(3.86)	(0.03)	(2.25)	(2.72)	(0.03)	(2.00)	(2.37)
40%	**11.20%**	28.75% *	25.91% *	**6.73%**	59.95% *	58.05% *	**6.92%**	58.69% *	55.56% *
	(0.68)	(5.20)	(4.98)	(0.09)	(2.18)	(2.66)	(0.18)	(2.06)	(2.43)
60%	**24.96%**	49.15% *	**44.67%** *	**19.56%**	69.30% *	67.35% *	**22.94%**	72.26% *	68.55% *
	(1.47)	(7.52)	(7.29)	(0.21)	(2.04)	(2.49)	(0.38)	(2.10)	(2.50)
80%	**42.82%**	75.35% *	72.66% *	**45.14%**	81.20% *	80.34% *	**46.35%**	81.69% *	79.86% *
	(2.47)	(8.54)	(9.62)	(0.42)	(1.86)	(2.27)	(0.67)	(1.24)	(1.46)
占优 45 度线	-	-	-	-	+	+	-	+	+
占优洛伦兹曲线	+	+	+	+	+	+	+	+	+
K 指数		-0.488	-0.436		-0.946	-0.917		-0.880	-0.839
		(0.108)	(0.120)		(0.031)	(0.037)		(0.030)	(0.035)

注：第 3~6 行括号内数据都是标准差，第 9 行括号内数据是稳健标准误。* 表示与家庭收入累积份额存在 5% 水平上显著差异，黑色粗体表示与家庭累积份额存在 5% 水平上显著差异。第 1 列为按照人均家庭收入从低到高排序累积家庭百分比。第 2 行 Income，Benefit 和 Net-benefit 分别对应家庭人均纯收入累积百分比、不考虑私人支付的实际消费法下公共医疗服务受益累积百分比和考虑私人支付的标准化公共医疗服务受益累积百分比。

资料来源：CFPS 数据库。

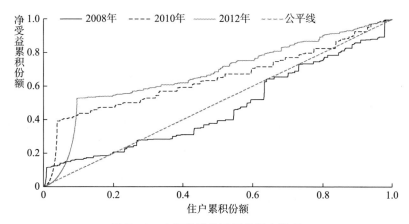

图7-1　实际消费法下受益集中情况

资料来源：根据表7-12计算得到。

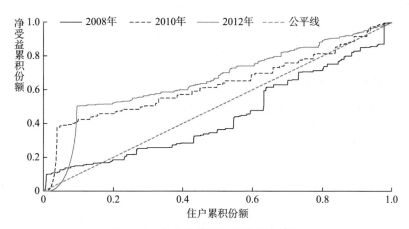

图7-2　保险价值法下受益集中情况

资料来源：根据表7-12计算得到。

五　公共医疗服务受益的收入分配效应

在我国，医疗服务虽然不是完全财政免费提供，但财政对医疗服务的投入也是非常大的，特别是2009年新医改之后。财政投入尽管没有直接增加个人收入，但因为降低了医疗服务价格，从而降低了个人使用医疗服务的私人支出。在以收入度量社会贫富差距的情况下，公共支出虽然没有直接改变这种收入差距，但因为降低了个人支出，从而使恶化的收入差距对社会影响变得相对较小，所以公共健康支出成为大部分国家弱化收入分配差距不利影响的重要工具。从第四部分的分析看出，在公共医疗服务单位成本一定的情况下，个人使用越多，变相获得财政补贴越多。由于低收入家庭使用医疗服务相对于高收入家庭更多，因此低收入家庭变相获得财政补贴也较高收入家庭多。那么我国近年来大规模公共医疗支出在多大程度上改善了国内收入分配呢？这部分在公共支出等于变相财政补贴假定下，量化我国公共医疗支出的收入分配效应。当然，医疗服务对收入分配影响还有更为重要的作用，因为根据 Pickett 和 Wilkinson（2015）的综述性文章，收入不公平与健康存在恶性循环关系。公共医疗服务如果能够让低收入家庭健康水平得到提高，就可能会打破这种循环，从而转向 Bhatta-charjee et al.（2015）在发达国家所发现的良性循环关系。不过，受数据所限，本书在度量我国公共医疗服务受益的收入分配效应时，只考察它的直接效应，即将每个家庭从公共医疗服务中所获受益看作现金财政补贴和家庭的现金纯收入相加，然后再除以家庭中的成人数量，获得家庭人均收入，并按照前述相同方法消除通胀影响（见表 7 – 13）。

表 7 – 13　公共医疗服务受益对收入分配影响（2008 年、2010 年、2012 年）

项目	指数	2008 年	2010 年	2012 年
实际收入分配	基尼系数	0.5372（0.026）	0.5769（0.005）	0.5379（0.007）
	泰尔指数	0.5779（0.081）	0.6275（0.013）	0.5990（0.021）
	阿特金森指数	0.2681（0.035）	0.2892（0.005）	0.3170（0.008）
加上公共医疗受益	基尼系数	0.5584（0.024）	0.5271（0.005）	0.4637（0.007）
	泰尔指数	0.6086（0.073）	0.5626（0.012）	0.4709（0.019）
	阿特金森指数	0.2811（0.031）	0.2615（0.005）	0.2216（0.008）
加上公共医疗受益（减去私人支付）	基尼系数	0.5558（0.022）	0.5484（0.006）	0.5043（0.007）
	泰尔指数	0.6066（0.075）	0.5814（0.013）	0.4975（0.019）
	阿特金森指数	0.2803（0.032）	0.2696（0.005）	0.2333（0.008）
加上公共医疗受益（再考虑需求因素）	基尼系数	0.5559（0.024）	0.5481（0.004）	0.5035（0.006）
	泰尔指数	0.6068（0.075）	0.5804（0.013）	0.5043（0.019）
	阿特金森指数	0.2804（0.032）	0.2639（0.004）	0.2461（0.007）

注：阿特金森指数的参数取 0.5，泰尔指数的参数选择也是 0.5。括号内为标准差。

资料来源：根据表 7 – 12 计算得到。

根据表 7 - 13 报告的各种情形收入分配结果，可以看出，仅就 CFPS 调查数据而言，我国家庭间现金收入分配差距相当大，2008 ~ 2012 年，我国家庭间收入分配基尼系数都在 0.53 以上，这一结果虽然高于国家统计局公布的 0.491 ~ 0.474，但与 Xie 和 Zhou（2014）测算的 0.53 ~ 0.55 较为一致。如果将家庭从公共医疗服务中所获受益看作现金财政补贴，收入分配的确发生变化，但年度间变化并不相同。2008 年公共医疗支出不仅没有起到矫正收入分配的作用，反而使反映收入分配差距的基尼系数提高了近 2 个百分点。而新医改后的 2010 年和 2012 年，公共医疗支出对收入分配的矫正作用还是非常显著的，2010 年使收入分配差距下降了近 5 个百分点，2012 年收入分配下降了近 7.4 个百分点。这说明我国 2009 年的新医改至少在改善现金收入分配差距上发挥了一定作用。然而，这种作用在考虑到使用医疗服务上的家庭自付时却大大降低。以基尼系数为例，2010 年考虑家庭自付后公共医疗支出对收入分配的矫正作用下降了近 2 个百分点，2012 年下降超过 4 个百分点。虽然低收入群体相较于高收入群体实际使用了更多医疗服务，但考虑到公共医疗服务对未使用者的保险价值，公共医疗支出受益的收入分配效应变化并不明显。图 7 - 3 就家庭自付对收入分配影响做了更加精准的刻画。从图 7 - 3 中看，2008 年医疗服务家庭支付主要影响后 50% 家庭，影响最大为处于 0.8 这个分位点附近居民。2010 年和 2012 年对所有家庭都有影响，但影响路径还是有稍许不同，其中 2010 年对后 40% 家庭影响迅速下降，而 2012 年则是使前 40% 家庭影响迅速上升。但不管是 2010 年还是 2012 年，医疗服务家庭支付对中间 20% 家庭影响最大。

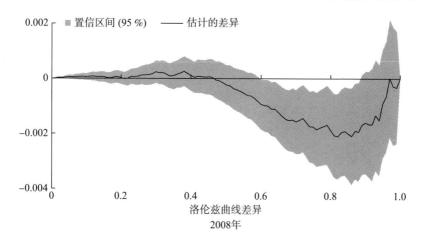

洛伦兹曲线差异

2008年

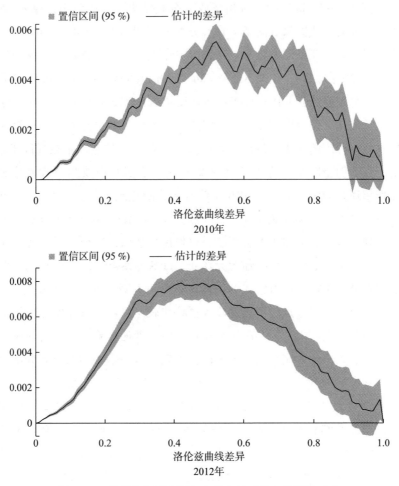

图 7 - 3　使用公共医疗服务家庭自付对收入分配的冲击

六　研究结论与启示

　　一国公共健康支出如果将科学研究和人才培养撇开，实际上只包括两个部分，一是提供公共卫生服务，二是提供公共医疗服务，前者侧重于预防，后者侧重于治疗。一个好的公共健康服务体系应将公共健康服务提前到预防阶段，治疗只是一个补救机制。因为前者的社会成本相对较小，受益却相对较大，也相对更加公平。后者的社会成本相对较大，受益却相对较小，如果缺乏有效模式，也会导致医疗资源配置不合理。

在一个以医疗服务为主、公共卫生服务相对短缺国家，如果公共医疗支出不能合理配置、医疗资源短缺，因病致穷的现象就会相对较为严重，公共医疗支出就很难发挥矫正现金收入分配的重要作用。

自 1949 年中华人民共和国成立以来，卫生事业一直备受重视。在改革开放前 30 年，尽管医疗条件较差，但由于重视公共卫生服务，居民看病难看病贵的感受不仅没有现在这么强烈，而且居民平均健康水平有很大提高，居民平均预期寿命由 1949 年的 35 岁左右上升到 1981 年的 67.9 岁。改革开放后 30 年，我国医疗条件逐步得到改善，但公共卫生服务却相对重视不足，不仅导致改革开放后 30 年居民平均预期寿命增长相对缓慢，2008 年相对于 1981 年仅增长 6 岁，而且因医疗条件改善同时，医疗资源配置严重偏向，使看病难看病贵问题异常突出。同时在走向医疗服务市场化过程中，由于缺乏有效财政投入模式和引导机制，医疗服务行为也高度扭曲，过度医疗现象非常普遍。

应该说，我国在医疗卫生领域存在的问题，不是我国政府不重视。实际上，针对改革开放后医疗卫生领域出现的问题，我国政府一直在努力加以解决。但因没有找准根本性问题，以及治理问题的出发点存在偏误，医疗卫生领域矛盾始终未能得到有效解决。不过，我国 2009 年启动的新一轮医药卫生体制改革，不仅缩小了不同收入组间健康差距，而且扩大医疗保险覆盖率，显著提高了低收入组使用医疗服务的水平。尽管在改革过程中，看病难看病贵问题依然存在，但看病难的程度在减弱。本书基于 CFPS 2010 年和 2012 年数据分析表明，2009 年新医改后，我国居民健康差距正在趋于缩小，低收入组享受医疗保险的比例正在进一步扩大，医疗服务公共补助水平明显提高，医疗服务使用显著增加，医疗服务受益分配不仅更加累进，而且实现了一定程度公正。累进并公正的医疗服务受益分配，使公共医疗支出矫正现金收入分配作用得到显现，和新医改之前相比，新医改之后的医疗卫生支出使居民间扩展的收入分配差距有所缩小，虽然幅度不大，但也是一个可喜进步。

不过，新医改立足于通过改善医疗硬件条件改善医疗服务，在矫正过度医疗方面效果不仅不明显，而且在公共医疗支出项目化管理模式下，还进一步加重了居民接受医疗服务的私人负担。基于 CFPS 2010 年和 2012 年数据分析表明，在医疗服务使用上，低收入组虽然是新医改的最大受益群体，但也承担了过重医疗服务成本。仅就家庭支付水平而言，医疗服务融资明显不利于低收入组，进而显著降低了公共医疗支出矫正收入分配的作用，弱化了公共医疗支出降低扩展性收入分配差距能力。如何改进公共健康支出对医疗服务的支持方式，是我国深化医改亟待研究的问题。除此之外，在新医改过程中，另一个不容忽视的问题值得关注。就是新医改在没有降低高收入组享受医疗服务同时扩大了低收入组享受医疗服务的机会，但却忽视了中间收入组从医疗服务中所获受益情况。基于 CFPS 的 2008 ~ 2012 年数据研究发现，新医改前后，医疗服务无论其使用分配还是实际受益分配，中间收入组的情况一直没有得到改善，占 60% 的中间收入组只分享了公共健康支出受益的 30%。换句话说，新医改改变的不是低收入组和高收入组之间的医疗服务受益分配，而是改变了低收入组和次低收入组之间的医疗服务受益分配。显然这与我国在医疗领域存在的问题并不一致。在我国，医疗资源配置主要问题不是次低收入组获得太多，而是高收入组获得太多，所以新医改真正要解决医疗服务分配公正问题，重点应是将高收入组过度占用的医疗服务分配一部分给低收入组，只有这样，才能进一步发挥公共健康支出矫正收入分配的作用，实现医疗服务的公正配置。

第八章　公共门诊服务受益归宿

一　背景与问题

降低收入分配差距及其影响，立足于财政的政策工具主要是税收和公共支出。例如高培勇（2013）等研究指出，改变税制的累退性，提高针对居民的直接税比重，可以改善收入分配。林伯强（2005）、李杨和殷剑锋（2007）、李培林和朱迪（2015）等研究提出，实施偏向低收入群体的支出配置政策，增加培训和就业服务，完善社会保障体系，对改善收入分配结构有重要作用。然而，对比两个政策工具，税收虽然在限高上有直接效果，但面临的问题却很多，例如税制结构转换成本问题，还有徐建炜、马光荣和李实（2013）指出的效率问题，等等。相比较，支出政策因其更加灵活、更具针对性，近年来备受重视，其提供的公共服务降低不平等的效果也被发现非常显著。例如 Seery（2014）研究发现，在 OECD 国家，公共服务提供的虚拟收入（virtual income）降低不平等程度平均达 20%，即使在拉丁美洲，这一比例也超过 10%。Aaberge等（2010）针对挪威的研究也证实，考虑公共服务的非现金收入，收入不平等将下降 15%，贫困率下降超过 1/3。基于公共服务的分配影响，Aaberge 等（2010）甚至认为，忽视公共服务的收入再分配政策会具有极大误导性。

在我国，公共支出一直是政府减少贫困、减缓收入分配影响的重要政策工具，也是精准扶贫计划的主要政策工具。尤其在"社会建设"被确定为国家战略后，教育、医疗卫生、社会保障等公共服务支出明显增加，特别是医疗卫生服务支出。从 2007 年到 2014 年，医疗卫生服务支出年均增长近 26.8%，远高于同期预算内公共支出增长速度。如此规模的公共服务支出，如何影响收入分配？回答这一问题需要对公共服务受益归宿进行分析，否则不能识别公共服务扩张是否通过让贫困人口受益更多而改善收入分配。然而，包括前述引证文献在内，有关我国公共服务收入分配效应研究，都不是基于个人或住户受益分析揭示公共服务受益分配特征，而是基于宏观或地区层面，研究公共服务支出的地区间分配效应。虽然刘穷志（2007）曾试图研究公共服务是否让贫困人口受益，但采用的数据依然是地区层面支出数据，而没有识别公共服务受益归宿，尤其是边际受益归宿。仅局限于宏观或地区数据的研究，对改进目标于减贫或收入分配的公共支出政策，其作用非常有限，甚至导致错误决策。近年来的大量研究表明，增加支出、扩大公共服务供给，并不一定会改善收入分配。例如 O'Donnell 等（2007）、Davoodi 等（2010）、Wagstaff 等（2014）等基于跨国数据的分析发现，公共服务受益分配呈现明显顺富人倾向。这意味着，提高支出、增加公共服务供给，反而扩大了不平等。钟甫宁、顾和军和纪月清（2008）对我国农业补贴政策的研究也发现，收入水平较低农户从粮食直补中受益远低于收入较高农户。一系列证据说明，研究公共服务受益归宿，对优化公共支出政策、改善收入分配非常重要。

　　然而，评估公共服务受益归宿并非易事，因为公共服务的公共品属性，所以无法利用交易价格评估个人从公共服务中所获收益。获得个人对公共服务的受益评价，需要估计公共服务需求函数，后者不仅需要有公共服务的个人使用信息，而且需要有反映个人偏好的特征信息，两方面都需要有入户调查数据支持。但在我国，公开的入户调查数据只是最近 10 年才陆续出现，即使如此，已有的入户调查数据，关于个人公共服务使用信息也还不是很全面。由于缺乏基于个人或住户的微观数据，国内公共服务受益归宿研究主要是借用 BIA 框架①，分析公共服务受益的地区分配效应，例如汪崇金和许建标（2012）、赵海利（2014）等的研究。然而，地区分配效应虽然能够在一定程度上刻画公共服务收入分配影响，但基于地区层面的分析也可能会误导公共支出配置，因为在贫困地区也有富人，在富裕地区也会有穷人。随着近年入户调查信息的不断丰富，开始有文献立足个人层面研究我国公共服务受益归宿，但也还是受限于数据，公共服务主要集中于医疗卫生服务。例如 Qin 等（2014）利用入户调查数据研

---

① BIA 框架是由 Meerman（1979）、Selowsky（1979）等提出的，自其被提出就一直成为公共服务受益归宿的主流方法，尽管这一方法还存在很多缺陷，但在调查数据受限的发展中国家，依然是评估公共服务受益归宿最常用方法。

究外来务工人员是否从医疗保险中获得收益。然而这篇文献既没有评估医疗保险受益分配，也没有核算个人从医疗保险中受益大小，所以还不能算是严格意义上的受益归宿分析。王翌秋（2012）利用江苏苏北五县农户调查数据对我国 2003 年开始推行的新型农村合作医疗制度受益归宿进行研究，发现新型农村合作医疗制度有助于改善农村收入分配。李永友和郑春荣（2016）利用中国社会科学调查中心 CFPS 数据研究了公共住院服务受益归宿，发现我国公共住院服务为个人提供的虚拟收入，使基尼系数下降 5.7%，说明我国公共住院服务具有明显的收入再分配效应。然而，上述两项研究存在一个共同缺陷：测度的受益都是基于均值的平均受益，而非公共支出政策变化的边际受益。这一缺陷使得研究发现可能会误导公共支出政策。Lanjouw 和 Ravallion（1999）基于印度入户调查数据的研究发现，在小学和反贫困项目中，虽然最低收入组依然有最低平均参与率，但在项目扩张中，最低收入组却获得了最高受益。Warr 等（2015）基于老挝入户经济调查数据对公共教育和医疗服务受益归宿分析同样发现，尽管最低收入组获得了最低公共服务受益份额，但从服务扩张中所获受益却显著高于非低收入组。此外，李永友和郑春荣（2016）、王翌秋（2012）的研究都是基于 BIA 框架，采用成本法核算个人从公共服务受益，而非基于个人需求函数获得个人对公共服务的受益评价。这种不考虑个人对公共支出政策变化的行为反应，根据 Van de Walle（1998）的研究，将系统高估公共服务受益。

　　针对上述研究存在的两方面缺陷，本书将行为反应纳入传统 BIA 框架，通过估计个人的公共服务需求函数，评估我国公共服务边际受益归宿，并在其基础上，进一步评估我国公共服务减缓收入分配不平等的能力。由于受数据限制，本书仅选择公共医疗服务中的门诊服务，研究所基于的入户调查数据是中国社会科学调查中心发布的 CFPS 数据，在该数据中，个人医疗服务使用信息相对更丰富。有关该数据详细信息将在本章第三部分做进一步阐述。本书研究贡献有三点：第一，通过估计个人公共服务需求函数，将个人因公共支出政策变化做出的行为反应纳入受益归宿分析，识别公共服务边际受益归宿；第二，基于个人间接效用函数和个人需求函数估计，测度个人对公共服务的受益评价，以此作为个人使用公共服务的边际受益，克服成本法核算公共服务使用受益的缺陷，后者假定所有人对公共服务使用边际评价相等；第三，通过构造面板数据，估计个人需求函数，有效解决了已有研究使用截面数据无法控制固定效应影响的问题。

二　识别框架

识别公共服务受益归宿，BIA 框架最为流行，基于这一框架只能识别既有公共服务受益在不同群体间的分配状态。正如前文所述，如果用这一分析结果评估支出政策变化的福利影响可能产生误导，除非新增公共服务按照既有受益分布成比例流向既有受益人，显然这一假定太过严格。为了准确评价公共服务扩张或下降的受益归宿，世界银行的专家提出了边际受益归宿概念，并建立了边际受益归宿（marginal benefit incidence）的识别方法。Younger（2003）曾对不同方法做过简要评述，并将不同方法运用于秘鲁农村中学教育服务受益归宿分析，比较不同方法之间的差异性。基于 Younger（2003）以及边际受益归宿分析的最新进展，公共服务边际受益归宿识别主要有两种方法，即由 Lanjouw 和 Ravallion（1999）提出、经 Ajwad 和 Wodon（2002，2007）改进的分组回归法，与由 Kenneth 和 Rosen（1981）等提出，被 Gertler 等（1987）、Sahn 等（2003）运用的补偿变化法。当然除了这两种主要方法，近年来，也有研究采用随机试验法，PSM 或 DID 等公共政策常用的评价方法，例如 Gibbons 和 Manning（2006）、Powell-Jackson 等（2014），但这些方法并不能识别不同收入群体从公共服务中受益多少。

就分组回归法而言，识别边际受益归宿方法就是通过估计式（8 - 1）获得的系数 β_q，其中 q 为第 q 收入组，i 表示更小的行政辖区，k 表示更大的行政辖区。p_{ikq} 表示 k 行政辖区中第 i 个行政辖区第 q 收入组使用公共服务的比率。从式（8 - 1）可以看出，公共服务扩张给第 q 收入组带来的边际受益实际上是一个相对概念，即相对第 q 收入组所在的 k 行政辖区公共服务平均使用比率，后者变化一个百分点，第 q 收入组公共服务使用比率的变化幅度。不同收入组从公共服务变化中所获边际受益就是通过对不同收入组分别估计式（8 - 1）获得。在这个方法最早被提出时，p_k^q 使用的是 k 行政辖区第 q 收入组的平均使用率。根据 Johnston

和 Dinardo（1972）的研究，这种方法会产生较大估计标准误差，所以后来的研究使用入户调查数据而非地区平均数据。但不管是地区数据，还是入户调查数据，分组都是根据住户或地区在整个样本中的位次确定分组归属。这种分组方法在 Ajwad 和 Wodon（2001）的系列研究中有所改变。后者根据相对剥夺理论，只依据住户或地区在子样本中的收入位次确定分组归属，对应于式（8-1），就是样本 i 的分组归属只根据在 k 行政辖区中的收入位次确定。

$$p_{ikq} = \alpha_q + \beta_q p_k^q + \varepsilon_q \qquad\qquad (8-1)$$

然而，分组回归法在估计不同收入组的边际受益时面临两个统计上的问题。第一，式（8-1）中自变量 p_k^q 是内生的，因为 p_k^q 包括了 p_{ikq}。为了消除内生性影响，早期研究使用工具变量法，即使用剔除 p_{ikq} 后 k 中所有其他地区均值作为 p_k^q 工具变量。这种解决方法被 Ajwad 和 Wodon（2001）在后来的研究中干脆变为用剔除 p_{ikq} 后 k 中所有其他地区均值作为自变量替代 p_k^q。第二，式（8-1）的自变量只有 p_k^q，这种情况很容易产生遗漏变量估计偏误。为了减少这种影响，需要能有效控制地区 k 和分位组 q 的固有效应。而仅有截面数据时，这一点很难做到。为此，后来的研究将这种方法运用到面板数据，后者通过在模型中加入固定效应控制遗漏协变量的影响。

尽管分组回归法在后来发展中被不断改进，包括对所有分位组边际受益 β_q 均值进行限制，但式（8-1）基本结构一直没有改变。这种方法用于识别公共支出政策变化边际受益归宿的群体间分布特征具有明显优势，但基于这种方法分析公共服务扩张或下降的收入分配效应，还是需要利用成本核算法。尽管 Ajwad 和 Wodon（2001）曾建立过基尼收入弹性（简称 GIE，即边际可及率住户间分布基尼系数与收入基尼系数比值），但所依赖的假定与标准 BIA 一样过于严格。分组回归法的缺陷还不止于此，最重要的是，分组回归法没有真正考虑个人或住户面对公共支出政策变化做出的行为反应，所以这种脱离个人行为的边际受益归宿分析缺乏充分的微观基础。补偿变化法基于个人需求函数，有效克服了分组回归法的上述缺陷，使在计量上估计个人或住户对政策变化具有的支付意愿成为可能。本书正是基于补偿变化法的这一优势，将其运用到我国公共医疗服务边际受益归宿分析。借用这一方法识别的补偿变化估计我国公共医疗服务改善收入分配的能力。

根据补偿变化法，本书将个人间接效用函数设定为式（8-2），即个人效用依赖于健康选择和所有其他商品的消费，其中健康选择即为个人在生病时是否选择就医以改进健康状态，但选择就医需要支付成本，这个成本不仅包括就医发生的诊疗费，而且包括为就医而失去的工资收入，即机会成本。为了不使问题变得复杂，本书暂不考虑个人在不同医疗服务提供者之间做出的选择。[①] 在式（8-2）中，个人间接效用采用的是可加可分的函数形式，其中 f 为其他消费给个人带来的效用，g 为选择就医改善健康状况给个人带来的效用，其中 y_i 和 c_i 为个人收入和就医选择发生的各种支出，X 和 Z_i 为个人选择就医服务的质量与影响健康的所有个人特征变量。v_i 为其他因素对个人效用带来的冲击，满足均值为 0 的条件。根据式（8-2），我们隐含假定，个人所做的选择是能为其带来最大效用的。考虑本书所使用数据的限制，针对式（8-2）假定，个人只消费一单位医疗服务，这样 c_i 实际上就等于医疗服务价格和就医机会成本，后者取决于个人特征和接受医疗服务花费的时间。

$$V_i = f(y_i - c_i) + g(X, Z_i) + v_i \qquad (8-2)$$

函数 g 中，非常重要的变量是个人选择医疗服务的质量，但在本书中，仅区别就医和不就医，所以接受的医疗服务质量 X 仅取决于个人所在的区位，后者包括居住在城市还是农村。之所以以区位表示接受医疗服务的质量，Chou 和 Wang（2009）等大量研究指出，在我国，公共医疗资源的配置存在明显区域差异。与个人健康相关的特征变量包括年龄、性别等。由于健康状态不能直接被观察，因此遵循 Gaddah 等（2015）做法，将健康状态给个人带来的效用设定为 $g(X, Z_i) = \eta X + \varphi Z_i + \vartheta_i$，其中 ϑ_i 为其他因素对健康状态提供的效用产生的影响，同样设定其满足均值为 0 的条件。由于在本书间接效用函数设定中，个人选择仅有就医和不

[①] 本书所依据的 CFPS 入户调查数据尽管有相对更为丰富的医疗服务使用信息，但没有有关个人选择医疗服务提供者的信息，所以本书在后续分析中没有采用嵌套多项式逻辑回归，后者是 Sahn 等（2003）共同选择的方法，仅选择了 0-1 选法，即选择就医和不选择就医两种选择。不过本书的简化还是能够反映个人真实医疗服务需求行为，因为在我国，90% 的医疗服务由公立医院提供。

就医，当个人选择不就医时，在传统设定中，g 被认为等于 0，也即保持现有健康状态给个人带来的效用为 0。这样，个人间接效用函数就可以简化为式（8-3），其中 δ 为个人其他消费（在本书中为个人净收入）的边际间接效用，$\omega_i = v_i + \vartheta_i$。为了使间接效用函数设定中，收入满足边际效用递减条件，式（8-2）中的净收入 $y_i - c_i$ 采用对数形式。同时，在 Younger（2003）等研究中，收入 y_i 和就医成本 c_i 被假定对个人间接效用有相同边际影响。这种假定是将发生的支出视同减少的收入，所以有相同的边际影响是可以理解的。但实际上，由于用途上的差异，y_i 和 c_i 对个人间接效用可能有不同边际影响，因此本书赋予了 y_i 和 c_i 不同系数。

$$V_i = \delta y_i - \lambda c_i + \eta X_i + \varphi Z_i + \omega_j \tag{8-3}$$

式（8-3）实际上建立了个人医疗服务需求函数，如果假定个人不接受医疗服务的间接效用只取决于收入，那么依据需求函数就可以获得个人愿意为接受医疗服务获得一个较好健康状态支付的价格，即所谓的补偿变化（compensating variation），用公式表示就是式（8-4）中的 CV，其中右边等式表现的是个人为换取就医后的健康状态愿意减少的收入，等式中间部分为就医后获得的间接效用。可以看出，式（8-4）给出的实际上是一个等价关系。根据式（8-4）即可求出 CV 的表达式，即式（8-5）。由式（8-5）可以看出，如果个人选择不就医，这时 CV 实际上就等于 0。有了需求函数，就可以获得个人选择医疗服务的概率，即式（8-6）。进一步就可以基于式（8-6）获得个人医疗服务选择行为对医疗服务价格等医疗服务相关变量变化的敏感性。以个人医疗服务支出为例，其变化对个人就医概率影响，即就医概率对个人医疗服务支出弹性，就可以用式（8-7）表示。

$$V = \delta y_i - \lambda c_i + \eta X_i + \varphi Z_i + w_i = \delta(y_i - CV) + \eta X_i + \varphi Z_i + w_i \tag{8-4}$$

$$CV = y_i - e^{\frac{-x}{\delta}}\left(y_i - \frac{\lambda}{\delta}c_i\right) \tag{8-5}$$

$$p = \frac{e^v}{1 + e^v} \tag{8-6}$$

$$\varepsilon_{c_i} = -\lambda c_i(1 - p) \tag{8-7}$$

三　我国医疗服务需求与供给：初步结论

　　医疗服务供给不仅包括数量，也包括质量。在我国，医疗服务一直是医药卫生体制改革中最被重视的部分，这和我国改革开放以后重治疗轻预防的医疗卫生管理有关。为了解决看病难、看病贵问题，从 1985 年起，我国就未停止过医药卫生体制改革。与此同时，逐步扩大医疗保险覆盖面，不断完善医疗保障体系。在历次改革中，以 2009 年 4 月 6 日颁布的《中共中央 国务院关于深化医药卫生体制改革的意见》为标志的新一轮医改（以下简称"新医改"）被认为是最重要的一次改革。这次改革不仅提出了目标，而且构建了公共卫生服务体系、医疗服务体系、医疗保障体系和药品供应保障体系四位一体的基本医疗卫生制度，并明确了 2009～2011 年医疗卫生体制改革的五大重点任务。最为重要的是，这次改革确定未来 3 年 8500 亿元财政投入，其中 1/3 用于补贴医疗服务提供者，2/3 用于补贴医疗服务需求者。从数据上看，我国政府卫生支出自 2009 年的确有了很大提高，从 2007 年的 2581.58 亿元增加到 2014 年的 10579.23 亿元，年均增长接近 2005 年全年政府卫生支出。[①] 巨大的财政投入极大地改善了我国医疗服务条件。从 2008 年到 2014 年，医院数量增加 6148 所，其中二级以上医院增加 832 所，床位数增加 207.83 万张，每千人医疗技术人员增加约 1.4 人，医院万元以上设备增长超过 2.2 倍，卫生院万元以上设备增长也近 1.7 倍。条件的改善提高了医疗服务供给能力，从 2008 年到 2014 年，医疗机构诊疗人次增长了近 70%。然而，新医改后，医疗服务供给的扩张主要表现为数量上的扩张，医疗服务供给质量却在这轮医改中没有明显改变，甚至有些指标出现了下降。从 2008 年到 2014 年，无论是医院还是卫生院，高级卫生技术人员占比都明显下降，其中医院下降近 7 个百分点，卫生院下降 0.6 个百分点。[②] 医疗服务满意度从 2008 年到 2014 年也只下降了 0.3，即从 3.5 下降到 3.2。[③] 在医疗服

---

　　① 资料来源于 2015 年《中国卫生与计划生育统计年鉴》。

　　② 文中数据根据 2009～2015 年《中国卫生与计划生育统计年鉴》计算得到。

　　③ 在 CFPS 数据中，有关于医疗服务满意度调查，从最满意到最不满意，赋值从 1 到 5，本书使用的满意度为所调查样本医疗服务评价均值，均值越高说明平均满意度越低。

务供给扩张同时，医疗保险覆盖面和保障标准也在不断提高，到2014年，基本医疗保险覆盖率超过90%，财政补助标准每人每年上升至320元。①

新医改带来的医疗服务扩张通过两种方式影响收入分配，一是通过改善不同收入群体健康状况影响收入获取能力，二是使不同收入群体从医疗服务扩张中受益不同，前者是间接的，并具有很大不确定性，后者是直接的。为了考察我国2008年之后医疗服务扩张直接受益在不同收入群体间归宿特征，本书利用了中国社会科学调查中心的CFPS数据，从医疗服务扩张的不同维度进行识别。在CFPS数据中，涉及医疗服务的信息主要有五个方面：到最近医疗点的距离和时间，反映医疗服务可及性；过去2周是否看过医生；过去1年是否住过院以及住院天数；家庭医疗费支出与医疗费中家庭自付水平；是否有医疗保险。然而，在每次调查中，中国社会科学调查中心的调查信息并不是始终如一，比如住院天数在2014年的调查中就取消了，所以本书对医疗服务扩张受益归宿分析仅是针对历次调查中都出现的门诊服务。不仅如此，在总共五轮的调查中，调查范围也发生很大变化，从2008年上海、北京和广东扩大到2010年25个省区市，所以本书还不能充分利用中国社会科学调查中心发布的五轮调查数据。同时为了构造面板数据以服务于后续需求函数估计，本书只选择CFPS数据中的2010年、2012年和2014年三年调查数据，并且从三年调查数据中整理出三次调查都存在的样本。根据整理出的数据，这部分先呈现我国医疗服务使用的一些典型事实。

表8-1统计了过去2周门诊服务使用信息，其中每个组别对应的数字为该组中选择门诊服务样本占该组样本的比例。从表8-1中看出，过去2周门诊服务使用不仅与收入有关，而且与学历、所在区位等有关。收入越低、学历越低，居住在农村的个人，在所调查的2010~2014年，使用门诊服务概率反而越高。这一直观证据与李永友和郑春荣（2016）、齐良书和李子奈（2011）在住院服务使用中观察到的情况是一样的。如果仅依据门诊服务使用信息，不考虑服务质量和健康状况，可以看出，医疗服务扩张使低收入群体获得了相对更多服务。从年度间变化趋势看，就过去2周感觉身体不舒服样本的门诊服务使用情况，2周门诊服务使

---

① 资料来源于国务院新闻办《2014年中国人权事业的进展》。

用在每个组别都呈下降趋势，这种情况可能与很多原因有关，包括健康状况整体改善①，就医难问题更加严重，看病贵使人们减少就医选择，等等。但不管原因是什么，仅就所调查的过去 2 周身体不舒服样本而言，从 2010 年到 2014 年，人们从医疗服务扩张中受益呈整体下降特征。

表 8 - 1　过去 2 周门诊服务使用（2010 年、2012 年、2014 年）

单位：%

项目	2010 年	2012 年	2014 年
城市	62（0.011） 15（0.004）	61（0.009） 17（0.004）	53（0.007） 18（0.004）
农村	73（0.008） 20（0.004）	68（0.007） 18（0.003）	55（0.009） 21（0.003）
差异显著性	0.00 0.00	0.00 0.00	0.00 0.00
最低收入组	74（0.012） 23（0.007）	67（0.012） 23（0.006）	60（0.013） 24（0.006）
最高收入组	63（0.016） 14（0.006）	60（0.013） 16（0.005）	53（0.012） 17（0.005）
差异显著性	0.00 0.00	0.00 0.00	0.00 0.00
中学以下	72（0.008） 22（0.004）	68（0.007） 23（0.004）	59（0.007） 26（0.004）
中学	65（0.011） 15（0.004）	61（0.010） 14（0.003）	52（0.008） 17（0.003）
高中以上	51（0.029） 11（0.008）	51（0.024） 12（0.008）	31（0.017） 10（0.007）
样本数（份）	5105 19317	6947 25276	8899 24085

注：括号内为聚类标准误。从第 2 列开始，每一栏中上边的数据都是以过去 2 周感觉身体不舒服群体为样本，即对应最后一行样本数（份）每一栏中上边的数据，每一栏中下边的数据对应的是整个调查样本。由于存在缺失值，各年被统计的样本量有所不同。第 1 列中的差异显著性分别对应城乡差异显著性检验和最低收入组与最高收入组差异显著性检验的 P 值。数据仅包括 CFPS 数据中成人调查问卷和家庭调查问卷信息。

资料来源：作者根据 2011 年、2013 年、2015 年《中国卫生和计划生育统计年鉴》和 CFPS 数据库数据计算得到。

---

① 在所使用的 CFPS 数据中，如果以相同样本在 2010～2014 年的自评健康为依据，三年均值的差异显著性检验显示并不显著，说明健康水平在 3 年中没有显著变化。就此而言，医疗服务需求的显著下降就可能与健康水平没有关系。

表 8 - 2　医疗保险覆盖率与医疗费个人自付比例（2010 年、2012 年、2014 年）

单位：%

项目	2010 年		2012 年		2014 年	
地区	医保覆盖	个人自付	医保覆盖	个人自付	医保覆盖	个人自付
城市	74 （0.005）	66 （0.015）	82 （0.004）	61 （0.012）	89 （0.003）	79 （0.004）
农村	84 （0.003）	76 （0.010）	91 （0.002）	72 （0.010）	92 （0.002）	87 （0.003）
差异显著性	0.00	0.00	0.00	0.00	0.07	0.00
最低收入组	80 （0.006）	76 （0.017）	90 （0.004）	73 （0.015）	91 （0.004）	86 （0.005）
最高收入组	80 （0.006）	60 （0.023）	85 （0.005）	59 （0.018）	91 （0.004）	72 （0.006）
差异显著性	0.91	0.00	0.01	0.00	0.87	0.00
中学以下	85 （0.004）	75 （0.011）	89 （0.003）	70 （0.010）	92 （0.003）	85 （0.003）
中学高中	75 （0.005）	70 （0.017）	86 （0.003）	65 （0.013）	90 （0.003）	83 （0.004）
高中以上	72 （0.012）	54 （0.046）	82 （0.009）	56 （0.037）	86 （0.007）	76 （0.0104）
样本数（份）	20436		26032		26032	

注：括号内为聚类标准误。其中医保覆盖率为各组中享有医保样本比例，在 CFPS 数据中，有些样本享有的医保类型有 2 种以上，在所有样本中，这个比例大约接近 7%。个人自付为过去一年医疗费中个人自付所占比例，为相应组别内样本个人自付比例均值。2012 年的个人自付仅为住院费用中个人自付比例。

资料来源：作者根据 2011 年、2013 年、2015 年《中国卫生和计划生育统计年鉴》和 CFPS 数据库数据计算得到。

表 8 - 2 呈现了医疗服务供给的两个相关变量，即医疗保险覆盖和个人医疗服务自付。从中看出，在医疗保险参保率上，农村群体反而越高，这与我国 2004 年在全国试点推行的新型农村合作医疗制度有关，由于缴费较低，农民参保积极性也较高。而在城市，无论是城镇居民基本医疗保险还是城镇职工医疗保险，缴费比例相对较高，所以参保率相对较低。不过从时间趋势上看，医保覆盖基本上已经与收入、学历、所处区位没有太明显关系，到 2014 年医保覆盖率基本达到 90%

左右，这与《中国人权事业发展报告（2015）》是一致的。就个人自付而言，情况与医疗保险覆盖率正好相反，收入、学历、区位等经济社会特征决定了个人自付比例，这一直观结果与 O'Donnell 等（2008）研究发现是一致的。如果按照 Doorslaer 等（2007）提出的 10% 为灾难性支付标准，那么，在所调查样本中，就有超过 6% 的住户，医疗服务个人自付达到灾难性支出水平。而且，这些个人 80% 位于最低和次低收入组。

为了更加全面呈现医疗服务扩张过程中，不同收入组医疗服务利用或享有情况，表 8 - 3 利用世界银行开发的 DASP 软件计算了相关医疗服务利用或享有集中指数。从中看出，门诊服务使用集中指数都是负值，说明和表 8 - 1 的直观反映一样，门诊服务使用分配相对于收入分配，的确更偏向低收入组，并且不仅累进，而且正义。从年度间比较看，2014 年相对于 2010 年，门诊服务使用偏向较低收入组的程度更大。同时，城市和农村相比，在农村地区，门诊服务偏向低收入组的程度更大。医疗保险覆盖 2012 年和 2014 年整体上也是偏向收入较低组，但在内部结构上，无论城市还是农村，医疗保险覆盖都偏向高收入组。因到达医疗机构需要时间越长和个人自付比例越高越不利，负的集中指数反而说明不利于低收入组，负值越小不利于低收入组的情况越严重，所以从表 8 - 3 中看到，医疗机构可及性和医疗费个人自付情况整体上不利于低收入组。其中，医疗机构可及性和个人自付，城市不利于低收入组情况较农村更为严重。从年度间差异看，个人自付不利于低收入组的情况在 2014 年有所下降。为了能够直观呈现个人自付和医疗保险覆盖对门诊服务使用的影响，按照同样方法，计算出 25 个被调查地区门诊服务使用、个人自付和医疗保险覆盖集中指数。图 8 - 1 和图 8 - 2 利用散点图描绘了三个集中指数之间的关系。从中看出，个人自付集中指数、医疗保险覆盖集中指数与门诊服务使用集中指数整体上呈负相关关系。

表 8 - 3　医疗服务利用或享有集中指数（2010 年、2012 年、2014 年）

年份	2 周门诊服务使用	医疗机构可及性	医疗保险覆盖	医疗费家庭自付
2010	- 0.017（0.0072）	- 0.152（0.0086）	0.011（0.0027）	- 0.040（0.0091）

续表

年份	2 周门诊服务使用	医疗机构可及性	医疗保险覆盖	医疗费家庭自付
2012	−0.016（0.0071）	−0.143（0.0056）	−0.012（0.0019）	−0.043（0.0088）
2014	−0.028（0.0059）	—	−0.002（0.0016）	−0.019（0.0024）
城市	−0.006（0.0048）	−0.098（0.0057）	0.005（0.0014）	−0.033（0.0400）
农村	−0.022（0.0064）	−0.043（0.0060）	0.010（0.0020）	0.002（0.0029）

注：括号内为聚类标准误。医疗服务可及性指的是住户到达最近医疗机构的时间，2014 年调查问卷中没有这项信息。

资料来源：根据作者计算得到。

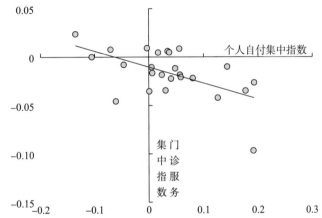

图 8 − 1 个人自付和门诊服务集中指数之间的关系

资料来源：根据作者计算结果绘制。

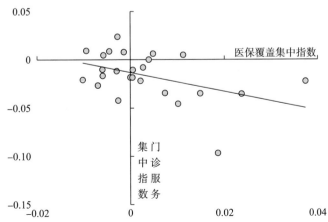

图 8 − 2 医疗保险覆盖和门诊服务集中指数之间的关系

资料来源：根据作者计算结果绘制。

四　医疗服务边际受益归宿估计

从上述呈现的典型事实中，可以获得两个直观结论：一是相对于高收入组，低收入组有更高的医疗服务使用；二是相对于低收入组，高收入组有相对更低的个人自付。但上述事实刻画的仅是一种均值效应，从中并不能获得不同收入组面对这轮医疗服务扩张做出的行为反应，以及从这轮医疗服务扩张中受益大小，即这轮医疗服务扩张形成的边际受益归宿。这部分将运用第二部分提出的识别框架对此进行分析。

首先，在式（8-3）基础上估计个人医疗服务需求函数。在给出估计结果之前，有三点需要说明。第一，需求函数估计依据的是三年调查数据构造的一个三年非平行面板数据，这一点与 Younger（2003）、Sahn 等（2003）以及 Gaddah 等（2015）不同，后者利用的都是截面数据。使用面板数据的好处就是可以有效控制地区和时间固定效应。第二，式（8-3）的 y_i 在上述几篇文献中都是使用住户综合支出，即不仅包括住户消费性支出，而且包括住户自产的和耐用品消费，而在本书所使用的 CFPS 数据中，并没有关于支出的充分信息，所以本书使用 CFPS 数据中提供的个人收入间接代理住户支出。为了消除通胀影响，采用了 CFPS 数据中提供的 2010 年可比家庭人均纯收入的信息对 2012 年和 2014 年个人收入进行通胀消除，获得以 2010 年为基期的可比收入。相比较住户支出，本书使用收入代理 y_i 相对更合理，因为这和本书使用个人作为样本估计个人医疗服务需求是对应的。第三，关于式（8-3）中的 c_i，本书遵循上述文献方法，考虑了两方面医疗服务使用成本，即医疗服务价格和就医机会成本。然而，在 CFPS 数据中，并没有这两方面的调查信息。为了解决这个问题，本书结合我国地区间差异这一现实，选择各地区每人次门诊费作为样本所在地区医疗服务平均价格，其中城市样本的医疗服务平均价格选择医院每人次门诊费，农村样本的医疗服务平均价格选择卫生院每人次门诊费。至于就医机会成本，选择工资作为代理，即采用各地区平均工资作为基准，根据个人学历水平对平均工资进行调整，以体现学历对工资水平的影响。在此基础上，用计算得到的个人年平均工资除以 365 天获得个人一天的工资收入，以此作为医疗服务使用机会成本。由于机会成本和现实支付的医疗服务价格对个人医疗服务需求影响可能存在差异,本书对机会成本和医疗服务价格做了分开估计,并使用对数形式,以满足边际影响递减条件。相关资料来源于 2011 年、2013 年和 2015 年《中国统计年鉴》,2015 年《中国卫生与计划生育统计年鉴》,2011 年和 2013 年《中国卫生统计年鉴》。

估计需求函数,需要刻画因变量个人医疗服务需求。从已有文献看,刻画个人医疗服务需求的方法并不完全相同,有些文献采用过去 12 个月住院天数、过去 12 个月拜访医生次数或者过去 4 周住院天数,例如 Doorslaer 和 Masseria(2004)、解垩(2009)等的研究,也有文献使用过去 2 周或 4 周或者 12 个月是否拜访过医生,例如 Younger(2003)、Sahn 等(2003)、Devaux 和 Looper(2012)、Dong(2016)的研究,还有使用医疗支出,比如刘国恩、蔡春光和李林(2011)等的研究,不同方法都各有优点和不足。本书根据 CFPS 数据报告的个人就医信息,选择过去 2 周是否拜访过医生,采用已有文献通用的 0 - 1 度量法。除此之外,为了考察政府医疗服务投入增加对个人医疗服务需求的影响,笔者借鉴了 Kruse 等(2012)的方法,在个人医疗服务需求函数右手增加了政府医疗服务补助支出。考虑我国医疗资源城乡间配置不公平现实,根据城乡间每千人技术人员数量和床位数差异,对各地区政府医疗服务补助支出做了调整,从而获得城市中政府医疗服务补助支出和农村中政府医疗服务补助支出。然而,加入政府医疗服务补助后,这个变量可能具有内生性。因为政府医疗服务补助变化可能受到医疗服务需求影响。为了克服内生性,本书采用滞后一年政府医疗补助作为解释变量。其合理性在于,我国预算编制主要采用基数法,滞后一年预算安排会影响当年预算分配,但当年个人医疗服务需求不可能影响滞后一年预算安排。相关资料来源于 2011 年和 2013 年的《中国卫生统计年鉴》,2015 年的《中国卫生与计划生育统计年鉴》。

为了能够区别其他公共政策因素对个人医疗服务需求的影响,在式(8-3)中还加入了医疗保险和到达最近医疗机构时间,因为这两者都会改变个人医疗服务选择的私人支付和机会成本,所以理论上预测,有医疗保险,以及到达最近医疗机构时间越短,都会增加个人医疗服务需求概率。为了刻画式(8-3)中的 X,本书根据 CFPS 数据中能够利用的信息，选择个人对医疗服务环境和医疗服务水平的评价。直觉上，个人对医疗服务条件和水平评价越低，就医意愿就越低。

个人医疗服务需求在本书中是一个 0～1 变量，需求函数实际刻画的是个人使用医疗服务概率，所以选择 probit 回归。由于 probit 回归本身没有什么经济学含义，只能观察估计系数符号，为便于理解变量的边际效应，表 8 - 4 报告的是边际效应估计结果。从表 8 - 4 最后三行报告的各统计量看，Wald 检验驳斥了所有系数为 0 的原假设，DWH 检验的 P 值都大于 0.10，可以认为所有变量都是外生变量。同时模型整体预测效果都超过了 80%，说明模型估计效果较好。此外，从 4 个模型估计系数看，是否控制时间和地区固定效应，对估计结果影响不大。从各变量估计系数看，大部分和理论预期基本一致。年龄越大、学历越高，医疗服务需求可能性更高。女性相对于男性，使用医疗服务概率更高。自评健康越差，使用医疗服务概率也越高。已婚者相对于未婚者，使用医疗服务概率更高。和理论预期不同的是，个人收入水平对其医疗服务需求影响不显著。从医疗服务供给相关变量看，医疗保险会提高个人医疗服务需求，而医疗服务可及性越低，个人医疗服务需求也会相应越低。就医疗服务私人支付的影响而言，无论是医疗服务价格，还是就医机会成本，价格越高，机会成本越高，个人医疗服务需求就会越低。同样从医疗服务供给质量看，较低医疗服务供给质量会显著降低个人医疗服务需求。

表 8 - 4　医疗服务需求函数 probit 估计结果

项目	模型 1	模型 2	模型 3	模型 4
年龄 2（age2 = 1，if age > = 50）	0.054 *** (0.0047)	0.052 *** (0.0047)	0.043 *** (0.0046)	0.020 *** (0.0006)
性别（女性 = 1）	0.048 *** (0.0042)	0.046 *** (0.0042)	0.041 *** (0.0041)	0.065 *** (0.0080)
自我健康评价（最好 = 1，最差 = 5）	0.105 *** (0.0018)	0.108 *** (0.0018)	0.121 *** (0.0019)	0.071 *** (0.0018)
婚否（已婚 = 1）	0.046 *** (0.0068)	0.044 *** (0.0068)	0.043 *** (0.0070)	0.061 *** (0.0166)
户籍（乡村 = 1）	- 0.037 ** (0.0175)	- 0.034 ** (0.0163)	- 0.032 *** (0.0145)	- 0.094 ** (0.0139)

项目	模型 1	模型 2	模型 3	模型 4
教育 2（初高中学历 = 1）	0.150 *** (0.0451)	0.163 *** (0.0492)	0.173 *** (0.0460)	0.146 *** （0.0485）
教育 3（高中以上学历 = 1）	0.333 *** (0.0396)	0.336 *** (0.0310)	0.329 *** (0.0367)	0.305 *** (0.0428)
ln（收入）	0.001 (0.0017)	0.001 (0.0018)	0.002 (0.0018)	0.021 (0.0203)
是否有保险	0.012 * (0.0064)	0.012 * (0.0063)	0.011 * (0.0062)	0.015 ** (0.0063)
ln（L. 财政补助）	0.026 ** 0.0116	0.027 ** (0.0118)	0.029 * (0.0147)	0.056 ** (0.0125)
到达门诊时间	− 0.000 * (0.0001)	− 0.000 * (0.0001)	− 0.000 ** (0.0001)	− 0.008 ** (0.0031)
ln（医疗价格）	− 0.033 *** (0.0111)	− 0.038 *** (0.0112)	− 0.035 *** (0.0118)	− 0.049 *** (0.0129)
ln（机会成本）	− 0.036 *** (0.0063)	− 0.035 *** (0.0065)	− 0.035 *** (0.0064)	− 0.021 *** (0.0032)
医疗条件（最好 = 1，最差 = 5）	− 0.000 (0.0035)	− 0.000 (0.0035)	− 0.001 (0.0035)	− 0.000 (0.0034)
医疗水平（最好 = 1，最差 = 5）	− 0.009 ** (0.0033)	− 0.010 ** (0.0033)	− 0.009 ** (0.0033)	− 0.004 ** (0.0017)
时间地区效应	未控制	只控制时间 固定效应	同时控制	同时控制
Wald test（P）	0.00	0.00	0.00	0.00
Durbin-Wu-Hausman test（P）	0.37	0.45	0.46	0.68
Correctly predicted（%）	80.6	80.8	81.3	83.9

注：括号内为稳健标准误。在面板 probit 回归中，比较随机效应模型和人口平均模型，发现随机效应模型预测多数个人医疗服务使用概率不在 0 ~ 1，而人口平均模型的预测结果却很好地反映了大部分个人现实医疗服务需求行为，且所有个人医疗服务使用概率预测结果都位于 0 - 1，所以上述模型 1 至模型 3 选择了人口平均模型。模型 4 采用的是混合回归。

资料来源：根据 CFPS 数据回归得到。

其次，有了个人医疗服务需求函数估计结果，就可以在其基础上计算不同收入组医疗服务需求的平均价格弹性、平均机会成本弹性、平均收入弹性，以及平均医疗保障弹性和平均医疗服务可及性弹性，表 8 - 5 报告了计算结果。从表 8 - 5 看到，不同收入组面对相同变量相同单位变化反应并不相同。面对医疗服务可及性和政府医疗服务补助，以及医疗服务价格变化，最低收入组需求弹性绝对值都最大，说明如果仅看医疗服务使用，在这轮医疗服务扩张中，医疗服务可及性提高和政府医疗服务补助增加，最低收入组受益将最大。但不断上升的医疗服务价格，也使最低收入组受伤害最大，医疗服务价格上升，显著抑制了低收入组医疗服务需求。相比较，面对医疗服务机会成本上升，虽然低收入组也受影响，但相对而言，最高收入组受到的影响更大。这一情况与 CFPS 数据中不选择立即就医原因的调查结果是一致的，最高收入组立即就医比例仅约20%，不就医原因中，没有时间占比超过50%。从城乡情况看，面对相同幅度的政府医疗服务补助和机会成本变化，城市居民医疗服务需求反应都较农村居民强，相反，面对相同幅度的医疗服务价格和医疗服务可及率变化，农村居民医疗服务需求反应都较城市居民强。

表 8 - 5　医疗服务需求弹性估计

组别	到达门诊时间	医疗保险	财政补助	医疗价格	机会成本
最低收入组	-0.029	0.044	0.239	-0.321	-0.103
2nd	-0.026	0.044	0.184	-0.161	-0.131
3rd	-0.024	0.045	0.185	-0.217	-0.212
4th	-0.021	0.045	0.124	-0.223	-0.233
最高收入组	-0.021	0.047	-0.077	-0.072	-0.356
城乡区位					
城市	-0.019	0.045	0.158	-0.162	-0.246
农村	-0.028	0.045	0.147	-0.214	-0.109

资料来源：根据计算得到。

需求弹性只是反映个人医疗服务需求对政策变化敏感性，要想获得这轮公共政策变化给不同收入组带来的收益，还需要进一步计算政策变化中各收入组边际受益，表 8 - 6 报告了从 2010 年到 2014 年政策变化的受益归宿情况。第 2 列是从 2010 年到 2014 年，不同收入群体医疗服务使用率变化均值，按照标准 BIA，就是两个时点平均受益发生的变化。然而 Younger（2003）指出，这不是政策变化的受益归宿，为此第 3 列到第 7 列就基于需求弹性获得相关变量变化形成的受益归宿。2010 年到2014 年，最低收入组受益增加最多的，主要是医疗服务可及性提高和政府医疗服务补助增加，而因医疗服务价格上升和就医机会成本上升遭受的损失也是较大的。从城乡情况看，城乡居民从医疗服务扩张中受益最多的都是政府医疗服务补助增加，但面对医疗服务价格上升，农村居民的边际损失也比城市居民高出 1 倍以上。基于表 8 - 6，可以看出，尽管在平均受益归宿变化上，最低收入组受益最低，仅有 0.0014，但在边际受益归宿上，最低收入组从大部分政策变量的变化中所获边际受益都显著高于最高收入组。

表 8 - 6　医疗政策变化的边际受益归宿

组别	变化	到达门诊时间	医疗保险	财政补助	医疗价格	机会成本
最低收入组	0.0014	0.0012	0.0013	0.0608	- 0.0290	- 0.0160
2nd	0.0347	0.0005	0.0010	0.0460	- 0.0113	- 0.0145
3rd	0.0121	0.0000	0.0014	0.0299	- 0.0131	- 0.0233
4th	0.0185	- 0.0002	0.0010	0.0131	- 0.0100	- 0.0185
最高收入组	0.0274	- 0.0003	0.0009	- 0.0077	- 0.0028	- 0.0260
城乡区位						
城市	0.0316	- 0.000	0.0014	0.0127	- 0.0074	- 0.0198
农村	0.0143	0.0005	0.0009	0.0281	- 0.0157	- 0.0142

资料来源：根据表 8 - 4 计算得到。

从表 8 - 6 边际受益归宿看，不同政策变量变化影响有很大区别。既然如此，为了真正让低收入组实现病有所医，即让有需要的个人能够获得及时医疗服务，哪一种政策调整效果最好呢？表 8 - 7 模拟了不同政策变化对不同收入组医疗服务需求的影响。具体来说，表 8 - 7 模拟了五种可能的政策变化。第一种，通过增加医疗服务点提高医疗服务可及性，医疗服务点的分布达到让所有人到达最近医疗服务点时间缩短到 15 分钟以内。第二种，实现全民医保，即将现在平均 90% 的医保覆盖率提高到 100%。第三种，将政府对医疗服务补助从 2014 年的水平提高 1 倍，即将医疗服务补助提高到 4500 亿元。第四种，降低医疗服务价格，即在 2014 年水平上将人次门诊费下降 50%。第五种，缩短医疗服务等候时间，在 2014 年平均水平上将等候时间缩短 50%。从表 8 - 7 报告的结果看，五种政策中，让最低收入组受益最大的是政府增加医疗服务补助和降低医疗服务价格。两项政策同步变化，如果不考虑交叉弹性，可以提高最低收入组医疗服务需求概率约 9.2 个百分点。

表 8－7　模拟政策变化的边际受益归宿

政策	最低收入组	2nd	3rd	4th	最高收入组
到达门诊时间缩短到 15 分钟以内	0.0015	0.0005	0.0004	0.0001	0.0004
医保全覆盖	0.0011	0.0009	0.0009	0.0008	0.0007
政府医疗补助支出提高 1 倍	0.0553	0.0158	0.0337	0.0195	0.0111
人次门诊费下降一半	0.0371	0.0152	0.0197	0.0175	0.0052
就医机会成本下降一半	0.0119	0.0123	0.0193	0.0183	0.0256

资料来源：根据表 8－4 计算得到。

五　医疗服务扩张对收入分配的影响

政府对医疗服务给予补助，让使用医疗服务的个人变相获得了一笔虚拟收入，如果医疗服务使用按照现金收入分配格局在不同收入组间分配，那么在居民现金收入中加入从政府公共医疗服务中获得的虚拟收入，也不会改变全社会收入分配差距。不过，从前述边际受益归宿分析看出，就医疗服务需求而言，不同收入组面对政府公共医疗服务变化反应不同，所以医疗服务扩张增加的医疗服务需求不再按照现有收入分配格局在不同收入组间分配。这意味着，如果在现金收入基础上加上医疗服务使用获得的虚拟收入，全社会收入分配差距就可能发生变化。传统 BIA 框架利用成本核算法直接将单位服务成本计算为个人使用单位医疗服务所获收益，对政府公共医疗服务收入分配效应进行测度。但这种方法受到诸多批评，因为这种方法没有区别不同个人对单位医疗服务受益评价。这部分将采用上述两种方法评估政府提供公共医疗服务对收入分配的影响。不过，在前面边际受益归宿分析中，虽然同时考虑了包括政府医疗服务补助在内的多种政策变化，但考虑所有这些变化都是通过政府医疗服务补助得以实现的，在这部分计算公共医疗服务的收入分配效应时，只讨论政府医疗服务补助的收入分配效应。首先基于需求函数，利用式（8－5）计算个人愿意为医疗服务使用支付的价值，即补偿变化 CV；其次将其加入个人现金收入；最后利用 DASP 软件计算出基尼系数。表 8－8 报告了计算结果。

表 8 – 8　考虑公共医疗服务前后的收入分配基尼系数

项目	2010 年	2012 年	2014 年
初始收入	0.497 （0.0077）	0.484 （0.0051）	0.481 （0.0040）
初始收入 – 个人自付	0.540 （0.0086）	0.531 （0.0068）	0.529 （0.0074）
（1）+ 受益 （成本核算法）	0.524 （0.0086）	0.518 （0.0067）	0.514 （0.0072）
（1）+ 补偿变化 CV	0.517 （0.0195）	0.511 （0.0073）	0.507 （0.0084）

注：括号内为标准误差，表中第一列 （1） 即为初始收入 – 个人自付。
资料来源：作者计算得到。

　　从表 8 – 8 中看出，基于 CFPS 数据的收入分配差距，在不考虑政府提供的公共医疗服务时为 0.497，这一水平稍高于我国国家统计局公布的 0.481。从时间趋势上看，基于 CFPS 数据的收入分配差距呈缩小趋势。为了接受医疗服务，除了享受政府提供的医疗服务补助，个人还需要承担一部分医疗费用。在第三部分看到，不同收入组承担医疗服务费用平均比例相差较明显，较高收入组明显低于较低收入组。将个人使用医疗服务发生的个人自付从其收入中扣除，扣除后的收入分配差距，较之前有明显扩大。医疗服务个人自付提高收入分配差距约 8.5 个百分点，即使基尼系数上升约 0.045。如果在此基础上，将个人从医疗服务使用中获得的虚拟收入计入现金收入，两种核算方法下，都一定程度上降低了社会收入分配差距。成本核算法下，公共医疗服务使收入分配基尼系数下降约 0.015，即使收入分配差距缩小约 3 个百分点。补偿变化法下，公共医疗服务收入再分配能力相对有所上升，使收入分配基尼系数下降约 0.022，即使收入分配差距缩小约 4 个百分点。对比两种方法下的公共医疗服务收入再分配能力，成本法有弱化的嫌疑，这与 Van de Walle （2002） 的研究发现有所不同。

　　图 8 – 3 利用集中曲线描述了公共医疗服务影响收入分配整体情况。从图 8 – 3 中看出，医疗费个人自付集中曲线接近 45 度线，甚至在人口前 30% 曲线部分，个人自付集中曲线位于 45 度线之上，说明低收入者承担了相对更重的医疗服务成本。从补偿变化和传统方法受益分配集中曲线看，补偿变化的集中曲线位于 45 度线之上，说明门诊服务扩张的受益分配不仅累进，而且正义。而成本核算法下，受益分配集中曲线虽然位于收入分配曲线之上，但在 45 度线之下，只能说累进，还没达到正义分

配。图 8－4 为洛伦兹曲线，加上个人自付后的收入分配洛伦兹曲线位于收入分配曲线之下，说明扩大了收入分配差距。

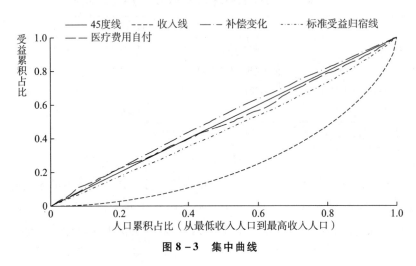

图 8－3　集中曲线

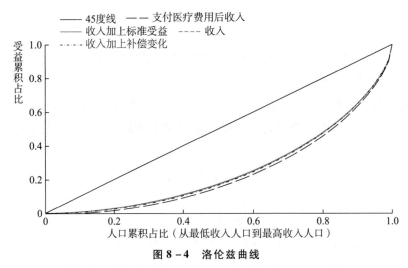

图 8－4　洛伦兹曲线

六　研究结论与启示

作为政府调节社会收入分配的重要政策工具，公共服务的作用正在变得越来越重要。在我国，仅是预算内口径，2015 年政府公共支出占 GDP 比重就超过了 25%。如此规模的支出有相当一部分用于提供公共服务。尤其是 2007 年之后，包括医疗卫生服务在内的各种公共服务获得了很大扩张。大量公共服务产生的收益到底流向了谁，公共服务扩张的受益归宿对全社会收入分配差距产生了怎样影响，成为我国当下一个非常值得探究的问题。本书利用我国社会科学调查中心 CFPS 数据对这轮扩张最快的公共医疗服务受益归宿进行了研究。但受数据所限，本书仅选择了公共医疗服务中的门诊服务作为研究对象，考察门诊服务扩张的受益流向及其对收入分配的影响。通过估计公共门诊服务边际受益归宿发现，从 2010 年到 2014 年，虽然最低收入组从公共医疗服务中平均受益变化最小，但却从政府公共医疗服务补助增加中受益最大。如果不考虑政策间交叉影响，增加的政府公共医疗服务补助，其受益的 50% 以上流向了低收入组。这说明医疗服务补助作为政府公共医疗服务一项重要政策，其受益分配呈现明显的正义性。除此之外，近些年，不断扩大的医保覆盖面，不断增加的医疗服务可及性，都使低收入组得到较高受益。然而，随着上述各项政策变化，不断上涨的医疗服务价格（以人次门诊费代表）在使所有收入组医疗服务需求下降同时，对最低收入组产生了更大影响。与医疗服务价格影响不同，接受医疗服务等候时间虽然对所有收入组医疗服务需求产生了抑制效应，但对高收入组的影响显著高于低收入组。上述公共医疗服务边际受益归宿一定程度上减缓了现金收入分配差距。基于个人间接效用函数的补偿变化估计发现，2010 年到 2014 年，考虑公共医疗服务产生的虚拟收入，全社会扩展收入分配（extended income）[①] 差距将缩小近 4 个百分点。然而由于医疗服务私人自付分配严重不利于低收入组，全社会收入分配差距在考虑公共医疗服务后反而被扩大。

基于本书研究，可以看出，如果仅看平均受益变化，而不看边际受益变化，将对新医改之后的公共医疗服务扩张影响做出不适当判断。此外，从本书研究中还可看出，要想利用公共医疗服务作为调节现金收入分配的政策工具，通过公共医疗服务扩张，让低收入组受益更多，政府可以采用继续增加政府公共医疗服务补助方法。此外，还可在增加医疗

---

① 所谓扩展收入，即将公共服务产生的虚拟收入计入现金收入。这一概念在世界银行有关公共服务的收入分配效应研究中被广泛使用。

服务机构同时，让医疗服务机构分布更加均匀，以缩短居民使用医疗服务时间。当然，政府对公共医疗服务补助方式也很重要，虽然受限于数据，本书没有对政府公共医疗服务不同补助方式的受益归宿差异做出比较分析，但根据本书对个人医疗服务需求价格弹性估计，如果政府公共医疗服务补助能够直接针对需求方，将给低收入组带来更大受益。因为直接针对需求方的补助，等于变相降低了医疗服务价格，后者可以让低收入组不再受困于看病贵问题困扰，从而提高医疗服务需求。然而，从新医改之后的政府公共医疗服务补助流向看，对供给方的补助显然占主导，而且这些补助又不完全流向医疗服务直接提供者，而是流向了医疗设备。医疗硬件的改善本身没有问题，问题在于提高了医疗服务使用成本。后者反过来又对低收入组医疗服务需求产生抑制效应，进而弱化公共医疗服务收入再分配效应。

然而，受数据所限，本书的上述发现仅是基于过去2周是否看过医生，即使用门诊服务，并假定所有个人在接受医疗服务时面对的医疗服务价格相同。不仅如此，本书没有区别医疗服务提供者差异，认为所有个人在过去2周使用的门诊服务，都以不同方式获得了政府公共医疗补助。不过，在我国，90%医疗服务由公立医院提供，而公立医院价格又受到政府管制，虽然不同个体使用医疗服务时实际发生的成本可能差异很大，但成本差异也在很大限度上会反映到医疗服务质量上，从而也意味着医疗服务受益更大。而本书在假定医疗服务价格对所有使用者相同的同时，又假定所有人接受的医疗服务质量相同，所以两种情况结合在一起，不会对本书研究产生很大影响。

第九章　转移支付与社会性公共品供给

一　背景与问题

社会性公共品供给短缺，出现这一结果，一些学者将其归因于我国财政分权体制和晋升激励（中国经济增长与宏观稳定课题组，2006；周黎安，2007；等）。财政分权赋予地方政府更多决策自主权，而晋升激励又促使地方政府选择性行使职责和配置公共资源。也有一些学者认为，地方政府社会责任缺失源于分权体制下不对称分权。然而，上述观点似乎在解释力上并不完美。第一，财政分权并非我国独有，财政分权被认为是大国治理共同选择，尽管缺乏充分证据证明分权体制下，不同国家地方政府社会责任有显著差异，但为何在我国，地方政府选择性行使职责问题如此突出与普遍。第二，尽管根据第二代财政分权理论，我国政治集权和晋升机制造成地方政府缺乏来自民众有效约束，从而未能形成责任政府激励结构（Weingast，2009）。但根据 Caldeira（2012）的研究，晋升约束可以弥补民众约束缺失，并产生民众约束一样的激励效果，地方政府社会责任不应因约束力来源不同而有所差异。即使不考虑上述两点，仅从政府间竞争效应看，我国地方政府间竞争约束产生的支出结构偏向现象（傅勇和张宴，2007；尹恒和朱虹，2011），在其他经济体同样存在，Keen 和 Marchand（1997）、Egger 和 Falkinger（2006）等的研究为此提供了有力证据。更何况，Seabright（1996）、Fisman 和 Gatti（2002）、Faguet（2014）等的大量研究指出，财政分权可以改进下级政府责任感和反应性。Besley 和 Case（1995）、Cai 和 Treisman（2005）甚至指出，分权下的竞争会对地方政府形成有力约束，促使地方政府付出更多努力以及减少抽租行为。

经验证据表明，财政分权和竞争机制可能并不是我国地方政府社会责任缺失的关键。正如 Litvak 等（1998）曾指出，分权和竞争本身既不好也不坏，它们对地方政府的影响依赖于分权体制设计。同样，Tanzi

（1995）、Simon 等（2009）研究也指出，分权能否激励地方政府更负责任，与分权设计有关。正是出于激励考虑，Weingast（2009，2014）认为，尽管在分权体制下，由地方政府自己筹集收入可以提高流动性税基对不负责任政府的惩罚，但基于效率原因，分权体制下地方政府财权和支出责任不会完全匹配，从而出现事实上不对称分权结果。为矫正不对称分权下地方政府责任扭曲，设计激励型政府间转移支付至关重要。Bird（2000）甚至认为，转移支付作为诱导地方政府按照中央政府期望行使职责，成为一个有责任政府的工具特征，从任何一方面看都非常关键。在他看来，转移支付目的不是为特定地方政府融资，而是促进民众所需公共品能被有效供给，所以转移支付设计关键就是在地方公共部门做对激励。转移支付之所以能发挥上述工具性作用、激励地方政府更加负责，Allers（2012）认为，是在辖区间存在财政差异时，民众无法准确判断公共品供给下降真实原因，这时良好的转移支付制度可以消除财政信息不充分产生的标杆偏误。Liu（2014）在研究异质地区资本竞争约束效应时也指出，中央对地方实施均等化拨款是解决异质地区竞争约束弱化的关键政策工具。Kotsogiannis 和 Schwager（2008）更是认为，因为有了转移支付，Cai 和 Treisman（2005）所说的竞争机制就能真正发挥约束作用，民众能够赋予公共品供给任何剩余变化更多的重要性。但两位作者同时也指出，转移支付实际效应取决于它的设计与执行，违背理想状态的转移支付反而会扭曲对政策制定者的政治激励，对地方政府责任感产生抵消效应。Ivanyna（2010）进一步指出，在税基交叠异质辖区间，如果只是用于补偿地方政府财政需要，转移支付不仅不能提高竞争约束力，反而会弱化竞争，导致地方政府更多抽租行为。

　　然而上述文献讨论转移支付责任激励，主要是理论分析。不仅如此，已有文献对政府责任的界定是在资本竞争和增长激励框架下展开的。所指政府责任，就是增加有利于提高资本吸引力和增长的财政投入。此外，已有文献讨论的转移支付主要是横向拨款。但在我国，转移支付主要是具有普遍缴付义务的纵向补助。这种转移支付制度设计，在不对称分权体制下，与地方政府社会责任不足有何关系，还没有引起太多关注。基于上述原因，本书将在我国不对称分权体制下，研究转移支付与地方政府社会责任激励问题。与本书研究最为接近的是 Fisman 和 Gatti（2002）、

Liu（2014）的研究。Fisman 和 Gatti（2002）针对早先实证研究没有区分不同分权类型腐败效应，利用美国州和地方数据，考察不对称分权与以腐败度量的政府责任关系，发现对转移支付依赖降低政府责任。但 Fisman 和 Catti（2002）并没有分析转移支付对社会责任的影响。不仅如此，Fisman 和 Catti（2002）也没有考虑竞争约束下地区空间相关性。同时 Fisman 和 Catti（2002）还存在另一个问题，就是模型内生性。根据 Mauro（1998）、Brollo（2009）等的研究，腐败政治家抽租行为会影响转移支付。这意味着，以腐败度量的政府责任与转移支付依赖水平之间可能存在双向因果机制。Liu（2014）基于德国均等化拨款制度，实证分析转移支付对异质地区间资本竞争约束效应的影响，但 Liu（2014）用公共投资作为因变量衡量政府责任。此外，Liu（2014）采用边际均等化率度量转移支付，考察本地均等化率和相邻地区均等化率对本地公共投资影响，没有区分转移支付缴付率和收益率之间的影响差异。不仅如此，Liu（2014）将转移支付和相邻地区公共投资作为两个独立自变量放入模型，没有分析转移支付与竞争之间的交互关系，从而没有揭示转移支付对竞争的约束效应影响。

在国内文献中，有关转移支付与地方政府社会责任[①]的关系研究还比较少，仅有几篇文献也只是将转移支付作为一个影响因素，讨论其与腐败、地方治理、政府质量、支出效率等的关系。例如傅勇（2010）在非经济性公共物品与财政分权、政府治理的关系研究中，将人均转移支付作为一个控制变量放入模型。范子英（2013）研究转移支付、基础设施投资与腐败关系时，在模型中加入专项转移支付，以及与基本建设的支出交互项。孔位拿和肖唐镖（2013）在研究转移支付与公共品供给质量时，分析了不同类型转移支付的公共品质量效应。这些文献并没有考

[①]　实际上，有关政府责任定义，学界还很不统一，除 World Bank（2005）将公共部门社会责任定义为"a proactive process by which public officials inform aboutand justify their plans of action, their behavior, and results and are sanctioned accordingly"，并没有文献对政府责任做出明确界定。反映在实证文献中，不同研究采用的指标存在很大差异，有采用正向指标，包括经济投入、社会性公共品供给、政府质量等，有采用反向指标，包括腐败等，即使是同一个指标，具体赋值方法也存在很大差异，国内文献也一样。本书在后续分析中，主要采用社会性支出和社会性公共品产出表征地方政府社会责任。这种表征类似于尹恒和杨龙见（2014）研究财政对居民回应性时采取的社会性支出度量方法。

虑我国地方政府间激烈竞争这个现实环境，也没有考虑我国不对称分权体制。本书贡献在于：第一，将转移支付放在我国不对称分权体制框架内讨论转移支付作为一种纵向控制机制，对地方政府社会责任的激励效应；第二，结合我国自上而下晋升约束和地区间横向竞争关系，研究转移支付对竞争约束效应的影响，试图在经验上揭示转移支付能否消除标杆竞争偏误，强化竞争对责任约束；第三，采用指标计分法和分层加权构造政府社会责任相对指数，以弥补投入度量没有考虑产出效率的不足。

二　转移支付作用地方政府民生投入机制分析

在我国，向上负责是下级政府治理决策重要特征。中央政府根据下级政府责任履行情况决定地方政府主要负责人晋升与否。然而，我国地区间发展差异巨大，中央政府不会选择地方政府责任履行绝对表现，这会使落后地区政府退出竞争，将更多财政资金用于自我消费，所以中央政府会选择相对表现来比较地方政府责任履行情况。相对表现晋升规则（周黎安、李宏彬和陈烨，2005）对所有地方政府而言是共有信息，所以为获得晋升，地方政府要有相对更好的表现。为说明上述竞争机制，笔者借鉴皮建才（2012）的方法，设定地方政府晋升概率为式（9-1），其中 e 为地方政府责任履行情况，i、$-i$ 为相邻地区。[①] 但与其不同的是，本书根据地区间差异使用一个调整系数 μ。[②] 式（9-1）说明，地方政府主要负责人能否晋升不仅取决于自己责任履行情况，也取决于相邻地方政府责任履行情况和中央政府选择的调整系数。对地方政府而言，中央政府对其责任履行情况总体评价主要依据其经济和社会两方面表现。不失一般性，笔者认为地方经济和社会表现应该是地方政府经济投入和社会投入函数。为简化起见，设定所有地方政府有相同责任产出函数[③]，即 $e_{ie} = f$

---

① Wagener（2013）在分析政府间竞争关系时也使用了相对绩效思想，但其做法与皮建才（2012）有所不同，后者采用支付差距最大化选择竞争策略。

② 这里也可以看成，中央政府为避免竞争分离均衡，对落后地区努力程度显性指标的调整系数，从而促使所有下级政府满足参与激励。

③ 这里既不考虑支出中的腐败，也不考虑地区间支出效率差异。不过这种简化在我国似乎也有一定合理性，在相同的制度和体制环境下，我国地方政府支出行为有很高相似性。

$(\lambda_i g_i)$，$e_{is} = m \left[(1-\lambda_i) g_i \right]$，其中 e_{ie} 为经济责任履行情况，e_{is} 为社会责任履行情况，g_i 为地方政府支出，$1 - \lambda_i$ 为政府支出中社会投入份额。λ_i 的高低实际上也反映出地方政府责任履行偏好，λ_i 越大表示地方政府越偏向经济责任。[①] 责任产出函数满足 $\partial e_{ie}/\partial \lambda_i > 0$、$\partial e_{is}/\partial \lambda_i < 0$、$\partial^2 e_{ie}/\partial \lambda_i^2 \leqslant 0$、$\partial^2 e_{is}/\partial \lambda_i^2 \geqslant 0$、$\partial e_i/\partial g_i > 0$。对中央政府而言，地方政府责任履行情况 e_i 被视为经济责任和社会责任加权。

$$p_i(e_i, e_{-i}, \mu) = \frac{e_i}{e_i + \mu e_{-i}} \qquad (9-1)$$

对中央政府而言，地方政府两方面责任都很重要，但在两者之间中央政府会有自己的偏好。中央政府的偏好会通过晋升概率影响地方政府社会责任履行激励。据此将式（9-1）写成式（9-2），其中 θ 表示中央政府对地方政府经济责任相对社会责任重视程度。从式（9-2）看出，尽管中央政府赋予落后地区相对较高调整系数（$\mu \geqslant 1$），但在两地差距非常大时，收入效应会使发达地区政府即使很少努力也会拥有较高晋升概率，即 $g_i > g_{-i}$ 时，$p_i > p_{-i}$。从另一个角度看，如果地区间存在明显财力差异，中央政府因信息问题也很难判断地方政府责任表现较低是源于财力不足还是责任不够。

$$p_i = \frac{\theta f(\lambda_i g_i) + m((1-\lambda_i) g_i)}{\theta f(\lambda_i g_i) + m[(1-\lambda_i) g_i] + \mu[\theta f(\lambda_{-i} g_{-i}) + m((1-\lambda_{-i} g_{-i}))]} \qquad (9-2)$$

接下来考察转移支付。在我国，转移支付设计较为特殊，即所有地区，无论发达与否，都须按照分成规则将部分收入让渡给中央政府，并在转移支付分配中获得支出补助。根据这种设计，并参照 Hindriks 等（2008）做法[②]，在假定中央政府本级支出不占用地方上缴收入情况下，将地区 i 支出 g_i 表示成式（9-3），其中 α 为地区 i 转移支付缴付率[③]，t 为税

---

① 笔者就本书研究在上海财经大学做报告时，有学者提出以投入函数度量地方政府责任，没有考虑投入适当性问题，因为投入多并不能表示政府责任强，超过政府职责边界的投入反而说明政府责任不够。但本书关注的不是绝对水平，而是相对水平，即支出中的 λ_i，这在一定程度上可以避免上述问题。

② 支出等式右边税基与标准做法不同，标准做法采用的是资本存量，本书采用产出。

③ 这是一种简化设定，即所有地区都是按照相同制度执行相同缴付率。但实际上，在我国，各地遵循的体制分成规则并不完全相同，尽管增值税分成比例、所得税分成比例、消费税分成比例等全国都一样，但考虑基数和差别合约机制，每个地方实际的收入分权程度并不一样。

率，F 为产出。根据式（9-3），可以计算出每个地区财政分权不对称程度。

$$g_i = (1-\alpha)t_i F_i + \alpha t_{-i} F_{-i} \qquad (9-3)$$

以地区 i 为例，财政分权不对称程度即为 $(1-\alpha) - \dfrac{(1-\alpha)\,t_i F_i}{g_i}$，其中收入留存率 $(1-\alpha)$ 表示收入分权，$\dfrac{(1-\alpha)\,t_i F_i}{g_i}$ 表示支出分权，$\dfrac{\alpha t_{-i} F_{-i}}{g_i} = \eta_i$ 为转移支付收益率。从式（9-3）也可计算地区 i 财政净流出为 $\alpha(t_i F_i - t_{-i} F_{-i})$。式（9-3）实际上既建立了地区平衡预算约束，又建立了地区间财政策略交互关系。

有了式（9-3）转移支付机制，两地方政府相对晋升概率就具有更高可比性。因为 $\partial e/\partial g > 0$，转移支付前后，两地方政府晋升概率相对值一定有 $\dfrac{p_i}{p_{-i}}\Big|_{before} > \dfrac{p_i}{p_{-i}}\Big|_{after}$。这就是 Aller（2012）所说的，转移支付机制可以消除财政能力差异所导致的地方政府责任估计偏误。当然这不是本书关注重点，本书重点关注显示地方政府责任履行偏好 λ_i 与 α、η_i 的关系。从上述晋升概率看出，地方政府 λ_i 选择会影响其晋升概率，所以地方政府总是会策略性地选择 λ_i。当然，地方政府间策略性竞争行为既会受到中央政府选择 θ 和 μ 影响，也会受到中央政府设计的 α、η_i 直接和间接影响，其中间接影响就是 α、η_i 会通过改变地方政府财政能力，在预算约束下影响支出规模，而支出规模又会借助 λ_i 策略影响产出。这个过程将不断循环，并内生性的影响中央政府 α、η_i 选择。

接下来考察地方政府 λ_i 选择逻辑。首先刻画地方政府目标函数。对地方政府而言，热衷于履行经济责任，不仅有中央政府经济考核要求，而且有较高私人收益，这一点在 Delavallade（2006）等关于腐败与公共支出分配关系研究中得到充分支持。但平衡预算约束，使地方政府在加大经济责任履行力度同时，必然承担两方面损失，一是影响其晋升概率，二是辖区内社会问题。为此将利维坦地方政府目标函数描述成式（9-4），其中 v、E 为外生给定履行经济责任私人收益和连任收益，β、ϕ 分别为地方政府对经济责任私人收益与连任收益重视程度，δ、σ 分别为连任收益贴现率和社会责任缺失损失系数，为便于分析，设定这些参数对所有地方政府都一样。同样为分析便利，目标函数中使用相对晋升概率 $\overline{p}_i = p_i / p_{-i}$。地方政府最大化目标函数，受制于两种约束，一是相邻地区竞争约束，二是预算平衡约束。相邻地区竞争约束源于要素自由流动要求所有地区资本净回报率相同，即 $F'_i - t_i = F'_{-i} - t_{-i}$。考虑地区发展差异，设定 $F_i = \left(\lambda_i g_i + \dfrac{\varepsilon}{2} \right) k_i - \dfrac{\pi k_i^2}{2}$ 和 $F_{-i} = \left(\lambda_{-i} g_{-i} - \dfrac{\varepsilon}{2} \right) k_{-i} - \dfrac{\pi k_{-i}^2}{2}$，其中 π 为资本边际产出率下降速率，F_i 为产出函数。

$$\max_{\lambda_i} W_i = \beta \left(F_i - k_i F'_i \right) v + \phi \delta \, \overline{p}_i E - \frac{\sigma (\lambda_i g_i)^w}{2} \qquad (9-4)$$

就竞争约束而言，设定资本总份额为单位 1，k_i、k_{-i} 分别为各自所占资本份额。在此基础上，根据我国税权高度集中这一事实，简化 $t_i = t_{-i}$。根据资本竞争约束条件，可以得到两地资本份额为式（9-5）。从式（9-5）中看出，相邻两地由于产出能力不同，资本吸引能力存在明显差异。在没有转移支付情况下，发达地区吸收资本份额显著高于欠发达地区。

$$k_i = \frac{\pi + \varepsilon}{2\pi} + \frac{\lambda_i g_i - \lambda_{-i} g_{-i}}{2\pi}, k_{-i} = \frac{\pi - \varepsilon}{2\pi} - \frac{\lambda_i g_i - \lambda_{-i} g_{-i}}{2\pi} \qquad (9-5)$$

在式（9-3）转移支付机制下，两地财政能力差异缩小到初始的 $1-2\alpha$。财政能力差距缩小不仅降低了发达地区资本竞争优势，而且也通过循环机制进一步缩小两地财政能力差距。根据 Cai 和 Treisman（2005）等研究，这种转移支付机制由于利用了地区间税基交叠，提高欠发达地区参与竞争可能性，从而对欠发达和发达地区政府都产生一定作用。从式（9-5）还可看到，两地资本吸引能力不仅取决于财政能力和初始生产能力，而且取决于两地政府选择的 λ_i。i 地区选择 λ_i 对本地资本吸收能力边际影响为 $\partial k_i / \partial \lambda_i = g_i / 2\pi > 0$，而对相邻 $-i$ 影响却为 $\partial k_{-i} / \partial \lambda_i = -g_i / 2\pi < 0$。正因为这一点，在财政能力内生条件下，相邻地区会通过经济责任和社会责任履行策略展开竞争。

那么在资本竞争和晋升双重约束下，地方政府会如何选择 λ_i 最大化式（9-4）？为此求约束条件下式（9-4）对 λ_i 一阶导数，并设定 $\partial g_i / \partial \lambda_i = 0$ 得到 λ_i 隐函数式（9-6），其中 $\Pi = \mu \{ \theta f(\lambda_{-i} g_{-i}) + m [(1 - $

$\lambda_{-i})g_{-i}]\}$。

$$\left(\frac{\beta k_i v}{2} - \sigma\lambda_i g_i\right)\Pi + \phi\delta E(\theta f' - m') = 0 \qquad (9-6)$$

从式（9－6）看出，即使没有转移支付，地方政府 λ 选择也会受到相邻政府 λ_{-i} 选择的影响，其传导机制就是地方政府间引资竞争。因为根据式（9－5），λ_i 和 λ_{-i} 会影响相邻地区资本流入流出，进而影响地方政府目标实现水平。由于在受到竞争约束同时，地方政府还受到预算平衡约束，接下来考察在预算平衡约束下，式（9－6）如何变化。为此，首先式（9－3）两边同时除以 g_i，再将 F_i 替换成 $F_i = \left(\lambda_i g_i + \dfrac{\varepsilon}{2}\right)k_i - \dfrac{\pi k_i^2}{2}$，最后移项合并同类项得到式（9－7）。

$$g_i = \frac{t(1-\alpha)(\pi k_i^2/2 - \varepsilon k_i/2)}{t(1-\alpha)\lambda_i k_i + \eta_i - 1} \qquad (9-7)$$

在此基础上，将式（9－7）带回式（9－6）并化简，可以获得有关 λ_i 与包括 α、η_i 在内变量隐函数关系等式（9－8）。

$$\lambda_i = \frac{(1-\eta_i)[\beta v k_i\Pi + 2\phi\delta E(\theta f' - m')]}{t(1-\alpha)[(\beta v - \pi)k_i^2 + (\varepsilon + 2\phi\delta E(\theta f' - m'))k]} \qquad (9-8)$$

当然式（9－8）虽然不是 λ_i 真正解析式，但通过式（9－8），我们可以提出如下四个推断。第一，尽管式（9－8）复杂性一下难以确定转移支付缴付率和收益率对地方政府 λ_i 选择策略影响方向，但可以肯定，转移支付对 λ_i 具有直接影响，这一点通过式（9－8）两边取对数即可观察得到。第二，对隐函数式（9－6）求 λ_i 对 λ_{-i} 导数，可以获得 $\dfrac{\partial\lambda_i}{\partial\lambda_{-i}} = $

$$\frac{\dfrac{\beta v}{4\pi}\Pi - \mu\left(\dfrac{\beta v k_i}{2} - \sigma\lambda_i g_i\right)(\theta f' - m')}{\left(\dfrac{\beta v}{4\pi} - \sigma\right)\Pi - \phi\delta E(\theta f'' + m'')} \times \frac{g_{-i}}{g_i}$$，同样在预算平衡约束下，得

到转移支付 α 和 η_i 对反应函数影响，结合第一点，可以认为，转移支付还可能通过影响地方政府间竞争作用 λ_i 选择策略。第三，地方政府 λ_i 选择策略还受到规模因素影响，因为无论是反应函数还是式（9－8），等式中都含有 g_i，说明地方政府责任履行程度及选择偏好受规模效应影

响。第四，在决定式（9-8）中，影响地方政府 λ_i 选择策略因素还包括中央政府选择的 θ、μ，以及地方政府特征变量、责任产出系数、财政投入边际责任产出率等，这些都反映转移支付运行环境。至此，我们在竞争和预算平衡约束下，通过最优化过程建立了地方政府责任履行程度及偏好关系式。但由于无法求出解析式，因此转移支付对地方政府责任履行程度及偏好影响只能通过实证予以分析。

三　转移支付对地方政府民生投入激励效应识别

根据式（9-8），转移支付对地方政府责任及其履行偏好影响，并不直截了当。这一理论发现与 Weingast（2009）等研究是一致的，即转移支付对地方政府责任激励一方面取决于转移支付运行环境，另一方面取决于转移支付制度设计。就前者而言，式（9-6）说明，在政府间竞争约束下，地方政府责任及其履行偏好具有空间结构。而式（9-8）和反应函数则进一步说明，转移支付对地方政府责任及其履行偏好影响，不仅有直接机制，也有通过影响政府间竞争间接作用机制。依据式（9-8），将实证模型设定为式（9-9），其中 λ_i 为地方政府责任履行偏好，λ_{-i} 为相邻地方政府责任履行偏好，下标 t 为时间，w_{ij} 为相邻地区 j 权重，满足 $\sum_{j \neq i} w_{ij} = 1$，FS 为本书核心解释变量，包括不对称分权程度、转移支付缴付率与收益率，x 为控制变量。式（9-9）包含了转移支付与相邻政府策略交互项，其目的在于检验转移支付是否通过竞争机制提高竞争约束效应。基于式（9-9），实证目的有两个：一是揭示不对称分权对政府责任履行偏好激励效应，二是揭示我国转移支付对政府责任履行偏好是否具有矫正作用。考虑到责任表现具有惯性，所以在式（9-9）增加责任履行偏好一阶滞后项。

$$\lambda_{i,t} = \alpha_0 + \varphi \lambda_{i,t-1} + \beta_1 \lambda_{-i,t} + \beta_2 FS_{i,t} + \beta_3 \lambda_{-i,t} \times FS_{i,t} + \sum_j \zeta_j x_{ij,t} + \varepsilon_{i,t}$$

$$\lambda_{-i,t} = \sum_{j \neq i} w_{ij} \lambda_{j,t}, \tag{9-9}$$

在估计之前，界定式（9-9）因变量及其赋值方法。在第二部分，因变量 $\lambda_{i,t}$ 被定义为地方政府责任履行偏好。在实证部分，因变量 $\lambda_{i,t}$ 被定义为地方政府公共支出中社会性支出除以经济性支出，该值越大说明地方政府责任履行越偏向社会责任。然而正如第二部分所述，投入法度量没有考虑责任产出效率和效果。所以为稳健起见，本书也采用了产出法，利用社会性公共品综合指数刻画地方政府社会责任，指数越大说明地方政府社会责任越强。该指数构造方法是五类社会性支出，按照一定规则加权，包括公共教育、公共卫生、社会保障、公共设施、环境保护五类。其中公共教育采用 15 岁及以上人口中文盲率、特殊学校生师比、中小学生师比。公共卫生采用每千人医护人员数量、每千人医院卫生院床位数、每千名农民乡镇卫生院床位数、农村改水收益覆盖率和无害化卫生厕所普及率。社会保障采用养老保险覆盖率、基本医疗保险覆盖率、城乡发展差异。公共设施采用天然气普及率、人均绿地面积、每万人公交车辆数量、单位面积公路铁路网密度、单位面积便民利民服务网点数、单位面积公用图书馆数量。环境保护采用环境污染治理投资占 GDP 比重、污水处理率、环境污染事件发生次数。为简化起见，赋予所有类型公共品同等重要性，在标准化基础上，通过分层加权获得综合指数。

　　作为核心解释变量，不对称分权被定义为公共支出分权减去财政收入分权，其中财政收入分权，本书并没有按照国内文献常用的本级预算内收入或支出除以中央预算内本级收入或支出（徐永胜和乔宝云，2012；等），而是根据我国 1994 年分税体制形成的收入分配关系和支出融资途径确定财政收入分权和公共支出分权。具体而言，财政收入分权计算公式为（地方一般预算内财政收入－上解支出）/（税务部门征收的税收收入＋财政部门征收的契税、耕地占用税以及农牧业税＋财政部门征收的非税收入），这一定义类似于财政留成率。[①] 公共支出分权计算公式为地方预算内支出中自主决策部分所占比重，即（地方一般预算内公共支出－中央政府规定用途的转移支付[②]）/地方一般预算内公共支出。作

[①] 严格说，应该使用本地区筹集所有政府收入，但由于缺乏充分统计数据支持，本书就采用了预算收入，未包括基金收入等其他政府收入，这种情况在公共支出分权中也是如此。

[②] 根据我国目前转移支付结构，税收返还（两税返还、所得税基数返还、出口退税基数返还）和原体制补助以及没有规定用途的一般转移支付，地方政府在如何使用上具有完全自主权，所以应被视为与自有收入一样。但由于缺乏转移支付分项数据，本书就没有区分转移支付分项差异，直接使用历年《中国财政年鉴》各地区预算平衡表中列出的中央政府补助。

为另一核心解释变量，转移支付包括缴付率 α 和收益率 η_i，其中缴付率刻画转移支付融资，收益率反映转移支付分配。前者定义为各地区向中央缴付财政资金占本地预算总收入比重。后者定义为各地一般预算内支出中中央补助所占比重。依据上述一系列定义和赋值方法，图 9 - 1 和图 9 - 2 刻画了转移支付缴付率和收益率与地方政府责任履行偏好及其线性拟合结果。从图 9 - 1 和图 9 - 2 看，尽管转移支付缴付率与地方政府社会责任指数负向线性关系不是很明显，但转移支付收益率与地方政府社会责任指数负向线性关系还是相当显著的。相比较，无论是转移支付收益率，还是转移支付缴付率，与政府责任履行偏好都呈明显负向线性关系。转移支付与地方政府责任履行偏好关系，在地区相对腐败指数与转移支付缴付率、收益率相关系数中也得到进一步说明，两者相关系数分别为 - 0.319 和 0.012。[①] 相关系数说明，转移支付缴付率越高，相对腐败就会越严重；转移支付收益率越高，相对腐败越小，但变化不大。

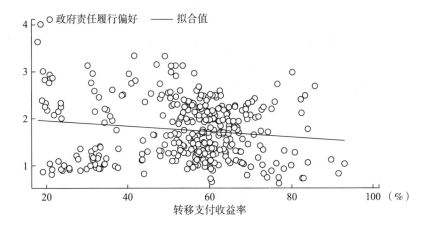

① 地区间相对腐败指数计算步骤为，首先参照刘勇政和冯海波（2011）等研究从《中国检察年鉴》和2013年各地人民检察院工作报告获取立案侦查贪污贿赂犯罪案件数和查办渎职侵权犯罪案件数，从《中国统计年鉴》中获得公共管理、社会保障和社会组织就业人数，然后计算出各地单位人员案件数衡量腐败程度。通过整体均值，并利用所有地区每年实际值除以整体均值获得相对腐败，然后利用（各地区每年实际相对腐败－相对腐败所有地区最大值）／（相对腐败整体最小值－相对腐败整体最大值）获得各地区每年相对腐败指数，该指数越大说明腐败程度越低。

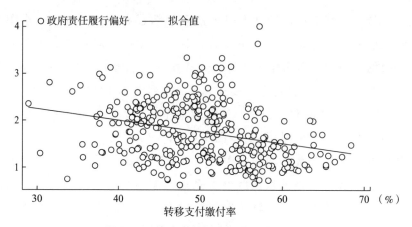

图 9 - 1 转移支付与政府责任履行偏好

资料来源：作者根据《中国财政年鉴》计算所得。

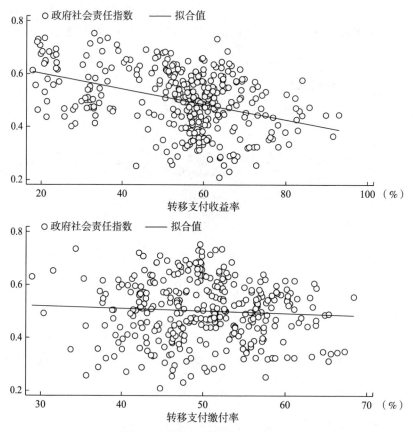

图 9 - 2 转移支付与政府社会责任

资料来源：作者根据《中国财政年鉴》计算所得。

式（9-9）中的控制变量，本书主要选择居民受教育程度（edu）、地区开放程度（open）、地区腐败程度（corruption）、人均公共支出规模（pexp）、人均 GDP（pgdp）、城市化水平（urban）、地区内竞争程度（competition）、地区内税收收入结构（exterptax）、人口抚养比（dep）、经济增长率（egr）。其中居民受教育程度越高，居民维权意识就可能越强，对政府监督可能越积极。同时根据 Theo 等（2009）研究，教育也会通过产生更多有能力和信息更充分的选民，对政府行动形成更好的监督。该变量赋值方法为 6 岁以上人口中各级教育加权平均，即 $\sum_i (pop_i/pop) \times edu_i$，其中 pop_i 为 i 教育阶段人口，pop 为 6 岁以上人口数量，i 为小学、初中、高中、大专及以上，edu_i 为各阶段教育受教育年限，分别为 6 年、9 年、12 年、15 年。地区开放程度主要通过扩大外部信息渠道，提高居民对政府责任评价比较能力，从而让 Tiebout（1956）机制发挥作用。然而根据 Axel 等（2008）研究，全球化也会引致政府控制居民福利支出。所以地区开放程度对政府社会责任影响并不非常清晰。该指标取值为地区进出口贸易额占地区 GDP 比重。地区腐败程度原本就对应着政府社会责任高低，腐败程度越高，说明政府社会责任越低。但由于本书对政府责任界定采用投入和产出两种方法，并没有将腐败纳入其中，因此在揭示以支出测度政府责任影响因素时，将腐败程度作为一个控制变量。因为根据 Mauro（1998）、Hessami（2014）等研究，腐败官员会增加易于腐败的基础设施投资，减少本地社会性公共品提供。

人均公共支出规模对政府责任影响主要表现在规模效应上，一般而言，规模大小会影响财政资金在竞争性项目之间的分配压力，规模越大，压力越小。和居民受教育水平一样，人均 GDP 衡量的是一个地区经济发展水平，根据瓦格纳法则，人均 GDP 会影响居民对消费类公共品需求。城市化水平在我国对政府责任影响也容易理解，我国城市倾向发展导致政府对城市基础设施投入更多，而对社会投入热情相对较弱。但自 2002年以来我国实施城市反哺农村战略，使得这种影响在统计上变得相对复杂。该指标定义为城镇人口占全部人口比重。地区内竞争程度对一个地区内部政府责任影响在财政竞争文献中被经常提及，由于地区间税基流动性，政府间争取流动性税基的竞争会对政府自利行为产生一定约束，从而提高政府责任。但流动性税基特征会影响政府在竞争过程中对经济责任和社会责任履行偏好。如果流动性税基为物质资本，政府责任更多偏向经济责任，即增加公共投资。如果流动性税基为人力资本，政府责任会偏向社会责任。但全球化不断推进，物质资本和人力资本往往相互结合，所以流动性税基竞争会改进政府责任，但对政府责任履行偏好综合影响却变得很模糊。此外根据 Albornoz 和 Cabrales（2013）等研究，政府间政治竞争会在一定程度上遏制官僚腐败行为。Arvate（2013）研究还发现，选举竞争会有效改进地方政府对居民诉求回应程度。度量地区内竞争方法，不同研究差别很大，由于受数据所限，本书沿用 Hatfield 和 Kosec（2013）的方法，使用域内政府数量度量地区内政府竞争程度。Hatfield 和 Kosee（2013）认为，这种度量方法还可克服以财政收支模仿行为度量竞争产生的严重内生性问题。在分权治理体制下，一个地区市县政府数量越多，竞争会越激烈。

地区税收收入结构对政府社会责任影响则主要与不同收入结构下居民税收痛苦不同，从而产生不同社会监督力量有关。当然，收入结构对政府责任影响还有另一个维度，就是税收不同来源会影响政府对向谁负责的认识发生异化。在我国，税收很大部分来自企业，尤其是国有企业和外资企业，这种收入结构可能会导致地方政府责任履行有所偏向。地区税收收入结构定义为本地国有企业所缴税收占本地全部税收收入比重。抚养比在政府支出结构决定因素中一直被认为是一个重要参量，本书在度量政府社会责任时也采取了投入法，所以遵照惯例也将抚养比作为一个因素予以控制。具体度量方法为 0～14 岁和 65 岁以上人口占全部人口比重。当然，除上述变量，中央政府责任履行偏好在集权政治体制下也可能对地方政府责任履行偏好产生影响。为此，本书选择中央政府本级预算支出中社会性支出占经济性支出比作为中央政府责任履行偏好（centersr）。上述控制变量赋值所有数据分别根据历年《中国统计年鉴》《中国卫生统计年鉴》《中国人口统计年鉴》《中国税务年鉴》《中国检察年鉴》《中国劳动统计年鉴》《中国环境年鉴》等计算得到。

式（9－9）中，地方政府责任履行偏好，在竞争约束下可能存在空间滞后效应。为刻画这种影响，空间矩阵构造非常重要。本书参照已有文献惯用方法，按照是否相邻和经济发展水平相近程度，分别构造权重矩阵。其中是否相邻，权重矩阵元素 $w_{ij} = 1/n$，当地区 j 与地区 i 相邻时，n 为相邻地区数量，否则 $w_{ij} = 0$。经济发展水平权重矩阵元素 $w_{ij} = [1/(gdp_j - gdp_i)]/\sum_j 1/(gdp_j - gdp_i)$，经济发展水平越接近，地区间空间效应就会越强。在上述两种构造方法基础上，本书还选择经济发展水平和是否相邻混合权重矩阵构造方法，即 $w_{ij} = [1/(gdp_j - gdp_i)]/\sum_j 1/(gdp_j - gdp_i)$，$j$ 与 i 相邻，否则 $w_{ij} = 0$。三种构造方法有助于识别我国地区政府间竞争是否存在分层现象。

最后，在以投入和产出刻画政府社会责任及其履行偏好时，中央做出的重大部署也会影响地方政府责任履行偏好。通过查阅 2000 年以来中央重要文件和会议，在式（9 - 9）中引入时间虚拟变量，2007 年及其之后，时间虚拟变量 $t = 1$，其他时间为 0。设置依据是 2007 年中央政府工作报告和党的十七大报告，首次提出社会建设这个概念，并对社会建设做了全面部署。[①] 这样设置还有另一个好处，就是 2007 年财政实行收支分类改革，2007 年前后各指标统计口径发生很大变化，设置时间虚拟变量也可控制这一影响。同时考虑 2008 年金融危机冲击导致经济下滑，从而引发政策转向，所以设置虚拟变量 $tt = 1$，2009 年及其之后，其他时间 $tt = 0$。在估计方法上，式（9 - 9）是一个动态面板模型，所以存在明显内生性。不仅如此，待估模型右边空间滞后效应也表明模型存在内生性问题。为此，本书选择系统 GMM 估计。选择内生变量高阶滞后作为其工具变量，并通过 Sargan 检验考察工具变量有效性。最后利用 Arellano 和 Bond（1991）检验估计残差是否存在序列相关。考虑到地区异质性可能产生异方差问题，采用异方差稳健标准误估计。这里还需说明，由于控制变量中包含了相对腐败，但根据已有研究，这个变量与以投入衡量的政府责任存在明显内生关系，为此，选择该变量一阶滞后作为工具变量。

---

① 这里感谢王嘉贺博士提议，采用是否将社会建设作为考核指标的时间点为依据设置虚拟变量。但由于未能找到这方面文件，因此退而求其次，按照中央文件中"社会建设"概念出现时点为依据。

四　激励效果分析

表 9－1 总结了不对称分权对政府责任履行偏好与社会责任影响估计结果。在控制变量中，腐败对政府责任履行偏好影响为正，并至少在 1% 水平上显著。腐败对以产出度量的政府社会责任影响虽然非常小，系数仅有 1‰～3‰，但同样非常显著。这说明，按照本书定义的相对腐败指数，腐败会弱化地方政府社会责任，使其更热衷履行经济责任。这一发现与我国现实非常切合，在我国，相当比例腐败官员主要出现在投资或经济建设领域。这与已有研究发现腐败会扭曲政府支出结构也相一致。从税收收入结构看，其对地方政府社会责任有显著负面影响，但对其责任履行偏好没有显著影响，说明税收收入结构既不利于激励地方政府社会责任，也不利于激励其经济责任。这一现象源自国有企业与地方政府间特殊关系。首先，税收来源决定税收用途，既然地方政府大部分收入源自国有企业，而非居民，政府没有将收入投资于居民可以消费的社会性公共品，也就被认为顺理成章。其次，国有企业纳税贡献不是其经营能力提升而是政府赋予的经营垄断，所以地方政府在获得税收收入后也就不会投资到有利于国有企业盈利能力提升领域，即其经济责任履行偏好没有随国有企业税收贡献上升而上升。这一实证发现说明，我国要想真正推进社会建设，公共支出体现以人为本，必须改变以国有企业作为主要纳税人的税收融资结构。

表 9－1　不对称分权对政府社会责任及其履行偏好影响估计

项目	政府社会责任			政府责任履行偏好
	经济权重	地理权重	经济地理权重	经济地理权重
L1. λ_i	0.4014 ***	0.3820 ***	0.4159 ***	0.0776
	(5.24)	(2.81)	(4.67)	(1.27)
λ_{-i}	0.1481	0.2706 **	0.2905 **	0.8003 ***
	(1.37)	(2.01)	(2.08)	(4.32)
不对称分权 × λ_{-i}	－ 0.0009	－ 0.0024 **	－ 0.0037 **	－ 0.0105 **
	(－ 0.86)	(－ 1.96)	(－ 2.22)	(－ 2.35)
不对称分权	－ 0.0026	－ 0.0011 *	－ 0.0027 **	0.0031
	(－ 1.10)	(－ 1.89)	(－ 1.99)	(1.14)

续表

项目	政府社会责任			政府责任履行偏好
	经济权重	地理权重	经济地理权重	经济地理权重
corruption	0.0002 **	0.0001 **	0.0003 ***	0.0031 ***
	(2.54)	(1.98)	(2.93)	(3.06)
exterptax	− 0.0007 **	− 0.0006 ***	− 0.0007 ***	0.0072
	(− 2.45)	(− 2.81)	(− 3.28)	(1.49)
Ln (pgdp)	0.0208 *	0.0219 **	0.0227 *	0.0703
	(1.81)	(1.98)	(1.92)	(0.21)
dep	− 0.0012 ***	− 0.0010 **	− 0.0015 ***	0.0089 ***
	(− 3.08)	(− 2.37)	(− 3.34)	(3.16)
edu	0.0227 *	0.0180 *	0.0277 *	0.2082 **
	(1.89)	(1.90)	(1.93)	(2.26)
urban	0.0011	0.0011	0.0013	− 0.0373 **
	(0.79)	(0.31)	(0.93)	(− 2.01)
open	0.0000	0.0000	0.0001	0.0028
	(0.21)	(0.29)	(0.46)	(1.27)
Ln (pexp)	0.1089 **	0.1027 **	0.1169 **	0.1445
	(2.09)	(2.01)	(2.11)	(0.68)
competition	− 0.0017	− 0.0016	− 0.0016	0.0004
	(− 1.03)	(− 1.26)	(− 1.38)	(0.22)
L1. egr	− 0.0001	− 0.0003	− 0.0003	− 0.0179 *
	(− 0.10)	(− 0.45)	(− 0.47)	(− 1.83)
t	0.0031	0.0023	0.0038	0.2699
	(0.28)	(0.23)	(0.41)	(0.81)
tt	0.0041	0.0043	0.0049	0.1006
	(0.76)	(0.85)	(0.85)	(0.39)
Centersr	− 0.0015 *	− 0.0023 *	− 0.0026 *	0.0038
	(− 1.90)	(− 1.91)	(− 1.89)	(0.04)
_cons	− 0.2017	− 0.1843	− 0.1434	− 1.6627
	(− 1.15)	(− 0.76)	(− 0.89)	(− 0.67)
Sargan test	5.5966	5.5605	5.7702	6.8190
AR (1)	0.0018	0.0016	0.0044	0.0029
AR (2)	0.8146	0.5001	0.4831	0.1523

注：括号内为稳健标准误 z 统计量，AR（1）和 AR（2）为 P 值，***、**、* 分别表示在 1%、5%、10% 水平上显著。第 1 列的 Centersr 根据前文定义为中央政府责任履行偏好，赋值为中央本级社会性支出除以经济性支出。模型估计时间段为 2000 年至 2012 年，所包含的样本为剔除北京、天津、上海和西藏四个地区的内地 27 个省区市。Sargan 检验结果表明，所选工具变量有效，序列相关检验表明不存在二阶序列相关。

资料来源：作者估计得到。

　　人均 GDP 对政府责任履行偏好影响为正，但并不显著。不过对政府社会责任影响却至少在 10% 水平上是显著的。这说明经济发展水平对政府社会责任具有提升效应。产生这一效应与经济发展水平影响机制有关。一般而言，经济发展水平较高地区，居民平均受教育程度相对较高，对社会关注和自我维权意识也相对较强，所以对政府社会责任会产生一定约束作用。通过受教育程度估计系数这一点也能被看得非常清晰。教育无论对地方政府社会责任，还是对地方政府责任履行偏好，影响都很显著。尤其对政府责任履行偏好影响，系数高达 0.2082。城市化虽对地方政府社会责任影响不显著，但却显著降低了地方政府责任履行偏好，说明我国城镇化很大程度上是硬件城镇化，而非人的城镇化。开放程度对政府责任影响，不仅非常小，而且都不显著，但从系数符号看，开放对政府社会责任和责任履行偏好影响都为正。这说明开放至少在一定程度上可以约束政府经济责任偏好。

　　人均公共支出对地方政府社会责任影响非常显著，其影响平均要比人均 GDP 大很多。这说明公共支出规模对公共支出结构影响具有明显收入效应，即公共支出规模越大，政府不仅增加社会性支出，也会增加经济性支出。这一点在政府责任履行偏好估计系数上得到进一步佐证。域内竞争对政府社会责任和责任履行偏好都没有显著影响，这与已有文献发现并不一致。出现这一结果可能源于物质资本竞争与人力资本竞争并存这一现实竞争状态。再看经济增长影响，经济增长虽对政府社会责任影响不显著，且系数为负，但对地方政府责任履行偏好影响却非常显著，说明经济增长会强化政府经济责任，尽管不一定会以牺牲社会责任为代价。这一实证结果可能与一个因素有关，即社会性支出往往都具有一定刚性，这些刚性支出一般不会受到政府经济责任增强而减少。这一点可以通过时间虚拟变量估计系数得到证实。2008 年我国经济遭遇世界金融危机冲击，面对产出严重下滑，中央政府出台了力度较强的经济刺激计划，导致从 2009 年开始，政府经济职能被强化。但同时我国正在实施和谐社会建设，因此民生支出压力也非常大。面对两方面压力和有限财力，地方政府只能通过大规模融资平台等手段为强化经济责任提供支持，所以，地方政府经济责任在 2008 年之后显著强化，但这种强化在以公共支出刻画的政府责任履行偏好上并没有得到体现。

就中央政府影响看，中央政府示范效应对地方政府影响非常显著，但这种影响却不是正向的，而是反向的，也就是说，中央政府越偏向社会责任，地方政府社会责任反而更弱。这一结果说明，在我国，中央和地方之间存在显著支出替代现象。在所有控制变量中，抚养比估计系数最让人不可思议，对于显著负的估计系数，本书目前还没有找到合理证据予以解释。但至少反映出一点，我国地方政府对中央政府以人为本发展战略响应度较低。这一点在虚拟变量 t 估计结果上得到进一步说明，地方政府社会责任并没有因为中央政府社会建设号召而有显著提高。

作为本书关注重点，不对称分权对政府社会责任影响不仅是直接的，而且也会间接产生作用。从表 9 – 1 估计系数看，不对称分权对政府社会责任影响，除经济权重外，都至少在 90% 水平上显著，说明我国财政分权改革至少在激励地方政府社会责任方面，是不成功的。同时也说明，认为不对称分权是地方政府社会性公共品供给不足的原因，至少在经验上得到证实。根据 Bergvall 等（2006）的研究，不对称分权是分权国家一个普遍现象，在一些发达国家，不对称程度甚至超过 50%。虽然还没有报告指出，这些国家分权不对称是否弱化财政分权激励地方政府社会责任，但在我国，这一点确非常明显。不对称分权对地方政府社会责任不利影响，并没有意味着地方政府会增加经济责任履行激励。因为根据不对称分权与地方政府责任履行偏好估计系数，前者对后者影响不显著。这一结果与已有文献有关分权与地方政府支出结构扭曲相关的发现不一致。就间接效应看，不对称分权还会弱化竞争约束对政府社会责任正向激励效应。表 9 – 1 估计结果表明，我国地方政府之间存在明显标杆竞争现象，相邻地区政府社会责任会对本地政府社会责任有正向作用，尤其对与本地区经济发展水平相近的临近地区政府社会责任变化敏感性更强。这一结论说明，我国地方政府之间责任竞争具有明显分层现象，责任竞争在经济发展水平相近的地理相邻政府间更为强烈。

表 9 – 2 总结了转移支付机制对政府社会责任影响，为节省篇幅，表 9 – 2 仅报告了核心变量估计结果，同时根据表 9 – 1 三种权重构造方法

下标杆竞争效应强弱，仅报告影响最显著经济地理权重估计结果。和表
9-1一样，政府社会责任在地区之间存在明显竞争效应。作为转移支付
机制两个重要参量，转移支付融资和分配，对政府社会责任影响存在较
大差异。就融资阶段而言，我国转移支付融资方式对政府社会责任影响
显著为负，说明融资方式不利于激励地方政府社会责任。根据我国 1994
年财政改革方案，我国所有地区，在转移支付融资阶段，尽管地区间存
在巨大差异，但都是转移支付贡献者，这一点和转移支付规模较大的
澳大利亚、德国有很大差别。财政资金流出既削弱地方政府履行社会
责任的能力，又伤害地方政府履行社会责任的积极性。由于所有地区
都是转移支付贡献者，因此这种影响在我国是普遍的。这一结论与地
方政府社会责任缺失现象普遍是一致的。当然这种现象与我国自上而
下考核机制与有限任期制也有直接关系。自上而下考核机制和有限任
期制在竞争压力下，导致地方政府对短期收益不明显的社会责任履行
偏好不强。除了这种直接影响，转移支付融资方式还通过弱化标杆竞
争效应，减弱竞争对地方政府社会责任正向激励。间接效应为负主要
源于我国转移支付融资使地区间存在收入共享机制，这种共享机制降
低了政府责任激励。

表9-2   转移支付机制对政府社会责任激励效应（经济地理权重）

项目	政府社会责任	政府社会责任
L1. λ_i	0. 3434 *** （3. 37）	0. 3829 *** （3. 89）
λ_{-i}	0. 1191 ** （2. 37）	0. 1082 ** （2. 46）
α_i	− 0. 0051 ** （− 2. 03）	
η_i		0. 0000 （0. 01）
$\alpha_i \times \lambda_{-i}$	− 0. 0115 ** （− 1. 96）	
$\eta_i \times \lambda_{-i}$		0. 0000 （0. 02）
控制变量	yes	yes

项目	政府社会责任	政府社会责任
Sargan test	11.2935	12.6710
AR（1）	0.0005	0.0009
AR（2）	0.8898	0.1258

注：括号内为稳健标准误 z 统计量，表中第 1 列控制变量同表 9－1，α_i 和 η_i 分别表示转移支付缴付率和转移支付收益率，两者定义和赋值方法见前文。***、**、* 分别表示在 1%、5%、10% 水平上显著。所报告结果仅为经济地理权重构造方法估计结果。其他说明同表 9－1。

资料来源：作者估计得到。

　　从转移支付分配阶段看，从转移支付中获益会显著提升政府财力，但财力提升不是表现在中央政府期望看到的社会层面，因为表 9－2 第 3 列转移支付收益率估计系数不仅很小，而且不显著。这一结论在一定程度上说明，近年来我国中央政府通过实施大规模转移支付激励地方政府履行社会责任，总体效果不是很理想。就间接机制而言，和融资不同，转移支付分配没有通过影响竞争约束效应影响地方政府社会责任。转移支付分配之所以对地方政府社会责任既无直接效应也无间接效应，很重要原因在于我国转移支付分配方式。在我国，项目制是上级政府引导地方政府和管理活动主要方式（渠敬东，2012），这种项目制管理在转移支付分配环节也是一种常见方式。项目制最大问题就是注重入口管理，对项目产出和实施效果监控不足。中央政府原本通过转移支付实施的社会性支出项目，因地方政府统筹行为而无法获得预期效果。这一实证结论说明，通过解决地方政府"钱"问题并不一定能解决地方社会性公共品供给激励问题，给"钱"的方式更为关键。

　　表 9－2 估计结果说明，转移支付机制对政府社会责任产生了不利影响，这是否可以推断转移支付扭曲了地方政府责任履行偏好。因为弱化地方政府社会责任，并不一定意味着地方政府经济责任提高，表 9－3 进一步总结了转移支付机制对政府责任履行偏好影响估计结果。和表 9－2 一样，这里仅报告核心变量估计。从表 9－3 中可以看出转移支付融资对地方政府责任履行偏好影响无论直接效应还是间接效应，都不显著。结合表 9－2 估计结果，进一步说明，我国转移支付融资方式对政府经济责任和社会责任影响呈现明显收入效应，即对地方政府而言，因转移支付而产生留成率下降，不仅降低政府社会责任，也削弱政府经济责任，进而政府责任

整体下降。从转移支付分配看，从转移支付中获益对地方政府责任履行偏好产生了扭曲，地方政府因转移支付获得的财政能力，主要不是用于社会建设，而是经济建设。这也进一步验证了表9－2估计结果。转移支付分配之所以与地方政府责任履行偏好有关，正如前文所述，主要源于转移支付分配方式。无论是一般性转移支付还是专项转移支付，分配方式中都缺少约束因素，从而激励地方政府根据自己需要统筹使用补助资金。

表9－3　转移支付机制对政府责任履行偏好影响估计（经济地理权重）

	政府责任履行偏好			
L1. λ_i	0.0012 (0.18)	0.1015 * (1.86)	0.0291 (0.78)	－ 0.0187 (－ 0.68)
λ_{-i}	0.6095 * (1.92)	1.1077 ** (2.03)	1.1314 ** (2.11)	0.9688 *** (2.89)
$\eta_i \times \lambda_{-i}$	－ 0.0048 (－ 0.67)			0.0076 (1.04)
η_i	－ 0.0049 * (－ 1.89)			－ 0.0036 ** (－ 1.97)
$\alpha_i \times \lambda_{-i}$		－ 0.0282 (－ 1.39)	－ 0.0117 (－ 1.09)	
α_i		0.0391 (1.21)	0.0414 (1.35)	
$\alpha_i \times \lambda_{-i} \times \varphi_i$			－ 0.0079 (－ 0.48)	
$\alpha_i \times \lambda_{-i} \times \phi_i$			－ 0.0038 (－ 0.20)	
$\alpha_i \times \varphi_i$			0.0128 (0.47)	
$\alpha_i \times \phi_i$			0.0060 (0.22)	
$\eta_i \times \lambda_{-i} \times \varphi_i$				－ 0.0044 (－ 0.76)
$\eta_i \times \lambda_{-i} \times \phi_i$				－ 0.0031 (－ 0.28)
$\eta_i \times \varphi_i$				0.0046 (0.40)

续表

政府责任履行偏好				
$\eta_i \times \phi_i$				0.0013 (0.04)
控制变量	yes	yes	yes	yes
Sargan test	5.2188	9.4607	8.2715	5.5609
AR（1）	0.0050	0.0028	0.0051	0.0026
AR（2）	0.3108	0.2971	0.1733	0.2036

注：括号内为稳健标准误 z 统计量，第 1 列所有变量定义同表 9 - 2，其他说明同表 9 - 2。
资料来源：作者估计得到。

　　当然前述回归结论可能与不区分转移支付融资和分配净效应有关。因为对地方政府而言，在为转移支付承担缴付责任同时，也从转移支付中获益，最后的综合效应对一个地区而言是净流出还是净流入，地区间差别很大。这是否会影响转移支付效应的地区差异？为此，在式（9 - 9）基础上，通过设置两个虚拟变量对其重新估计，其中虚拟变量设置方法如下：如果地区 i 为净流入地区，$\varphi_i = 1$，否则为 0，如果地区 i 为净流出地区，$\phi_i = 1$，否则为 0。[①] 在此基础上，将其与转移支付融资方式或转移支付分配项交互。表 9 - 3 第 4 列和第 5 列总结了估计结果。估计结果并没有发生实质性变化。这说明，转移支付机制对政府责任选择偏好影响并没有因转移支付净效应而出现地区差异。这也支持了前文分析中所指出的，我国转移支付机制对政府责任及其履行偏好影响具有全局效应，并不存在结构差异。

五　研究结论与启示

　　在我国，地方政府一直是公共支出主要承担者和大部分公共品尤其是居民消费性公共品直接提供者，同时也是地方经济发展第一责任人。所以地方政府在我国扮演了一个非常重要的角色。在我国中央集权政治体制下，地方政府治理是大国治理核心。我国 70 多年发展经验表明，地

---

① 财政分配的净效应定义为：净效应 = 财政总收入 - 地方一般预算收入 + 地方上解 - 中央补助，大于 0 为净流出地区，小于 0 为净流入地区。

方政府责任及其履行偏好不仅影响了经济增长，也影响了社会发展。改革开放后经济迅猛发展，一个非常重要原因就是地方政府治理机制变化，赋予地方政府较大行政自主权，使它们有了发挥主观能动性空间，而财政体制改革赋予地方政府更大剩余索取权，从而极大调动了地方政府履行责任积极性。由于我国特殊的税制结构，在上述激励机制下，地方政府经济责任得到极大强化，无论是经济发达地区还是经济欠发达地区，地方政府都对经济责任投入了巨大热情。也正是在这种作用推动下，我国经济有了过去 40 多年辉煌。然而财力总是有限的，地方政府将有限财力投入经济性公共品供给同时，必然挤出社会性公共品。所以纵向观察我国，社会发展滞后经济增长是必然结果。如何加快社会发展，跟上经济增长步伐成为我国政府重要任务。然而，历史经验告诉我们，在我国，全面推进社会建设，需要推进地方政府治理，没有地方政府参与，社会建设不可能成功。

作为一个大国，分权一直是地方政府治理重要机制，我国过去的经验也验证了这一点。然而，本书研究表明，在我国，地方政府社会责任缺失与分权机制设计有很大关系。我国 1994 年分权改革在提高两个比重的同时，产生了较为显著不对称分权结果，中央政府强大收入汲取能力和一贯实施的地方事务地方政府负责制，使地方政府支出责任与财力出现严重不匹配。分权程度不对称，无论在支出权大于收入权地区，还是在收入权大于支出权地区，都对政府社会责任产生了不利影响，严重扭曲了政府在经济责任和社会责任之间履行偏好。分权不对称对政府责任及其履行偏好影响不仅是直接的，而且会通过弱化政府间竞争约束作用产生间接影响。不过，分权不对称影响可能是一种误导，因为跨国经验表明，分权不对称是所有分权治理国家共同现象，为何这种现象在我国会弱化政府社会责任，影响政府责任履行偏好？本书研究表明，其本身与不对称分权无关，而是与不对称分权解决机制——转移支付有关。就这点而言，相当长一段时间，财权事权不匹配、事权和财力不匹配以及 2016 年提出的事权与支出责任不匹配，是影响我国地方政府行为的原因。本书研究表明，在不对称分权背后，转移支付机制塑造的激励结构更为关键。本书实证发现，我国转移支付融资方式没能很好地激励地方政府社会责任履行，不仅如此，融资方式还对地区竞争激励地方政府社会责任积极效应产生了显著负面影响。虽然我国转移支付分配在一定程度上提高了地方政府财政能力，但对地方政府社会责任没有产生显著激励效应。我国转移支付制度对政府社会责任影响并没有因财政收入分配关系的地区差异而有所不同。

本书对重新认识我国财政体制改革具有重要意义。分权是我国市场经济发展必然要求，不对称分权更是分权治理一个世界现象。在这种情况下，我国财政体制改革核心既不是在于解决分权程度问题，也不是在于解决事权与支出责任匹配问题，而是在于解决转移支付激励问题。重构转移支付激励结构应成为我国新一轮财政体制改革切入口和关键。当然，本书还存在诸多问题，包括转移支付仅分析融资和分配两个工具激励问题，没有分析转移支付结构激励问题。此外，对政府责任界定和赋值方法也存在一定主观性，所使用数据并不能涵盖政府责任在支出和产出方面所有表现。比如，在我国，地方政府很多职能通过政府性基金和隐性债务实现。

第十章 以财政改革促进公共品分配
更加公平

一 推进公共品分配更加公平的重要性

党的十七大报告明确提出"要按照民主法制、公平正义、诚信友爱、充满活力、安定有序、人与自然和谐相处的总要求……努力形成全体人民各得其所而又和谐相处的局面",党的十八大报告又进一步提出"必须坚决维护社会公平正义",并在党的十八届三中全会通过的《中共中央关于全面深化改革若干重大问题的决定》中将"促进社会公平正义、增进人民福祉"确定为全面深化改革的出发点和落脚点。一系列文件反映出,政府促进社会更加公平的决心是坚定的,但如何让分配更加公平从口号落实到行动和制度建设,这个路线图和措施似乎还很模糊。

一方面,社会需要完善促进和实现公共品公平分配的治理架构,所以公平正义缺少制度保障。另一方面,社会对公共品公平分配的认识不能只停留于政策、制度层面,应将其视为一项政策或制度的道德品质。更重要的是,在政府和民众热议公平分配中,公平分配更多被当作一个概念论及,而非作为一个社会、一个政府、民众个体的道德底线。由于缺乏道德自省,公平分配需要真正成为全社会的自觉意识和自我追求。综观社会发展的历史,公平分配始终是人类发展的重要价值取向,也是人类孜孜追求的理想社会一个重要标准。缺乏公共品公平的社会,不可能崇尚自由和平等、不可能崇德向善,这种社会只能依靠强权和暴力维护其稳定;但强权统治无法消除社会张力,一旦张力超过了极限,暴力抗争就成必然。公平的公共品分配对一个社会来说,是其能否健康发展的必要条件。然而,对一个社会而言,公平的公共品分配不仅仅是一个价值取向,更重要的是渗入社会治理的方方面面,成为政策、制度、民众行为等基本准则和道德标准。

那么在公共品分配中何为公平正义？对一个健康社会而言，如何托住公平这个道德底线？根据罗尔斯（John Bordley Rawls）的观点，公平就是没有偏见。对一个社会而言，公平就是每个人都不应受到歧视，社会对待每个人都应遵循国民待遇原则。尽管对于社会而言，公平包括很多方面，但权利平等是最根本的，只有权利平等，个体之间才能有机会上的公平，建立在权利平等基础上的社会游戏规则才能体现过程公平，而机会公平和过程公平又是结果公平的前提。权利平等是社会确保每个个体拥有尊严体面生活的基本条件，只有权利平等，社会发展成果才能被全社会平等分享。然而，对一个社会而言，权利平等是一个历史和发展的概念，权利的外延在社会发展中被不断拓展。但无论社会发展处于何种阶段，确保个体之间在先定权利上的平等应该是其坚守公平正义最低道德底线，也是衡量其道德品质的基本尺度。比如自由选择的权利、接受教育的权利、健康权利、社会保障的权利、免于恐吓和被剥夺的权利、平等人格的权利，等等。正如加尔布雷思（John Kenneth Galbraith）所言，在一个好社会，所有公民都必须享有自由、基本生活水准和过有价值生活的机会。在公平之上，还应有更高的价值追求，即正义。正义是对公平的进一步提升，所以公平是正义的基础，一个没有公平的社会，正义只能是奢谈。从公平、正义两个词组的关系看，正义高于公平，公平体现出一个社会、一个政府和民众个体的道德品质，正义则体现出一个社会、一个政府和民众个体的勇气和担当。在一个社会中，自由平等可以实现结果公平，但不一定能确保每个人享有尊严。因为社会中，有些人可能面临匮乏和饥饿。在这种情况下，社会需要通过必要制度安排向这些人伸出援助之手，帮助他们渡过难关，使他们免于匮乏，并过上有尊严的生活。在近现代西方思想家们看来，正义是社会制度的首要价值，是自尊社会的基础。

公平公共品分配不仅是一个健康社会的伦理规范，更是一个现代民主政治的基本原则。任何人，无论其有怎样的宗教信仰和价值取向、文化背景和种族身份，都应该在这个基本原则上取得一致。它是现代国家建立的最低要求。然而，公平公共品分配，无论对一个社会、一个政府还是民众个体，都从来不是空泛的，而是具体的，是通过社会基本结构、制度政策、行为体现出来的。但最能体现一个社会公共品分配公平正义程度的是财政，因为财政不仅是一种分配关系，更是一个政治过程。透过财政，不仅可以看到社会的道德品质，而且可以看到社会结构变迁。正如温家宝同志曾说"一个国家的财政史是惊心动魄的，可以从中看到的不仅是经济发展，而且是社会的结构和公平正义"。① 所以对一个社会、一个国家来说，财政是一扇窗户。财政是否公平正义直接决定这个社会、国家的公平正义，以及兴衰。

二　财政如何改革推进公共品分配公平

既然如此，如何观察财政的分配公平程度？

首先，财政是一个政治过程，财政的公平分配首先应体现在政治过程的公平。这里又至少包括两个层次，一个层次是政府与选民的关系，另一个层次是选民内部的结构关系。

就第一个层次而言，政府作为财政分配关系的执行者，应秉承基本契约精神，以受托人身份忠实为委托人（即选民）服务，并接受委托人的质询和监督。这是评判政府是否具有公平这个道德品德的重要依据，也是政府能否维护社会公平的基础。为此，政府必须严格遵守委托人的授权，尊重委托人的权利，不得根据自己意愿改变委托人授权，更不能代行委托人意志。这要求政府的权力能受到选民约束，选民拥有政府活动的最终决策权和监督权。在一个代议制国家中，这种权力则由选民代表组成的权力机构拥有和执行。然而在一个关系复杂和事务繁杂的社会中，拥有决策权的权力机构需要有政府活动的充分信息，否则权力机构无法理性行使自己的决策权和监督权。这就相应要求政府制定和执行预算方案时，有义务向选民充分详尽及时披露其所有信息，并接受选民质询，同时坚持受限原则，将执行权严格限制在授权范围内。从这个意义上说，财政信息是否充分详尽及时向选民公开，是否能接受选民质询，是评判政府是否具有公平道德品质的重要维度。同时从这个

---

① 2008 年 3 月 18 日上午时任总理温家宝在中外记者见面会上，回答记者提问时所说，http://www.gov.cn/govweb/20081h/content_921982.htm。

维度出发，我们也能看到财政在社会治理中的力量，即在公平的社会中，成为约束政府权力的重要机制。也正是在这个意义上，凡是未经权力机构讨论授权的政府活动，选民都有权不承担活动的成本补偿责任，即所谓的"不开会，不纳税"。同时也让政府信息从看不见走向看得见。

就第二个层次而言，选民内部结构也应体现公平这个道德品质基本要求。从人类社会发展的历史经验看，社会矛盾最核心就是利益矛盾，社会基本结构是利益群体间争斗的结果。在一个公平的社会中，不同利益群体之间应享有平等的社会权利，社会对待不同利益群体抱有无偏见和公正的价值准则。财政决策的政治过程本质上就是不同利益群体利益争斗的过程。在这个过程中，每个群体对决策结果的影响力是相同的，弱势群体甚至应拥有相对更大的权利，以体现公平的正义精神。所以，财政活动的政治过程要体现公平这个价值取向，每个利益群体在权力机构中都应该拥有自己的代言人，即选民代表。如果一项公共决策中，某个利益群体没有自己的代表，该利益群体就没有承担公共活动成本补偿之责，即所谓的"无代表，不纳税"。从这个意义上，社会公平也应在权力机构组成人员及其产生机制中得到体现。

其次，财政是一种分配关系。作为一个分配活动，财政以何种方式筹钱、以何种方式花钱，也应体现公平这个基本要求。就筹钱而言，选民承担公共活动成本补偿之责应得到权力机构认可，任何未经权力机构批准或授权的筹钱方案，都应视为非公平之举，都应被禁止。不仅如此，政府筹钱方案要能让选民了解筹钱目的、自己责任大小等，以便选民能进行纵横向比较和判断。筹钱方案的公平性要求政府课税权应能受到权力机构约束，同时要求筹钱方式尽可能直接简单。就花钱而言，公平至少应体现在如下三个方面：第一，政府应遵循委托人意志，提供委托人所需的服务和产品，任何歪曲委托人意志，未经委托人同意的花钱行为都被视为非公平行为；第二，政府在提供委托人所需服务和产品时应具有公共精神，遵循公共性和无差异原则，确保委托人这个群体内部不同个体权利的平等性，任何利用财政资金为某些利益群体提供服务和产品的行为，都是不公平行为；第三，政府提供的产品和服务应在公平基础上有利于社会中境况较差者获得更大改善，以确保每个社会成员能过上尊严体面的生活，保障每个社会成员免受剥夺、免受匮乏的权利，建立社会正义之气。和筹钱相比，筹钱更多强调公平，而花钱则更应在公平基础上强调正义。但无论是筹钱还是花钱，财政作为一种分配活动，公平正义更多体现在分配过程，一旦明确了分配方案，政府应以最有效率的方式执行由权力机构批准的分配方案，这也是财政公平分配的重要体现。

从根本上说，财政的政治过程和分配过程实际上是统一的，公平价值原则贯穿整个过程。在这两个过程中，包含了所有社会关系。所以确保财政的公平价值，对一个社会而言，本身就是一个最大公共品，从而也具有最大外部性。一个社会是否具有公平价值取向，财政将告诉我们一切。不仅如此，财政是否公平，对社会能否坚守公平道德底线和民主政治基本原则，具有最大影响。正是基于财政的重要性，财政一直被视为国家治理的基础和重要支柱，成为社会建立公平正义秩序和伦理规范的重要载体。

基于上述分析，联系我国当前面临的社会矛盾，财政改革应更加突出公平这个价值准则，通过财政的公平分配舒缓社会矛盾，引领社会崇德向善的道德品质，构筑社会健康发展的精神支柱。未来若干年，我国能否避免转型风险，建立公平社会这个共同信念，一个很重要方面在于财政改革能否在如下几个方面取得突破。第一，国家权力机构及其代表产生机制。这是确保财政公平的根本保障。只有建立起代表全体民众，并拥有决策能力的权力机构，才能确保权力机构审批的财政预算决算代表民众意志、体现民众心声，真正实现"权为民所用，利为民所谋。"第二，预算改革。在预算改革中最关键的就是明确预算信息公开原则和基本规范。与此同时建立政府财务报告制度，编制国家财务报表和资产负债表。后者是前者的基础，也是国家权力机构发挥监督作用的前提。当然，作为政府活动的行动蓝本和权力约束机制，预算改革应被纳入财政法的高度加以认识，将其作为财政立法的核心内容。第三，推进税制改革，建立以直接税为主的税制体系。财政要能成为限制政府课税权的重要机制，必须要能让民众知道税收负担及其分布，使民众建立起责任权利对应关系。间接税蒙蔽了民众负担信息，使民众产生幻觉，容易滋生政府课税权扩张。第四，建立国家基本公共服务体系与公共服务提供体制。我国虽然已经建立了国家基本公共服务体系，许多地方政府也制定自己的基本公共服务行动计划，但已有制度都比较空泛，缺乏对政府执行意愿的约束。不仅如此，这些制度并没有对政府责任进行明确，导致口号重于行动。

总之，尽管公平比太阳更有光辉，但若缺乏有效机制，公平只会成为口号，成为民众一个永远的企盼。我国正处于转型的关键期，面对众多不确定因素，确立制度自信和道路自信，关键首先需要确立起财政分配公平正义的共同信念。财政在这一重大历史任务面前，需要扛起公平分配这面大旗，始终坚守公平价值原则推进改革，以此提高民众对政府的信任。

参考文献

【1】 蔡迎旗、冯晓霞：《政府财政投资幼儿教育的合理性——来自国外的教育经济学分析》，《比较经济研究》2007 年第 4 期。

【2】 柴化敏：《中国城乡居民医疗服务需求与医疗保障的实证分析》，《世界经济文汇》2013 年第 5 期。

【3】 陈斌开、张鹏飞、杨汝岱：《政府教育投入、人力资本投资与中国城乡收入差距》，《管理世界》2010 年第 1 期。

【4】 陈琳、袁志刚：《中国代际收入流动性的趋势和内在传递机制》，《世界经济》2012 年第 6 期。

【5】 陈琳：《中国代际收入流动性的实证研究：经济机制与公共政策》，复旦大学博士学位论文，2011。

【6】 陈晓宇：《谁更有机会进入好大学——我国不同质量高等教育机会分配的实证研究》，《高等教育研究》2012 年第 2 期。

【7】 陈信勇、蓝邓骏：《流动人口子女平等受教育权的应然与实然》，《浙江大学学报》（人文社会科学版）2007 年第 6 期。

【8】 杜云英、谷信茹：《中小学办学理念缺失的现状分析》，《教学月刊》2007 年第 1 期。

【9】 范子英：《转移支付、基础设施投资与腐败》，《经济社会体制比较》2013 年第 2 期。

【10】 傅勇：《财政分权、政府治理与非经济性公共品供给》，《经济研究》2010 年第 8 期。

【11】 傅勇、张宴：《中国式分权与财政支出结构偏向：为增长而竞争的代价》，《管理世界》2007 年第 3 期。

【12】 高培勇：《以税收改革奠基收入分配制度改革》，《经济研究》2013 年第 3 期。

【13】 宫留记：《资本：社会实践工具——布尔迪厄的资本理论》，河南大学出版社，2010。

【14】 龚锋、卢洪友：《城乡义务教育服务受益非均衡的实证检验——基于边际受益率的分析》，《财经科学》2010 年第 11 期。

【15】 顾海、李佳佳：《江苏省城镇居民医疗保险受益公平性研究——基于收入差异视角》，《学海》2009 年第 6 期。

【16】 郭丛斌、闵维方：《中国城镇居民教育与收入代际流动的关系研究》，《教育研究》2007 年第 5 期。

【17】 郝朝晖、阿不力克木·艾则孜：《论社会资本对高等教育公平的影响》，《新疆社会科学》2013 年第 2 期。

【18】 何立新：《中国城镇养老保险制度改革的收入分配效应》，《经济研究》2007 年第 3 期。

【19】 胡荣、张义祯：《高等教育机会阶层辈出率影响因素研究》，《清华大学教育研究》2007 年第 1 期。

【20】 黄枫、甘犁：《过度需求还是有效需求？——城镇老人健康与医疗保险的实证分析》，《经济研究》2010 年第 6 期。

【21】 黄晓玲：《普通高中多样化特色化发展推进：现状、问题与建议》，《教育理论与实践》2015 年第 35 期。

【22】 蒋国河：《当前我国高等教育入学机会的城乡差异——基于对江西、天津高校的实证调查分析》，《现代大学教育》2007 年第 6 期。

【23】 蒋国河：《教育获得的城乡差异》，知识产权出版社，2008。

【24】 蒋洪、马国贤、赵海利：《公共高等教育利益归宿的分布及成因》，《财经研究》2002 年第 3 期。

【25】 解垩：《与收入相关的健康及医疗服务利用不平等研究》，《经济研究》2009 年第 2 期。

【26】 金双华：《平衡预算归宿分析》，经济科学出版社，2010。

【27】 孔卫拿、肖唐镖：《财政转移支付、地方治理结构与中国农村基本公共品供给质量》，《人文杂志》2013 年第 12 期。

【28】 李春玲：《高等教育扩张与教育机会不平等——高校扩招的平等化效应考查》，《社会学研究》2010 年第 3 期。

【29】 李春玲：《社会政治变迁与教育机会不平等——家庭背景及制度因素对教育获得的影响（1940—2001）》，《中国社会科学》2003 年第 3 期。

【30】 李刚、马岩、姚磊磊：《中国工业环境管制强度与提升路线》，《中国工业经济》2010 年第 3 期。

【31】 李季：《现代教育的理想追求——人人终身享受优质教育》，《中小学管理》2004 年第 3 期。

【32】 李连宁：《要从教育发展战略上思考和促进基础教育的均衡发展》，《人民教育》2002 年第 4 期。

【33】 李胜文、李新春、杨雪儒：《中国的环境效率与环境管制》，《财经研究》2010 年第 2 期。

【34】 李炜光：《公共支出的归宿在哪里》，《人民论坛》2011 年第 8 期。

【35】 李文长：《弱势群体高等教育权益研究：理念、政策与制度》，人民教育出版社，2007。

【36】 李文利：《高等教育财政政策对入学机会和资源分配公平的促进》，《北京大学教育评论》2006 年第 4 期。

【37】 李祥云：《税费改革前后义务教育公共支出利益归宿比较》，《华中师范大学学报》2008 年第 5 期。

【38】 李艳苹：《社会分层对幼儿教育入学机会的影响——以武汉市为例》，华中师范大学硕士学位论文，2010。

【39】 李扬、张晓晶、常欣、汤铎铎、李成：《中国主权资产负债表及其风险评估》（下），《经济研究》2012 年第 7 期。

【40】 李永友、沈坤荣：《财政支出结构、相对贫困与经济增长》，《管理世界》2007 年第 11 期。

【41】 李永友、沈玉平：《财政收入垂直分配关系及其均衡增长效应》，《中国社会科学》2010 年第 6 期。

【42】 李永友、郑春荣：《我国公共医疗服务受益归宿及其收入分配效应》，《经济研究》2016 年第 7 期。

【43】 梁晨、李中清、张浩：《无声的革命：北京大学与苏州大学学生社会来源研究（1952—2002）》，《中国社会科学》2012 年第 1 期。

【44】 梁雪峰、乔天文：《城市义务教育公平问题研究——来自一个城市的经验数据》，《管理世界》2006 年第 4 期。

【45】 林伯强：《中国的政府公共支出与减贫政策》，《经济研究》2005 年第 1 期。

【46】 李杨、殷剑锋：《中国高储蓄率问题探究》，《经济研究》2007 年第 6 期。

【47】 李培林、朱迪：《努力形成橄榄型分配格局》，《中国社会科学》2015 年第 1 期。

【48】 刘国恩、蔡春光、李林：《中国老人医疗保障与医疗服务需求的实证分析》，《经济研究》2011 年第 3 期。

【49】 刘宏伟、刘元芳：《高等教育助推阶层固化的社会资本分析》，《高教探索》2013 年第 4 期。

【50】 刘精明：《高等教育扩展与入学机会差异：1978～2003》，《社会》2006 年第 3 期。

【51】 刘精明：《教育选择方式及其后果》，《中国人民大学学报》2004 年第 1 期。

【52】 刘穷志：《公共支出归宿：中国政府公共服务落实到贫困人口手中了吗?》，《管理世界》2007 年第 4 期。

【53】 刘穷志：《转移支付激励与贫困减少——基于 PSM 技术的分析》，《中国软科学》2010 年第 9 期。

【54】 刘勇政、冯海波：《腐败、公共支出效率与长期经济增长》，《经济研究》2011 年第 9 期。

【55】 陆学艺主编《当代中国社会阶层研究报告》，社会科学文献出版社，2002。

【56】 吕炜、刘畅：《中国农村公共投资、社会性支出与贫困问题研究》，《财贸经济》2008 年第 5 期。

【57】 骆徽：《我国高等教育公平指标体系研究——基于 CIPP 评价模式的视角》，《教育发展研究》2012 年第 21 期。

【58】 〔法〕玛丽·乔伊·皮戈齐：《学习内容与学习方法是全民教育的要素》，张杰译，《外国中小学教育》2005 年第 5 期。

【59】 莫亚琳、张志超：《城市化进程、公共财政支出与社会收入分配——基于城乡二元结构模型与面板数据计量的分析》，《数量经济技术经济研究》2011 年第 3 期。

【60】 倪志良：《公共收支归宿理论与优化我国公共收支的现实选择》，中国财政经济出版社，2007。

【61】皮建才：《中国式分权下的地方官员治理研究》，《经济研究》2012年第10期。

【62】齐良书、李子奈：《与收入相关的健康和医疗服务利用流动性》，《经济研究》2011年第9期。

【63】乔宝云、范剑勇、冯兴元：《中国的财政分权与小学义务教育》，《中国社会科学》2005年第6期。

【64】〔日〕青木昌彦、金滢基、奥野－藤野正宽主编《政府在东亚经济发展中的作用：比较制度分析》，中国经济出版社，1998。

【65】曲创、许真臻：《我国公共教育支出受益归宿的地区分布研究》，《山东大学学报》（哲学社会科学版）2009年第6期。

【66】渠敬东：《项目制：一种新的国家治理体制》，《中国社会科学》2012年第5期。

【67】渠敬东、周飞舟、应星：《从总体支配到技术治理——基于中国30年改革经验的社会学分析》，《中国社会科学》2009年第6期。

【68】冉光和、潘辉：《政府公共支出的收入分配效应研究——基于VAR模型的检验》，《重庆大学学报》2009年第2期。

【69】石鸥：《普通高中特色课程开发研究》，《中国教育学刊》2012年第12期。

【70】世界银行工作人员编《东亚奇迹——经济增长与公共政策》，财政部世界银行业务司译，中国财政经济出版社，1995。

【71】孙百才：《测度中国改革开放30年来的教育平等——基于教育基尼系数的实证分析》，《教育研究》2009年第1期。

【72】唐卫民、姜育兄：《家庭收入对高等教育入学机会的影响——以辽宁省六所不同类型院校为例》，《现代教育管理》2010年第7期。

【73】王崇金、许建标：《我国公共教育支出受益，孰多孰寡？——基于"服务成本方法"的受益归宿分析》，《财经研究》2012年第2期。

【74】王甫勤、时怡雯：《家庭背景、教育期望与大学教育获得：基于上海市调查数据的实证研究》，《社会》2014年第1期。

【75】王晶：《中国农村医疗筹资公平性研究——基于全国八个农业县医疗筹资系统的实证研究》，《社会学研究》2008年第5期。

【76】王善迈：《教育投入与产出研究》，河北教育出版社，1996。

【77】 王绍光、胡鞍钢：《中国国家能力报告》，辽宁人民出版社，1993。

【78】 王伟宜：《高等教育规模扩张与各阶层子女入学机会变迁研究》，《北京大学教育评论》2010 年第 4 期。

【79】 王伟宜：《高等教育入学机会研究——社会阶层的视角》，广东高等教育出版社，2011。

【80】 王伟宜：《优质高等教育资源获取的阶层差异状况分析：1982－2010——基于我国 7 所重点大学的实证调查》，《教育研究》2013 年第 7 期。

【81】 王晓云：《中国家庭文化资本与子女高等教育机会获得的实证研究》，《中国高等教育评估》2013 年第 4 期。

【82】 王延中主编《社会保障绿皮书：中国社会保障发展报告（2012）》，社会科学文献出版社，2012。

【83】 王翌秋：《新型农村合作医疗制度的公平与受益：对 760 户农民家庭调查》，《改革》2011 年第 3 期。

【84】 王翌秋：《谁从新型农村合作医疗制度中受益——兼论健康和医疗服务利用的公平性》，《农村经济》2012 年第 2 期。

【85】 文东茅：《家庭背景对我国高等教育机会及毕业生就业的影响》，《北京大学教育评论》2005 年第 3 期。

【86】 吴春霞、王善迈：《阶层差距与义务教育公平问题研究——来自北京市初中的经验数据》，《教育与经济》2008 年第 4 期。

【87】 吴宏超、叶忠：《校际落差与义务教育公平》，《河北师范大学学报》（教育科学版）2003 年第 2 期。

【88】 吴克明、卢同庆、曾新：《高等教育社会流动功能弱化现象研究》，《教育发展研究》2013 年第 5 期。

【89】 吴愈晓：《教育分流体制与中国的教育分层（1978—2008）》，《社会学研究》2013 年第 4 期。

【90】 谢作栩、谭敏：《我国不同社会阶层少数民族的高等教育入学机会差异分析》，《高等教育研究》2009 年第 10 期。

【91】 徐建炜、马光荣、李实：《个人所得税改善中国收入分配了吗》，《中国社会科学》2013 年第 6 期。

【92】 徐永胜、乔宝云：《财政分权度的衡量：理论及中国 1985—2007 年

的经验分析》，《经济研究》2012 年第 10 期。

【93】杨东平：《从权利平等到机会均等——新中国教育公平的轨迹》，《北京大学教育评论》2006 年第 4 期。

【94】叶澜：《教师要做"师"不做"匠"》，《基础教育论坛》2012 年第 29 期。

【95】尹恒、杨龙见：《地方财政对本地居民偏好的回应性研究》，《中国社会科学》2014 年第 5 期。

【96】尹恒、朱虹：《县级财政生产性支出偏向研究》，《中国社会科学》2011 年第 1 期。

【97】尹恒、朱虹：《中国县级地区财力缺口与转移支付的均等性》，《管理世界》2009 年第 4 期。

【98】于蒙：《消费主义与高等教育的阶层公平》，《教育评论》2013 年第 6 期。

【99】袁再旺：《浅谈普通高中"特色课程"的开发》，《人民教育》2012 年第 7 期。

【100】曾军平：《政府间转移支付制度的财政平衡效应研究》，《经济研究》2000 年第 6 期。

【101】翟博：《教育均衡论：我国基础教育均衡发展实证分析》，人民教育出版社，2008。

【102】张晶、袁华涛：《试算中国政府债务》，华泰证券研究报告，2013 年 3 月 26 日。

【103】赵海利：《民生支出的公平正义性分析——基于浙江各县教育和卫生支出的分析》，《经济社会体制比较》2012 年第 3 期。

【104】赵叶珠、陈海燕：《大众化背景下我国高等教育入学机会的多维度分析》，《现代大学教育》2011 年第 4 期。

【105】钟甫宁、顾和军、纪月清：《农民角色分化与农业补贴政策的收入分配效应》，《管理世界》2008 年第 5 期。

【106】中国经济增长与宏观稳定课题组：《增长失衡与政府责任——基于社会性支出角度的分析》，《经济研究》2006 年第 10 期。

【107】钟晓敏、赵海利：《论我国义务教育的公平性：基于资源配置的角度》，《上海财经大学学报》2009 年第 6 期。

【108】 周飞舟：《分税制十年：制度及其影响》，《中国社会科学》2006 年第 6 期。

【109】 周黎安、李宏彬、陈烨：《相对绩效考核：中国地方官员晋升机制 的一项经验研究》，《经济学报》2005 年第 1 卷第 1 辑。

【110】 周黎安：《中国地方官员的晋升锦标赛模式研究》，《经济研究》 2007 年第 7 期。

【111】 周德义：《教学治理的基本理念与策略》，《湖南教育（上）》2014 年第 4 期。

【112】 朱玲：《西藏农牧区基层公共服务供给与减少贫困》，《管理世界》 2004 年第 4 期。

【113】 Adam Wagstaff, Marcel Bilger, Leander Buisman and Caryn Bredenkamp, "Who Benefits from Government Health Spending and Why? A Global Assessment", WPS No. 7044, 2014.

【114】 Adrian Raftery, Michael Hout, "Maximally Maintained Inequality: Expansion, Reform, and Opportunity in Irish Education 1921 – 75", *Sociology of Education* 1 (1993): pp. 41 – 62.

【115】 Amartya Sen, "Why Health Equity?", *Health Economics* 118 (2002): pp. 659 – 666.

【116】 Amedeo Spadaro, Lucia Mangiavacchi, Ignacio Moral-Arce, Marta Adiego-Estella, Angela Blanco-Moreno, "Evaluating the Redistributive Impact of Public Health Expenditure Using an Insurance Value Approach", *EuropeanJournal of Health Economic* 14 (2013): pp. 775 – 787.

【117】 Andreas Wagener, "Tax Competition, Relative Performance and Policy Imitation", *International Economic Review* 54 (2013): pp. 1251 – 1264.

【118】 Anthony Carnevale, Stephen Rose, Ban Cheah, "The College Payoff: Education, Occupations, Lifetime Earnings", Georgetown University Center on Education and the Workforce 36, 2011.

【119】 Ayona Bhattacharjee, Jong Kook Shin, Chetan Subramanian, "Health and Income Inequality: An Analysis of Public versus Private Health Expenditure", Working Paper, 2015.

【120】 Barry Weingast, "Second Generation Fiscal Federalism: Political Aspects of Decentralization and Economic Development", *World Development* 43 (2014): pp. 14 – 25.

【121】 Barry Weingast, "Second Generation Fiscal Federalism: The Implications of Fiscal Incentives", *Journal of Urban Economics* 65 (2009): pp. 279 – 293.

【122】 Berenice Monna, Anne Gauthier, "A Review of the Literature on the Social and Economic Determinants of Parental Time", *Journal of Family & Economic Issues* 29 (2008): pp. 634 – 653.

【123】 Bernard Decaluwe, Yazid Dissou, Veronique Robichaud, "Regionalism and Labour Market Structure: A CGE Analysis of UEMOA Customs Union", *Journal of African Economics* 13 (2004): pp. 302 – 332.

【124】 Beverly Duncan, "Education and Social Background", *American Journal of Sociology* 72 (1967): pp. 363 – 372.

【125】 Beverly Duncan, "Family Factors and School Dropout: 1920 – 1960", The University of Michigan Cooperative Research Project No. 2258, 1965.

【126】 Cecchetti Stephen, M. S. Mohanty, Fabrisio Zampolli, "The Real Effects of Debt", BIS Working Paper No. 352, 2011.

【127】 Charles Tiebout, "A Pure Theory of Local Expenditures", *Journal of Political Economy* 64 (1956): pp. 416 – 424.

【128】 Christos Kotsogiannis, Robert Schwager, "Accountability and Fiscal Equalization", *Journal of Public Economics* 92 (2008): pp. 2336 – 2349.

【129】 Clara Delavallade, "Corruption and Distribution of Public Spending in Developing Countries", *Journal of Economics and Finance* 30 (2006): pp. 222 – 239.

【130】 Daniel Bergvall, Claire Charbit, Dirk-Jan Kraan, Olaf Merk, "Intergovernmental Transfers and Decentralised Public Spending", *The OECD Journal of Budgeting* 5 (2006): pp. 111 – 158.

【131】 Daniel Rubinfeld, Perry Shapiro, Judith Roberts, "Tiebout Bias and the Demand for Local Public Schooling", *Review of Economics and Statistics* 69 (1987): pp. 426 – 437.

【132】 David Sahn, Stephen Younger, Garance Genicot, "The Demand for

Health Care Services in Rural Tanzania", *Oxford Bulletin of Economics and Statistics* 65 (2003): pp. 241 – 260.

【133】 David Feathrman, Robert Hauser, *Opportunity and Change*, Academic Press, 1978.

【134】 Davidson Gwatkin, Abbas Bhuiya, Cesar Victora, "Making Health System More Equitable", *The Lancet* 364 (2004): pp. 1273 – 1280.

【135】 Deon Filmer, Jeffrey Hammer, Lant Pritchett, "Health Policy in Poor Countries Weak Links in the Chain", The World Bank Policy Research Working Paper Series 1874, 1998.

【136】 Devarajan Shantayanan, Shaikh Hossain, "The Combined Incidence of Taxes and Public Expenditures in the Philippines", *World Development* 26 (1998): pp. 963 – 977.

【137】 Diane Reay, Gill Crozier, John Clayton, " 'Fitting In' or 'Standing Out': Working-Class Students in UK Higher Education", *British Educational Research Journal* 36 (2010): pp. 107 – 124.

【138】 Diego Angel-Urdinola, Quentin Wodon, "Assessing Absolute and Relative Poverty Trends with Limited Data in Cape Verde", MPRA Paper No. 11111, 2007.

【139】 Di McIntyre, John E. Ataguba, "How to Do (or Not to Do): A Benefit Incidence Analysis", *Health Policy and Planning* 26 (2011): pp. 174 – 182.

【140】 Dominique van de Walle, "Assessing the Welfare Impacts of Public Spending", *World Development* 26 (1998): pp. 365 – 379.

【141】 Dominique van de Walle, Kimberly Nead, *Public Spending and the Poor*, The Johns Hopkins University Press, 1995.

【142】 Dominique van de Walle, "Testing Vietnam's Public Safety Net", The World Bank Social Protection Discussion Papers and Notes 27874, 2003.

【143】 Dominique van de Walle, "The Distribution of Subsidies through Public Health Services in Indonesia 1978 – 87", *World Bank Economic Review* 8 (1994): pp. 279 – 309.

【144】 Dominique van de Walle, "The Static and Dynamic Incidence of Viet

Nam's Public Safety Net", The World Bank Policy Research Working Paper No. 2791, 2002.

【145】 Dorothee Boccanfuso, Alexandre Larouche, Mircea Trandafir, "Quality of Higher Education and the Labor Market in Developing Countries: Evidence from an Education Reform in Senegal", *World Development* 74 (2015): pp. 412 – 424.

【146】 Dreher Axel, Sturm Jan-Egbert, Ursprung Heinrich, "The Impact of Globalization on the Composition of Government Expenditures: Evidence from Panel Data", *Public Choice* 134 (2008): pp. 263 – 292.

【147】 Eddy van Doorslaer, Adam Wagstaff, Hattem van der Burg, "Equity in the Delivery of Health Care in Europe and the US", *Journal of Health Economics* 19 (2000): pp. 553 – 583.

【148】 Eddy van Doorslaer, Cristina Masseria, "Income-related Inequality in the Use of Medical Care in OECD Countries", OECD Health Working Papers No. 14, 2004.

【149】 Eddy van Doorslaer et al., "Catastrophic Payments for Health Care in Asia", *Health Economics* 16 (2007): pp. 1159 – 1184.

【150】 Eddy van Doorslaer et al., "Effect of Payments for Health Care on Poverty Estimates in 11 Countries in Asia: An Analysis of Household Survey Data", The *Lancet* 368 (2006): pp. 1357 – 1364.

【151】 Edward Gramlich, Daniel Rubinfeld, "Micro Estimates of Public Spending Demand Functions and Tests of the Tiebout and Median-Voter Hypotheses", *Journal of Political Economy* 90 (1982): pp. 536 – 560.

【152】 Eicher Theo, Garcia-Penalosa Cecilia, Tanguy van Ypersele, "Education, Corruption and the Distribution of Income", *Journal of Economic Growth* 14 (2009): pp. 205, 231.

【153】 Eli Feinerman, Aliza Fleischer, Avi Simhon, "Distributional Welfare Impacts of Public Spending: The Case of Urban versus National Parks", *Journal of Agricultural and Resource Economics* 29 (2004): pp. 370 – 386.

【154】 Emilie Caldeira, "Yardstick Competition in a Federation: Theory and Evidence from China", *China Economic Review* 23 (2012): pp. 878 – 897.

【155】 Emma Seery, *Working for the Many: Public services fight inequality*, Oxfam GB, 2014.

【156】 Facundo Albornoz, Antonio Cabrales, "Decentralization, Political Competition and Corruption", *Journal of Development Economics* 105 (2013): pp. 103 – 111.

【157】 Fan Simon, Chen Lin, Daniel Treisman, "Political Decentralization and Corruption: Evidence from around the World", *Journal of Public Economics* 93 (2009): pp. 14 – 34.

【158】 Fernanda Brollo, "Who Is Punishing Corrupt Politicians-Voters or the Central Government? Evidence from the Brazilian Anti-Corruption Program", IGIER Working Paper No. 336, 2009.

【159】 Florencia Castro-Leal, Julia Dayton, Lionel Demery, Kalpana Mehra, "Public Social Spending in Africa: Do the Poor Benefit? ", *The World Bank Research Observer* 14 (1999): pp. 49 – 72.

【160】 François Bourguignon, Amadéo Spadaro, "Microsimulation as a Tool for Evaluating Redistribution Policies", *Journal of Economic Inequality* 4 (2006): pp. 77 – 106.

【161】 Garey Ramey, Valerie Ramey, "Cross-Country Evidence on the Link between Volatility and Growth", *American Economic Review* 85 (1995): pp. 1138 – 1151.

【162】 G. S. Goldstein, M. V. Pauly, "Tiebout Bias on the Demand for Local Public Goods", *Journal of Public Economics* 16 (1981): pp. 131 – 143.

【163】 Gang Nathan Dong, "Social Capital as Correlate, Antecedent, and Consequence of Health Service Demand in China", *China Economic Review* 37 (2016): pp. 85 – 96.

【164】 Hai Zhong, "Returns to Higher Education in China: What Is the Role of College Quality?" *China Economic Review* 22 (2011): pp. 260 – 275.

【165】 Hamid Davoodi, Erwin Tiongson, Sawitree Asawanuchit, "Benefit Incidence of Public Education and Public Health Worldwide: Evidence from a New Database", *Poverty & Public Policy* 2 (2010): pp. 5 – 52.

【166】 Hamid Davoodi, Erwin Tiongson, Sawitree Asawanuchit, "How Useful Are Benefit Incidence Analyses of Public Education and Health Spending?" IMF Working Paper No. 227, 2003.

【167】 Hanna Ayalon, Yossi Shavit, "Educational Reforms and Inequalities in Israel: The MMI Hypothesis Revisited", *Sociology of Education* 77 (2004): pp. 103 – 120.

【168】 Hartmut Egger, Josef Falkinger, "The Role of Public Infrastructure and Subsidies for Firm Location and International Outsourcing", *European Economic Review* 50 (2006): pp. 1993 – 2015.

【169】 Hehui Jin, Yingyi Qian, Barry Weingast, "Regional Decentralization and Fiscal Incentives: Federalism, Chinese Style", *Journal of Public Economics* 89 (2005): pp. 1719 – 1742.

【170】 Henry Aaron, Martin McGuire, "Public Goods and Income Distribution", *Econometrica* 38 (1970): pp. 907 – 920.

【171】 Hongbin Cai, Daniel Treisman, "Does Competition for Capital Discipline Governments? Decentralization, Globalization and Public Policy", *American Economic Review* 95 (2005): pp. 817 – 830.

【172】 Ioana Krusea, Menno Pradhanb, Robert Sparrowc, "Marginal Benefit Incidence of Public Health Spending: Evidence from Indonesian Sub-national Data", *Journal of Health Economics* 31 (2012): pp. 147 – 157.

【173】 Ioana Kruse, Menno Pradhan, Robert Sparrow, "Marginal Benefit Incidence of Public Health Spending: Evidence from Indonesian Sub-National Data", *Journal of Health Economics* 31 (2012): pp. 147 – 157.

【174】 Jack Johnston, Ohn Dinardo, *Econometric Methods*, New York: McGraw-Hill, 1972.

【175】 Jacob Meerman, *Public Expenditure in Malaysia: Who Benefits and Why*, Oxford University Press, 1979.

【176】 James Heckman, Xuesong Li, "Selection Bias, Comparative Advantage and Heterogeneous Returns to Education: Evidence from China in 2000", *Pacific Economic Review* 9 (2004): pp. 155 – 171.

【177】 James Tobin, "On Limiting the Domain of Inequality", *Journal of*

Law and Economics 13 (1970): pp. 263 – 267.

【178】 Janet Currie, Jonathan Gruber, "Health Insurance Eligibility, Utilization of Medical Care, and Child Health", *The Quarterly Journal of Economics* 111 (1996): pp. 431 – 466.

【179】 Jay Teachman, Kathleen Paasch, "The Family and Educational Aspirations", *Journal of Marriage & the Family* 60 (1998): pp. 704 – 714.

【180】 Jean Hindriks, Susana Peralta, Shlomo Weber, "Competing in Taxes and Investment under Fiscal Equalization", *Journal of Public Economics* 92 (2008): pp. 2392 – 2402.

【181】 Jean-Paul Faguet, "Decentralization and Governance", *World Development* 53 (2014): pp. 2 – 13.

【182】 Jennie Litvak, Junaid Ahmad, Richard Bird, "Rethinking Decentralization in Developing Countries", The World Bank Secfor Studies Series, 1998.

【183】 Jens Gundgaard, "Income-Related Inequality in Utilization of Health Services in Denmark: Evidence from Funen County", *Scandinavian Journal of Public Health* 34 (2006): pp. 462 – 471.

【184】 Jerry Green, Jean-Jacques Laffont, "On the Revelation of Preferences for Public Goods", *Journal of Public Economics* 5 (1976): pp. 79 – 94.

【185】 Jo Blanden, "Family Income and Educational Attainment: A Review of Approaches and Evidence for Britain", *Oxford Review of Economic Policy* 20 (2004): pp. 245 – 263.

【186】 Jo Blanden, Paul Gregg, Lindsey Macmillan, "Accounting for Intergenerational Persistence", *Economic Journal* 117 (2007), pp. 43 – 60.

【187】 John Gafar, "The Benefit-Incidence of Public Spending: The Caribbean Experience", *Journal of International Development* 18 (2006): pp. 449 – 468.

【188】 John William Hatfield, Katrina Kosec, "Federal Competition and Economic Growth", *Journal of Public Economics* 97 (2013): pp. 144 – 159.

【189】 Jyotsna Jalan, Martin Ravallion, "Geographic Poverty Traps? A Micro Model of Consumption Growth in Rural China", *Journal of Ap-*

plied Econometrics 17 （2002）： pp. 329 – 346.

【190】 Kate Pickett, Richard Wilkinson, "Income Inequality and Health: A Causal Review", *Social Science & Medicine* 128 （2015）： pp. 316 – 326.

【191】 Kenneth Small, Harvey Rosen, "Applied Welfare Economics with Discrete Choice Models", *Econometrica* 49 （1981）： pp. 105 – 130.

【192】 Kevin Marjoribanks, "Family Background, Individual and Environmental Influences, Aspirations and Young Adults' Educational Attainment: A Follow-Up Study", *Educational Studies* 29 （2003）： pp. 233 – 242.

【193】 Kimberly Goyette, Yu Xie, "Educational Expectations of Asian American Youths: Determinants and Ethnic Differences", *Sociology of Education* 72 （1999）： pp. 22 – 36.

【194】 Lekha Chakraborty, Yadawendra Singh, Jannet Farida Jacob, "Analyzing Public Expenditure Benefit Incidence in Health Care: Evidence from India", The Levy Economics Institute Working Paper No. 748, 2013.

【195】 Lingxin Hao, Melissa Bonstead-Bruns, "Parent-Child Differences in Educational Expectations and the Academic Achievement of Immigrant and Native Students", *Sociology of Education* 71 （1998）： pp. 175 – 198.

【196】 Lionel Demery, "*Benefit Incidence: A Practitioner's Guide*", The World Bank, 2000.

【197】 Maarten Allers, "Yardstick Competition, Fiscal Disparities, and Equalization", *Economics Letters* 117 （2012）： pp. 4 – 6.

【298】 Maksym Ivanyna, "Theory of Efficiency-Enhancing Interjurisdictional Transfers", University Regensburg Working Paper Series, 2010.

【299】 Manuel Arellano, Stephen Bond, "Some Tests of Specification for Panal Data: Monte Carto Evidence and an Application to Employment Equations", *Review of Economic Studies* 58 （1991）： pp. 277 – 297.

【200】 Marcelo Selowsky, *Who Benefits from Government Expenditures? A Case Study of Colombia*, Oxford University Press, 1979.

【201】 Marion Devaux, Michael de Looper, "Income-related Inequalities in Health Service Utilisation in 19 OECD Countries, 2008 – 2009",

OECD Health Working Papers No. 58, 2012.

【202】 Martin Ravallion, Shaohua Chen, "China's Uneven Progress against Poverty", The World Bank Working Paper No. 3408, 2004.

【203】 Martin Ravallion, Dominique van de Walle, Madhur Gautam, "Testing a Social Safety Net", *Journal of Public Economics* 57 (1995): pp. 175 – 199.

【204】 Martin Trow, "Problems in the Transiton from Elite to Mass Higher Education", *Educational Problems* 57 (1973): pp. 1 – 55.

【205】 Mawuli Gaddah, Alistair Munro, Peter Quartey, "The Demand for Public Health Care and the Progressivity of Health Care Services in Ghana", *African Development Review* 27 (2015): pp. 79 – 91.

【206】 Michael Keen, Maurice Marchand, "Fiscal Competition and the Pattern of Public Spending", *Journal of Public Economics* 63 (1997): pp. 33 – 53.

【207】 Min Zhan, "Assets, Parental Expectations and Involvement and Children's Educational Performance", *Children & Youth Services Review* 28 (2006): pp. 961 – 975.

【208】 Mohamed Ihsan Ajwad, Quentin Wodon, "Marginal Benefit Incidence Analysis Using a Single Cross-Section of Data", WPS No. 34956, 2001.

【209】 Mohamed Ihsan Ajwad, Quentin Wodon, "Who Benefits from Increased Access to Public Services at the Local Level? A Marginal Benefit Incidence Analysis for Education and Basic Infrastructure", *World Bank Economists Forum* 2 (2002): pp. 155 – 175.

【210】 Mohamed Ihsan Ajwad, Quentin Wodon, "Do Local Governments Maximize Access Rates to Public Services Across Areas? A Test Based on Marginal Benefit Incidence Analysis", *The Quarterly Review of Economics and Finance* 47 (2007): pp. 242 – 260.

【211】 Nicolaus Tideman, Gordon Tullock, "A New and Superior Process for Making Social Choices", *Journal of Political Economy* 84 (1976): pp. 1145 – 1159.

【212】 Olivier Blanchard, Andrei Shleifer, "Federalism with and without Political Centralization：China Versus Russia", *IMF Staff Papers* 48 (2001)：pp. 1 – 8.

【213】Owen O'Donnell, Eddy van Doorslaer, Adam Wagstaff, Magnus Lindelow, *Analyzing Health Equity Using Household Survey Data*, The World Bank, 2007.

【214】Owen O'Donnell et al. , "The Incidence of Public Spending on Healthcare：Comparative Evidence from Asia", *The World Bank Economic Review* 21 (2007)：pp. 93 – 123.

【215】Owen O'Donnell et al. , "Who Pays for Health Care in Asia?" *Journal of Health Economics* 27 (2008)：pp. 460 – 475.

【216】Paolo Mauro, "Corruption and the Composition of Government Expenditure", *Journal of Public Economics* 69 (1998)：pp. 263 – 279.

【217】Paul Gertler, Luis Locay, Warren Sanderson, "Are User Fees Regressive：The Welfare Implications of Health Care Financing in Peru", *Journal of Econometrics* 33 (1987)：pp. 67 – 88.

【218】Paul Peterson, Ludger Woessmann, *Schools and the Equal Opportunity Problem*, MIT Press, 2007.

【219】Paulo Arvate, "Electoral Competition and Local Government Responsiveness in Brazil", *World Development* 43 (2013)：pp. 67 – 83.

【220】Paul Rosenbaum, Donald Rubin, "The Central Role of the Propensity Score in Observational Studies for Causal Effects", *Biometrika* 70 (1983)：pp. 41 – 55.

【221】Paul Seabright, "Accountability and Decentralization in Government：An Incomplete Contracts Model", *European Economic Review* 40 (1996)：pp. 61 – 89.

【222】Peter Bohm, "Estimating the Demand for Public Goods：An experiment", *European Economic Review* 3 (1972)：pp. 111 – 130.

【223】Peter Lanjouw, Martin Ravallion, "Benefit Incidence, Public Spending Reforms, and the Timing of Program Capture", *The World Bank Economic Review* 13 (1999)：pp. 257 – 273.

【224】Peter Warr, Jayant Menon, Sitthiroth Rasphone, "Public Services and the Poor in Laos", *World Development* 66 (2015): pp. 371 – 382.

【225】 Petet Blau, Otis Dudley Duncan, *The American Occupational Structure*, John Wiley & Sons, 1978.

【226】 Raymond Fisman, Roberta Gatti, "Decentralization and Corruption: Evidence across Countries", *Journal of Public Economics* 83 (2002): pp. 325 – 345.

【227】 Richard Bird, "Transfers and Incentives in Intergovernmental Fiscal Relations", International Center for Public Policy Working Paper Series 1201, 2000.

【228】 Richard Cornes, "Dyke Maintenance and Other Stories: Some Neglected Types of Public Goods", *The Quarterly Journal of Economics* 108 (1993): pp. 259 – 271.

【229】 Robert Deacon, Perry Shapiro, "Private Preference for Collective Goods Revealed Through Voting on Referenda", *American Economic Review* 65 (1975): pp. 943 – 955.

【230】 Robert Mare, "Change and Stability in Educational Stratification", *American Sociological Review* 46 (1981): pp. 72 – 87.

【231】 Rolf Aaberge, Audun Langørgen, Petter Lidgreen, "The Impact of Basic Public Services on the Distribution of Income in European Countries", *Income and Living Conditions in Europe*; ed. Anthony Barnes Atkinson, Eric Marlier (Publication Office of European Union, 2010).

【232】 Rolf Aaberge, Manudeep Bhuller, Audun Langørgen, Magne Mogstad, "The Distributional Impact of Public Services When Needs Differ", *Journal of Public Economics* 94 (2010): pp. 549 – 562.

【233】 Safina Liliy, Kolesnikova Julia, Karasik Elena, Yurieva Oksana, Fakhrutdinova Anastasia, "The Higher Education Impact On The Quality Of Young People Working Life", *Procedia-Social and Behavioral Sciences* 191 (2015): pp. 2412 – 2415.

【234】 Samuel Lucas, "Effectively Maintained Inequality: Education Transitions, Track Mobility, and Social Background Effects", *American Journal of Sociology* 106 (2001): pp. 1642 – 1690.

【235】Scott Adams, "Educational Attainment and Health: Evidence from a Sample of Older Adults", *Education Economics* 10 (2002): pp. 97 – 109.

【236】Small Kenneth, Harvey Rosen, "Applied Welfare Economics with Discrete Choice Models", *Econometrica* 49 (1981): pp. 105 – 130.

【237】Steef Baeten, Tom Van Ourti, Eddy van Doorslaer, "Rising Inequalities in Income and Health in China: Who Is Left Behind?" *Journal of Health Economics* 32 (2013): pp. 1214 – 1229.

【238】Stefano Mainardi, "Unequal Access to Public Healthcare Facilities: Theories and Measurement Revisitied", *Surveys in Mathematics and Its Application* 2 (2007): pp. 91 – 112.

【239】Stephen Younger, "Benefits on the Margin: Observations on Marginal Benefit Incidence", *The World Bank Economic Review* 17 (2003): pp. 89 – 106.

【240】Stephen Gibbons, Alan Manning, "The Incidence of UK Housing Benefit: Evidence from the 1990s Reforms", *Journal of Public Economics* 90 (2006): pp. 799 – 822.

【241】Theodore Bergstrom, Daniel Rubinfeld, Perry Shapiro, "Micro-Based Estimates of Demand Functions for Local School Expenditure", *Econometrica* 50 (1982): pp. 1183 – 1205.

【242】Theodore Bergstrom, Robert Goodman, "Private Demands for Public Goods", *American Economic Review* 63 (1973): pp. 280 – 296.

【243】Thierry Magnac, "Segmented of Competitive Lobour Markets", *Econometrica* 59 (1991): pp. 165 – 187.

【244】Thomas Borcherding, Robert Deacon, "The Demand for the Services of NonFederal Governments", *American Economic Review* 62 (1972): pp. 891 – 901.

【245】Timothy Besley, Anne Case, "Incumbent Behavior: Vote-Seeking, Tax-Setting and Yardstick Competition", *American Economic Review* 85 (1995): pp. 25, 45.

【246】Timothy Powell-Jackson, Kara Hanson, Christopher Whitty, Evelyn

Ansah, "Who Benefits from Free Healthcare? Evidence from a Randomized Experiment in Ghana", *Journal of Development Economics* 107 (2014): pp. 305 – 319.

【247】 Viktoria Hnatkovska, Norman Loayza, "Volatility and Growth", The World Bank Working Paper No. 3184, 2004.

【248】 Vito Tanzi, "Corruption, Government Activities and Markets", IMF Working Papers 94/99, 1995.

【249】 Winlin Chou, Zijun Wang, "Regional Inequality in China's Health Care Expenditure", *Health Economics* 18 (2009), pp. 137 – 146.

【250】 World Bank, "Equity and Development", World Development Report, 2006.

【251】 World Bank, "Making Services Work for Poor People", World Development Report, 2004.

【252】 World Bank, "Social Accountability in the Public Sector-A Conceptual Discussion and Learning Module", WBI Working Paper 33641, 2005.

【253】 Xiaojun Wang, Belton Fleisher, Haizheng Li, Shi Li, "Access to College and Heterogeneous Returns to Education in China", *Economics of Education Review* 10001 (2014): pp. 78 – 92.

【254】 Xiaoning Liu, Wenlong Gao, Hong Yan, "Measuring and Decomposing the Inequality of Maternal Health Services Utilization in Western Rural China", *BMC Health Services Research* 14 (2014): pp. 1 – 7.

【255】 Xuezheng Qin, Jay Pan, Gordon Liu, "Does Participating in Health Insurance Benefit the Migrant Workers in China? An Ampirical Investigation", *China Economic Review* 30 (2014): pp. 263 – 278.

【256】 Yoko Yamamoto, Susan D. Holloway, "Parental Expectations and Children's Academic Performance in Sociocultural Context", *Educational Psychology Review* 22 (2010): pp. 189 – 214.

【257】 Yongzheng Liu, "Does Competition for Capital Discipline Governments? The Role of Fiscal Equalization", *International Tax and Public Finance* 21 (2014): pp. 345 – 375.

【258】 Yu Xie, Xiang Zhou, "Income Inequality in Today's China", *Pro-*

ceedings of the National Academy of Sciences of the United States of A-merica 111 （2014）: pp. 6928 – 6933.

【259】 Zhong Deng, Donald Treiman, "The Impact of Culture Revolution on Trends in Educational Attainment in the People's Republic of China", *American Journal of Sociology* 2 （1997）: pp. 391 – 428.

【260】 Zhongliang Zhou, Jianmin Gao, Ashley Fox, Keqin Rao, Ke Xu, Ling Xu and Yaoguang Zhang, "Measuring the Equity of Inpatient Utilization in Chinese Rural Areas", *BMC Health Services Research* 11 （2011）: pp. 697 – 699.

【261】 Zohal Hessami, "Political Corruption, Public Procurement and Budget Composition: Theory and Evidence from OECD Countries", *European Journal of Political Economy* 34 （2011）: pp. 372 – 389.

附录1：幼儿家长调查问卷（公办园）

请将您的答案填写在空格处或在符合情况的答案号上画"√"。选择题如无特殊说明均为"单选"。

1. 您孩子的户口所在地

A. 本幼儿园所属学区范围　　　　B. 开发区其他学区范围

C. 开发区以外但已在区内购房　　D. 开发区以外且未在区内购房

2. 您孩子所在幼儿园是不是离家最近的公办园（如选择"是"可跳过第4题，从第5题开始回答）

A. 是　　　　　　　　　　　　B. 不是

3. 您孩子未进入离家最近的公办园的主要原因是

A. 报名时间太晚

B. 孩子户籍所在地或落户时间限制

C. 离家最近的公办园质量差

D. 离家最近的公办园收费高

E. 离家最近的公办园被划至其他学区

4. 您对幼儿园所提供的以下各项服务的满意程度（请在符合情况的空格内画"√"）

服务项目满意程度	很满意	满意	一般	不满意	很不满意
①注意孩子的安全，防止孩子发生意外					
②饭菜安全卫生，质量可靠，孩子可以吃饱					
③精心安排食谱，饭菜可口，营养均衡					
④老师经常和家长交流孩子在园的情况					
⑤对身体不方便的孩子，老师会提供专门的帮助（如上厕所、进餐等）					
⑥孩子学习写字、计算等					
⑦引导孩子和其他小朋友友好相处					

服务项目满意程度	很满意	满意	一般	不满意	很不满意
⑧孩子变得懂礼貌、讲文明					
⑨孩子学会英语或音体美等特长					

5. 您对孩子所在幼儿园的总体评价

A. 十分满意　　　　　　　　B. 比较满意

C. 一般　　　　　　　　　　D. 较差

E. 太差

6. 你们夫妻的文化程度（请从下面选项中挑选一项）

①丈夫　　　　　　　　　　②妻子

A. 高中（或中专）及以下　　B. 专科

C. 本科及以上

7. 你们夫妻工作单位所属类型（如是政府部门或事业单位请标明是否在编）

①丈夫（在编/非在编）　　②妻子（在编/非在编）

A. 政府部门　　　　　　　　B. 事业单位

C. 国有企业　　　　　　　　D. 外资、合资、股份公司等

E. 私营企业　　　　　　　　F. 家庭个体经营（企业、商店等）

G. 务农　　　　　　　　　　H. 其他（请注明）

8. 你们夫妻二人年均总收入大致为

A. 5 万元以下　　　　　　　B. 5 万 ~ 10 万元

C. 10 万 ~ 15 万元　　　　　D. 15 万元以上

9. 对目前幼儿园的收费标准，您认为

A. 太高，无力承受

B. 较高，需节省其他生活开支才能承受

C. 一般，可以承受

D. 不高，适当上调也能接受

10. 您认为本区公办园和民办园之间在办园质量上有何差异（可选 1 ~ 2 项）

A. 公办园硬件设施更好　　　B. 公办园师资条件更好

C. 民办园硬件设施更好　　　D. 民办园师资条件更好

E. 二者差不多

11. 据您了解，当地幼儿在申请进入公办幼儿园时是否存在困难

A. 十分困难　　　　　　　　　B. 比较困难

C. 一般　　　　　　　　　　　D. 很容易

E. 不清楚

12. 据您了解，某些幼儿未被本学区公办园录取的主要原因是

A. 家长报名时间太晚

B. 幼儿户籍所在地或落户时间限制

C. 未能找到相关部门熟人帮忙

D. 自愿进入其他幼儿园

E. 其他原因（请写明）

13. 您认为公办园招生时应优先录取哪类幼儿

A. 户籍地址离园近　　　　　　B. 住宅地址离园近

C. 家庭经济条件好　　　　　　D. 家庭经济条件差

E. 报名时间早

14. 据您了解，周围有没有为让孩子上公办园而就近买房、落户的情况

A. 有，很多　　　　　　　　　B. 有，但不多

C. 没有　　　　　　　　　　　D. 不清楚

附录 2：幼儿家长调查问卷（民办园）

请将您的答案填写在空格处或在符合情况的答案号上画"√"。选择题如无特殊说明均为"单选"。

1. 您孩子的户口所在地

A. 本幼儿园所属学区　　　　　　B. 开发区的其他学区

C. 杭州市其他区县　　　　　　　D. 其他省市

2. 您孩子所在幼儿园是不是离家最近的民办园（如选择"是"可跳过第 4 题，从第 5 题开始回答）

A. 是　　　　　　　　　　　　　B. 不是

3. 您孩子未进入离家最近的民办园的主要原因是

A. 离家最近的民办园招生已满　　B. 离家最近的民办园质量较差

C. 离家最近的民办园收费太高　　D 其他原因_____ （请写明）

4. 您对幼儿园所提供的以下各项服务的满意程度（请在符合情况的空格内画"√"）

服务项目	满意程度				
	很满意	满意	一般	不满意	很不满意
① 注意孩子的安全，防止孩子发生意外					
② 饭菜安全卫生，质量可靠，孩子可以吃饱					
③精心安排食谱，饭菜可口，营养均衡					
④老师经常和家长交流孩子在园的情况					
⑤对身体不方便的孩子，老师会提供专门的帮助（如上厕所、进餐等）					
⑥孩子学习写字、计算等					

服务项目	满意程度				
	很满意	满意	一般	不满意	很不满意
⑦引导孩子和其他小朋友友好相处					
⑧孩子变得懂礼貌、讲文明					
⑨孩子学会英语或音体美等特长					

5. 您对孩子所在幼儿园的总体评价

A. 十分满意　　　　　　　　B. 比较满意

C. 一般　　　　　　　　　　D. 较差

E. 太差

6. 你们夫妻的文化程度（请从下面选项中挑选一项）

①丈夫_____　　　　　　②妻子_____

A. 高中（或中专）及以下　　B. 专科

C. 本科及以上

7. 你们夫妻工作单位所属类型（如是政府部门或事业单位请标明是否在编）

①丈夫_____（在编/非在编）

②妻子_____（在编/非在编）

A. 政府部门

B. 事业单位

C. 国有企业

D. 外资、合资、股份公司等

E. 私营企业

F. 家庭个体经营（企业、商店等）

G. 务农

H. 其他（请注明_____）

8. 你们夫妻二人年均总收入大致为

A. 5 万元以下　　　　　　　B. 5 万 ~ 10 万元

C. 11 万 ~ 15 万元　　　　　D. 15 万元以上

9. 对目前幼儿园的收费标准，您认为

A. 太高，无力承受

B. 较高，需节省其他生活开支才能承受

C. 一般，可以承受

D. 不高，适当上调也能接受

10. 您认为本区公办园和民办园之间在办园质量上有何差异（可选1~2项）

A. 公办园硬件设施更好　　　　　B. 公办园师资条件更好

C. 民办园硬件设施更好　　　　　D. 民办园师资条件更好

E. 二者差不多

11. 据您了解，当地幼儿在申请进入公办幼儿园时是否存在困难

A. 十分困难　　　　　　　　　　B. 比较困难

C. 一般　　　　　　　　　　　　D. 很容易

E 不清楚

12. 据您了解，某些幼儿未被本学区公办园录取的主要原因是

A. 家长报名时间太晚

B. 幼儿户籍所在地或落户时间限制

C. 未能找到相关部门熟人帮忙

D. 自愿进入其他幼儿园

E 其他原因_____（请写明）

13. 您认为公办园招生时应优先录取哪类幼儿

A. 户籍地址离园近　　　　　　　B. 住宅地址离园近

C. 家庭经济条件好　　　　　　　D. 家庭经济条件差

E. 报名时间早

14. 据您了解，周围有没有为让孩子上公办园而就近买房、落户的情况

A. 有，很多　　　　　　　　　　B. 有，但不多

C. 没有　　　　　　　　　　　　D. 不清楚

问卷 3：幼儿园专任教师调查问卷

1. 您的编制

A. 事业编　　　　　　　　　B. 非事业编

2. 您的文化程度

A. 高中或中专　　　　　　　B. 大专

C. 本科　　　　　　　　　　D. 研究生

3. 您的在校专业

A. 学前教育专业　　　　　　B. 师范类，但非学前教育专业

C. 非师范类专业

4. 以下每项因素对您选择从事幼教工作的影响程度（请在符合情况的空格内画"√"）

考虑因素	影响程度				
	很重要	重要	不确定	不重要	很不重要
①专业是否对口					
②薪资待遇高低					
③幼教事业发展前景					
④是否喜欢与小朋友接触					
⑤社会对幼儿教师的认可和尊重					
⑥曾接触过的一些幼儿园老师的影响					

5. 您是否与单位签订劳动合同，如果签订您签了多长时间

A. 没签　　　　　　　　　　B. 签了，签了＿＿＿＿＿＿年

6. 您在本园已经工作了多长时间

A. 一年以下　　　　　　　　B. 1～2 年

C. 3～4 年　　　　　　　　　D. 4 年以上

7. 您每月总收入大致为（包括基本工资、绩效工资等各类收入）

A. 3000 元以下   B. 3000～5000 元

C. 5001～7000 元   D. 7000 元以上

8. 您对您的收入状况满意吗

A. 很不满意   B. 不满意

C. 一般   D. 比较满意

E. 很满意

9. 除基本工资外，您还享受以下哪些福利待遇（可多选）

A. 社会保险（养老、医疗、工伤、失业、生育）

B. 住房公积金

C. 带薪休假

D. 住房、交通等补贴

E. 年终奖

F. 无

G 其他_____

10. 您的日常工作环境如何

A. 很糟糕   B. 比较差

C. 一般化   D. 比较好

E. 很好

11. 您每日平均工作时间

A. 8 小时以下   B. 8～10 小时

C. 10 小时以上

12. 您在任职期间是否接受过相关的专业培训

A. 接受过培训，公费   B. 接受过培训，自费

C. 没有接受过

13. 如果您曾接受过相关培训，您认为培训效果如何

A. 效果很差   B 效果比较差

C. 效果一般   D. 效果比较好

E. 效果很好

14. 您在日常幼儿教学及管理过程中感受如何

A. 十分轻松，完全胜任   B. 比较轻松

C. 感觉一般　　　　　　　D. 比较吃力

E. 十分困难

15. 根据您的经验，以下每项因素对幼儿教师教学水平的影响程度（请在符合情况的空格内画"√"）

考虑因素	影响程度				
	很重要	重要	不确定	不重要	很不重要
①学历高低					
②所学专业是否相关					
③职称高低					
④工作时间长短					
⑤对幼儿教育事业是否有热情和兴趣					
⑥工作期间是否过参加学习和培训					
⑦所在幼儿园园长个人能力与管理水平的高低					

附录4：高中教师调查问卷

一 基本信息

1. 您的性别

A. 男　　　　　　　　　　　B. 女

2. 您的年龄

A. 20～25 岁　　　　　　　　B. 26～30 岁

C. 31～40 岁　　　　　　　　D. 41～50 岁

E. 50 岁以上

3. 您的编制

A. 事业编　　　　　　　　　B. 非事业编

4. 您的文化程度

A. 高中或中专　　　　　　　B. 大专

C. 本科　　　　　　　　　　D. 研究生

5. 您的在校专业

A. 师范类专业　　　　　　　B. 非师范类专业

6. 您所在的学校是

A. 省一级重点高中　　　　　B. 省二级重点高中

C. 省三级重点高中　　　　　D 非重点高中

二 工作情况

1. 为什么从事教育行业？

A. 工资待遇较好　　　　　　B. 社会地位较高

C. 热爱教书育人的工作　　　D. 当初因他故选择了师范专业

E. 其他原因_____

2. 在您选择就职的学校时，您最在意哪方面的因素？

A. 工资待遇

B. 学校的发展前景以及为您提供的职业发展平台

C. 学校的位置

D. 学校的生源质量

E. 其他_____

3. 在实行绩效工资后，您觉得对工作有什么影响？

A. 工资待遇变高

B. 待遇在各个学校没有区别，感觉在哪个学校工作都一样

C. 工作比过去更努力

D. 更加注重对教学质量的提升

E. 其他_____

4. 您认为绩效工资的设置合理吗？报酬是否与工作付出及表现挂钩？

A. 非常合理，确实达到以绩效衡量工资的目的

B. 比较合理，但仍然有些方面使付出与报酬不对等

例如_____

C. 不合理，付出与报酬不对等

5. 您对自己的职业规划是什么？

A. 教书育人，培养优秀的学生

B. 努力做好学科研究，争取成为专家型人才

C. 对课程创新感兴趣，善于研发课程

D. 努力评职称，争取成为"特级教师"

6. 您认为重点高中和非重点高中的师资差别大吗？

A. 差别很大   B. 有差别，但不大

C. 没差别

7. 如果您认为重点高中和非重点高中的师资差别大，差别主要体现在哪些方面？

A. 教师年龄结构   B. 教师职称结构

C. 教师学历结构   D. 教师教学经验

E. 教师的教育理念

8. 您所在的学校会对教师进行培训吗？

A. 进行，并且定期进行培训，培训频率较高（每月或每周）

B. 进行，但是培训频率不高（每学期或每年）

C. 进行，但不定期

D. 没有相关培训

9. 如果您的学校会对教师培训，培训的内容有哪些？

A. 教育教学的方法　　　　　　B. 教育理念的更新传导

C. 创新课程的示范、传达　　　D. 对待学生的方式方法

10. 学校会将学生的成绩与老师的绩效挂钩吗？您会因此感到工作中压力很大吗？

A. 会挂钩，承担着很大的压力　　B. 会挂钩，但是压力不大

C. 不会挂钩

11. 您在教学中更注重对学生哪方面能力的培养？

A. 自主学习能力　　　　　　　B. 逻辑思维能力

C. 创新能力　　　　　　　　　D. 实践能力

12. 您觉得您与学生的关系更像是

A. 他们的老师　　　　　　　　B. 他们的朋友

C. 他们的兄弟姐妹　　　　　　D. 他们慈爱的长辈

13. 学校会定期举办与他校名师的经验交流会吗？

A. 会，定期且频率较高（每周或每月）

B. 会，但不定期（某一学期）

C. 没有举办过

14. 您家访学生家长的频率

A. 每周一次，每次_____（填数字）位学生

B. 每月一次，每次_____（填数字）位学生

C. 每学期一次，每次_____（填数字）位学生

D. 每学年一次，每次_____（填数字）位学生

15. 平时与家长的沟通渠道

A. 电话联系　　　　　　　　　B. 短信通知

C. 微信、QQ 等社交互动　　　D. 家庭访问

E. 家长会

16. 您有跳槽到其他学校的打算吗？

A. 近期有　　　　　　　　　　B. 近期没有，但以后有

C. 没有想过跳槽　　　　　　　　　D. 不确定

17. 如果近期打算跳槽到其他学校，您的理由是什么？

A. 仅仅是因为地点的转换

B. 想去更高层次的学校，有更广阔的职业前景

C. 由于您的工作表现，该校对您发出邀请

D. 该校有更好生源、教书环境和待遇都更好

附录 5：高中生家长问卷

您的孩子所在的学校_____　　　年级_____

1. 您从什么渠道了解学校的发展动态、教育局的相关政策？

A. 学校网站　　　　　　　　B. 区教育局网站

C. 市教育局网站　　　　　　D. 学校定期短信

2. 如果您对老师或学校有意见，您通常采取的做法是

A. 能理解则理解

B. 通过市教育局网站投诉

C. 通过学校专门接受公开反馈渠道

D. 家长会上直接向老师提出

E. 直接找校领导解决

3. 您对学校提出的意见反馈和成效如何？

A. 学校能够及时受理并且情况得到改善

B. 学校及时处理了，但情况并未得到改善

C. 学校未及时处理

D. 并不知道学校有公开受理投诉的渠道

4. 您与您的孩子在选择学校时考虑哪些因素？

A. 学校的历史文化

B. 学校的地理位置

C. 学校的升学率

D. 学校的学习氛围

E. 学校的师资力量

F. 直接根据孩子考的分数选择学校

5. 您在考虑学校师资力量的时候，更在意哪些方面？

A. 专任教师人数　　　　　　B. 知名教师的人数

C. 教学经验　　　　　　　　D. 教师学历层次

6. 您平时与老师沟通频繁吗？

A. 非常频繁（至少每周一次）　　　B. 比较频繁（至少每月一次）

C. 不太频繁（每学期一次）　　　　D. 不频繁（最多每年一次）

7. 平时与老师的沟通渠道

A. 电话联系　　　　　　　　　　　B. 短信通知

C. 微信、QQ 等社交互动　　　　　D. 家庭访问

E. 家长会

8. 召开家长会的频率

A. 每周一次　　　　　　　　　　　B. 每月一次

C. 每季度一次　　　　　　　　　　D. 每学期一次

9. 您认为重点高中和非重点高中的差别大吗？

A. 差别很大　　　　　　　　　　　B. 有差别，但不大

C. 没差别

10. 如果您认为重点高中和非重点高中的差别大，差别主要体现在哪些方面？

A. 硬件设施（校舍、教学设施等）

B. 生源

C. 师资力量

D. 建校理念和管理方法

11. 如果您认为重点高中和非重点高中的师资差别大，差别主要体现在哪些方面？

A. 教师年龄结构　　　　　　　　　B. 教师职称结构

C. 教师学历结构　　　　　　　　　D. 教师教学经验

E. 教师的教育理念

附录 6：高中学生问卷

一　基本信息

1. 您的性别

A. 男　　　　　　　　　　　B. 女

2. 您的年级

A. 高一　　　　　　　　　　B. 高二

C. 高三

3. 您所在的学校是

A. 省一级重点高中　　　　　B. 省二级重点高中

C. 省三级重点高中　　　　　D. 非重点高中

二　在校学习情况

1. 您认为重点高中提前招生政策公平吗？

A. 公平　　　　　　　　　　B. 不公平

2. 如果您认为不公平，理由是什么？

A. 提前招生政策透明度不高，不知道具体实施细则

B. 提前招生只有成绩最好的学生才能进去

C. 提前招生政策的名额太少

3. 你认为重点高中和非重点高中的差别大吗？

A. 差别很大　　　　　　　　B. 有差别，但不大

C. 没差别

4. 如果您认为重点高中和非重点高中的差别大，差别主要体现在哪些方面？

A. 硬件设施（校舍、教学设施等）

B. 生源

C. 师资力量

D. 建校理念和管理方法

5. 如果您认为重点高中和非重点高中的师资差别大，差别主要体现在哪些方面？

A. 教师年龄结构   B. 教师职称结构

C. 教师学历结构   D. 教师教学经验

E. 教师的教育理念

6. 您认为各级（一、二、三级）重点高中之间差别大吗？

A. 差别很大   B. 有差别，但不大

C. 没差别

7. 如果您认为各级（一、二、三级）重点高中之间差别大，差别主要体现在哪些方面？

A. 硬件设施（校舍、教学设施等）

B. 生源

C. 师资力量

D. 建校理念和管理方法

8. 您认为同级（一、二、三级）重点高中之间差别大吗？

A. 差别很大   B. 有差别，但不大

C. 没差别

9. 在学校学习给您什么样的感觉？

A. 自由轻松   B. 学业压力大

C. 课程忙碌   D. 比较压抑

附录7：高中教育调查指标

办学条件

学校	占地面积	校舍建筑面积	绿地面积	图书馆					教学使用计算机数量	田径场体育馆面积
				图书馆面积	图书馆藏书量	电子阅览室数	图书馆藏书量	学生每年借阅图书量		

学校	教育建设						
	理化生实验室数量	理化生实验室及其设备是否达到国家标准	计算机教室数	多媒体教室数	语音教室数	劳技美音教室数	地理、气象观察室数

人力资源

学校	在校生人数	每班人数	生师比	专任教师占比	教师年龄结构				教师职称结构			教师学历结构			知名教师人数
					30岁以下	31~40岁	41~55岁	56~60岁	中级以下	中级	高级	本科以下	本科	研究生	

经费来源

学校	年份	学校经费投入数额	预算内教育经费		事业收入		社会捐助及其他	
			金额	比例	金额	比例	金额	比例

经费使用情况

学校	年份	财政预算内教育拨款总额	生均事业经费	事业经费占财政拨款总额比例	生均公用经费	事业经费中公用经费比例

附录 8：高中教育主管部门访谈提纲

一 高中教育整体发展状况

1. 杭州市高中教育近几年有哪些发展变化？重要的政策变化或者取得的重大成果有哪些？

2. 杭州市在 2010 年已经完全取消了择校生，现在高中招生完全是由成绩决定？

二 校际差异

1. 您觉得省一级示范学校、二级示范学校以及非示范性学校之间的差距主要体现在哪些方面？导致这方面的原因是什么？2014 年评选的省一级特色示范学校，这几个学校在哪些方面特别突出？

2. （1）对开设民办学校以及民办学校的建设发展政府有哪些扶持政策？公共财政对民办学校和公办学校的投入比例大概是多少？民办学校在课程设置、教材使用上采用的是审批制？自主开设的课程一个年级大约有多少（除去国家课程和地方课程）？

（2）民办学校的教师工资待遇是由学校自己制定的？国家有补贴吗？对于民办学校教师考核、民办学校教学质量管理是由学校自己制定政策自己管理，还是统一由政府进行？

（3）目前杭州市有什么鼓励和引导社会力量捐资、出资办高中的财政、税收、金融或土地等优惠政策？

3. 是否建立区域协作制度，学校之间建立起教学、课程交流机制，交流的频率多久一次。

三 课程设置

1. （1）除了国家课程和地方课程以外，学校自己能够开设的课程一个年级大致有多少（几门）？

（2）现在一直强调特色办学，提出学校开设特色选修课。目前杭州市特色选修课的覆盖有多广，多少学校设立了特色选修课供学生选择，跨校选修的效果如何？开设特色选修课的推广面临怎样的困难？

2. 每年都会对学校进行综合的评价吗？对学校的评价是从哪些方面展开？教师教学质量评估主要是从哪些方面考核？是否建立起家长、学生评价系统？对各个评价等级的学校分别有何奖惩？

四　教师资源

（1）对教师的招聘、考核等相关政策，例如各学校招聘人数、招聘标准的制定，是由市教育局统一制定的，还是由各区教育局或者学校根据自己的情况制定？如果是教育局统一制定的，教师考核的标准是什么？是否有专门的量化考核，专门的机构对教师的教学进行检查、评价？

（2）对于教师的待遇，省一级示范学校、二级示范学校及非示范学校教师待遇有何区别？对不同职称的教师待遇有何区别？杭州市教育局有制定统一的标准吗？

（3）对教师的培训经费投入占杭州市高中教育投入的比例是多少？各个学校是否建立了教师流动机制？对各个学校校长的培训采取怎样的模式？频率是多久培训一次？

（4）本市的教育基地建设现状如何？教育基地在培养教师的过程中发挥了怎样的作用，成效如何？

五　学校财政投入

各个学校的财政预算是由财政局统一制定的，还是各个学校制定预算后交由财政局批准拨付？

六　政府信息公开程度

一共收到多少条投诉举报？一般每条民意征求能够征求到多少意见？开展了多少民意调查？

七　未来高中教育发展规划

虽然择校生已经取消，但背后反映的优质教育资源的供求不平衡现象依然存在，政府将如何解决优质资源的稀缺？如何扩大优质教育资源供给？以政府主导的方式还是引入市场机制？是否会考虑初中的集团化办学模式？

附录9：高等教育入学机会调查问卷

同学：

你好！

我国已进入高等教育大众化阶段，为研究浙江省高等教育入学机会差异情况，特设计此问卷，旨在了解有关信息，进而为浙江省高等教育发展决策和高等教育体制改革提供相应参考。希望能得到你的支持。你所提供的匿名资料，仅供学术研究之用。

一　你的基本情况

1. 性别

【1】男　　　　　　　　　　【2】女

2. 民族

【1】汉族　　　　　　　　　【2】其他

3. 你的籍贯是（具体到地级市）

_____（如：浙江省杭州市）

4. 你高中就读学校

【1】省级重点高中　　　　　【2】普高

【3】私立高中　　　　　　　【4】中专职高

5. 你高中选读的学科大类

【1】理科　　　　　　　　　【2】文科

6. 你就读的高校

_____（如：浙江财经大学）

7. 你所学专业

【1】经济学　　　　　　　　【2】工商管理学

【3】文、史、哲　　　　　　【4】医学

【5】教育学　　　　　　　　【6】理工学

【7】法学　　　　　　　　　【8】政治学

【9】信息技术学　　　　　　　　【10】艺术学

【11】农林学　　　　　　　　　　【12】其他

8. 你的年级是

【1】2014 级　　　　　　　　　　【2】2013 级

【3】2012 级　　　　　　　　　　【4】2011 级

9. 你是否了解"三位一体"招生改革

【1】不了解　　　　　　　　　　【2】基本了解

【3】比较了解

10. 你所就读高中学校是否有针对"三位一体"招生的专门培训

【1】没有　　　　　　　　　　　【2】有，但很少

【3】有，较多

11. 你是否通过"三位一体"招生入学

【1】是　　　　　　　　　　　　【2】否

12. 你对自己的高考结果是否满意

【1】满意　　　　　　　　　　　【2】还可以

【3】不满意

13. 下列哪些因素是影响你当初选择就读高校和专业的，在其前面打钩，并对其重要性予以选择（不考虑高考分数的影响）

重要性	收费标准	就业前景	学校地理位置和大学声望	自己喜好和特长	父母、中学老师	其他
非常不重要						
不重要						
一般						
重要						
非常重要						

14. 你认为影响一个学生进入更好大学的因素是什么？

【1】自身努力　　　　【2】更优质的教育资源

【3】良好的家庭背景　【4】其他

15. 你认为接受高等教育是否存在机会上的不公平？

【1】是　　　　　　　　　　　　【2】否

二　你家庭的基本情况

1. 你的家庭户籍所在地

【1】大中城市（地级及以上城市）

【2】县级城市

【3】城市户口建制镇（省级政府设镇）

【4】集镇（乡政府所在地或乡村集市所在地）和农村

2. 你的家庭成员数

【1】2 人及以下　　　　　　　　【2】3 人

【3】4 人　　　　　　　　　　　【4】5 人及以上

3. 你家庭中参加工作的人数

【1】1 人　　　　　　　　　　　【2】2 人

【3】3 人及以上

4. 你兄弟姐妹有几人

【1】就我一人　　　　　　　　　【2】2 人

【3】3 人　　　　　　　　　　　【4】4 人及以上

5. 兄弟姐妹在校读书人数

【1】就我一人　　　　　　　　　【2】2 人

【3】3 人　　　　　　　　　　　【4】4 人及以上

6. 你父亲的文化程度

【1】小学及以下　　　　　　　　【2】初中

【3】高中　　　　　　　　　　　【4】大专及以上

7. 你母亲的文化程度

【1】小学及以下　　　　　　　　【2】初中

【3】高中　　　　　　　　　　　【4】大专及以上

8. 你的父母对孩子教育的重视程度

【1】不太重视　　　　　　　　　【2】能上则上，考不上也无所谓

【3】十分重视

9. 你的家庭人均年收入（总收入/人口数）

【1】5000 元以下　　　　　　　【2】5000 ~ 10000 元

【3】10001 ~ 30000 元　　　　　【4】30001 ~ 100000 元

【5】 100000 元以上

10. 在中学阶段是否有过参与课外补习的经历

【1】 有　　　　　　　　　　　　【2】 没有

11. 你每年在课外阅读和课外辅导课的花费是（无补习经历不必填此项）

【1】 2000 元以下　　　　　　　【2】 2000～5000 元

【3】 5001～10000 元　　　　　 【4】 10000 元以上

12. 你家长（一家之主或者对家庭经济社会地位最有影响的成员）所从事的工作

【1】 国家行政领导干部（指在党政机关、社会团体及全民企事业单位中行使实际管理职权的乡科级以上行政领导干部）

【2】 经理人员（指企业中非业主身份的高中层管理人员及部分作为部门负责人的基层管理人员）

【3】 私营企业主（指雇工在 8 人及以上的私营企业的业主）

【4】 专业技术人员（指在各中介机构中专门从事各种专业性工作和科技工作的人员，如医生、教师、工程师、会计师）

【5】 办事人员（指党政机关中乡科级以下不含乡科级普通公务员和各种企业事业单位中的基层管理人员和非专业型文职人员）

【6】 个体工商户（雇工 8 人以下的小业主、自我雇佣者以及小股东、小股民、房屋出租者）

【7】 商业服务业员工（指在商业和服务业中从事非专业性的、费体力的和体力的工作人员）

【8】 产业工人（第二产业中从事体力、半体力的生产工人、建筑业工人及相关人员，包括农民工）

【9】 农民（指有农业户口且仍从事农、林、牧、渔生产的农民）

【10】 城乡无业、失业、半失业者（指无固定职业的劳动年龄人群）

13. 你的家庭是否有成员在政府部门、国企及事业单位工作

【1】 是　　　　　　　　　　　　【2】 否

14. 该成员的行政职务（第 13 题选择否的不必答此题）

【1】 地厅级及以上　　　　　　　【2】 县处级

【3】 科局级　　　　　　　　　　【4】 无

三 有关你的就学及学校收费情况

1. 你在填报大学录取志愿时是否会考虑学费？

【1】是 【2】否

2. 你认为可以接受的最高学费数额

【1】4000 元以下 【2】4000～6000 元

【3】6001～9000 元 【4】9001～15000 元

【5】15000 元以上

3. 你大学每年除学费住宿费外的开支大约为多少？

【1】5000 元以下 【2】5000～8000 元

【3】8001～12000 元 【4】12001～17000 元

【5】其他

4. 每年上大学开支（学费及生活费）总额占家庭年总收入比例

【1】0%～20% 【2】21%～40%

【3】41%～60% 【4】61%～80%

【5】其他

图书在版编目（CIP）数据

社会性公共品分配公平性：特征识别与形成机制／
李永友等著. -- 北京：社会科学文献出版社，2023.8
　国家社科基金后期资助项目
　ISBN 978 - 7 - 5228 - 0691 - 4

　Ⅰ.①社…　Ⅱ.①李…　Ⅲ.①公共财政 - 公平分配 -
研究 - 中国　Ⅳ.①F812

中国版本图书馆 CIP 数据核字（2022）第 170888 号

国家社科基金后期资助项目
社会性公共品分配公平性：特征识别与形成机制

著　　者／李永友 等

出 版 人／王利民
责任编辑／薛铭洁
责任印制／王京美

出　　版／社会科学文献出版社·皮书出版分社（010）59367127
　　　　　　地址：北京市北三环中路甲 29 号院华龙大厦　邮编：100029
　　　　　　网址：www. ssap. com. cn
发　　行／社会科学文献出版社（010）59367028
印　　装／三河市龙林印务有限公司

规　　格／开　本：787mm × 1092mm　1/16
　　　　　　印　张：19.25　字　数：303 千字
版　　次／2023 年 8 月第 1 版　2023 年 8 月第 1 次印刷
书　　号／ISBN 978 - 7 - 5228 - 0691 - 4
定　　价／128.00 元

读者服务电话：4008918866